▶ 病弱教育領域

健康面の困難への対応

編著

中野広輔・樫木暢子・滝川国芳

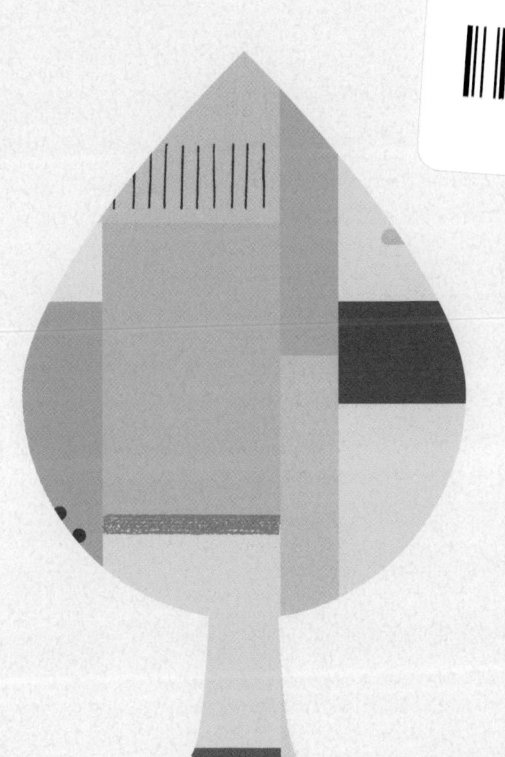

特別支援教育免許シリーズ

監修

花熊 曉・苅田知則
笠井新一郎・川住隆一
宇高二良

建帛社
KENPAKUSHA

特別支援教育免許シリーズ刊行にあたって

今,「障害」をはじめとする社会での活動や参加に困難がある人たちの支援は,大きな変化の時期を迎えようとしています。困難がある人たちが,積極的に参加・貢献していくことができる全員参加型の社会としての共生社会の形成が,国の施策によって推進されています。

同時に,政府は人工知能(AI)等の先端技術の活用により,障害の有無に関係なく,だれもが日々の煩雑で不得手な作業などから解放され,快適で活力に満ちた生活を送ることのできる人間中心の社会として「Society5.0」を提唱し,その実現を目ざしています。先端技術は,障害のある人の生涯学習・社会参画を加速させる可能性を有しており,Society5.0 の実現は共生社会の形成およびインクルーシブ教育システムの構築に寄与すると期待されます。その一方で,そのような社会が実現されたとしても,特別支援教育の理念やその専門性が不要になることは決してないでしょう。さまざまな困難のある子ども一人ひとりの教育的ニーズを把握し,そのもてる力を最大限度まで発達させようとする態度・姿勢にこそ,教育の原点があるからです。

さて,文部科学省によると,特別支援学校教員における特別支援学校教諭免許状保有者率は79.8%(2018年5月現在)と年々上昇傾向が続いており,今後は特別支援学級や通級による指導を担当する教員等も含めて,さらなる免許保有率の上昇が目ざされています。併せて,2019年4月の教職員免許法等の改正に伴い,教職課程の必修科目に「特別の支援を必要とする幼児,児童及び生徒に対する理解」が加えられました。

こうした流れの中,私たちは特別支援教育を学ぼうとする人が,当該領域にかかわる態度,知識,技能等をより体系的に学ぶことができる指導書が必要であると考えました。しかし,本『特別支援教育免許シリーズ』の企画立案時は,大きな変革に対応した包括的・体系的なテキストがありませんでした。

この『特別支援教育免許シリーズ』は,教員養成課程に入学し,特別支援教育に携わる教員(特に特別支援学校教諭)を目ざして学習を始めた学生や,現職として勤務しながら当該領域について学び始めた教職員を対象にした入門書です。シリーズ全体として,特別支援学校教諭免許状(一種・二種)の取得に必要な領域や内容を網羅しており,第1欄「特別支援教育の基礎理論に関する科目」に対応する巻, 第2欄「特別支援教育領域に関する科目」として5つの特別支援教育領域(視覚障害,聴覚障害,知的障害,肢体不自由,病弱)に対応する巻,第3欄「免許状に定められることになる特別支援教育領域以外の領域に関する科目」に対応して重複障害や発達障害等を取り扱った巻で構成しています。

なお,第1欄の巻は,基礎免許状の学校種に応じて,教職必修科目にも対応できる内容としています。また,第2欄と第3欄の巻では,各障害にかかわる① 心理,② 生理および病理,③ 教育課程,④ 指導法を一冊にまとめました。このように,免許状取得に必要な領域・内容を包括している点も,本シリーズの大きな特徴のひとつといえるでしょう。本シリーズが,障害のある子・人の未来を,本人や家族とともに切り開こうとする教職員の養成に役立つと幸いです。

このほか，第３欄においては，特別支援教育における現代的課題（合理的配慮としてのICTや支援機器の活用，ライフキャリア発達等）も取り上げており，保健医療福祉（障害児療育や障害者福祉）領域に携わっている人たち，そのほかさまざまな立場で支援する人たちにとっても参考となるでしょう。

なお，「障害」の表記についてはさまざまな見解があります。特に「害」を個人の特性（ハンディキャップ）ととらえ，「障害」の表記には負のイメージがあるという意見があり，「障がい」に変更した自治体・団体もあります。一方で，「害」は社会がつくり出した障壁（バリア）であり，それを取り除くことが社会の責務であると考え，「障害」を用いている立場もあります。本シリーズは，後者の立場に立脚して構成されています。学習・生活に困難がある人に対して社会に存在するさまざまな障壁が「障害」であり，本書の読者は教育に携わる者（教職員）として「障害」を解消していく立場にあると考え，「障害」という表記を用いています。

本シリーズの刊行にあたっては，数多くの先生に玉稿をお寄せいただきました。この場を借りて深謝申し上げます。しかし，刊行を待たずに鬼籍入りされた著者の方もおられます。刊行までに時間を要してしまいましたことは，すべて監修者の責任であり，深くお詫び申し上げます。さらに，本シリーズの企画を快くお引き受けいただきました建帛社をはじめ，多くの方々に刊行に至るまで，さまざまなご援助と励ましをいただきました。ここに改めて厚く御礼申し上げます。

2021年１月

監修者　苅田 知則
花熊　 曉
笠井新一郎
川住 隆一
宇高 二良

はじめに

本書は，特別支援学校教諭免許状取得に必要な科目の第２欄「特別支援教育領域に関する科目」の「病弱者（身体虚弱者を含む。）に関する教育」の領域に対応した内容となっています。

病弱の領域は，知的障害，肢体不自由，聴覚障害などの他の障害種に比較して，学修者から「イメージを抱きにくい」という意見を聞くことがあります。その理由として，「病弱」の状態に関連する基礎疾患が非常に多岐にわたるため，他の障害種のような，ある種の機能に限定した概念ではない領域であることがあげられます。だからこそ，病気や障害のある子どもたちへの対応に際しては，一人ひとりの実態の把握と理解にひときわ努める必要があり，それは特別支援教育において心がけるべき最も大切な姿勢とも言えるでしょう。

本書第１章は，まず基礎となる「子どもの成長と発達」から始まり，子どもの健康問題と慢性疾患の特徴および動向を概説しています。その内容は病弱領域に限らず，病気や障害のある子どもにかかわるすべての職種にとって重要かつ基礎的な事項となっています。

第２章では病気の子どもたちの心理・生理・病理的な内容を扱っています。子どもたち一人ひとりの合理的配慮や教育環境の整備にあたっての基礎的根拠となる心身の状態像を理解しながら，密接に関連している医療内容や職種についても触れています。

第３章では病気の子どもへの教育について概説しています。病弱教育の必要性やその歴史的変遷，学びの場の多様性など，病弱教育にかかわる教員にとって必須の事項であり，多様な基礎疾患を有しながらも，共通してみられる教育的特徴について整理しています。

病弱教育に関する現代的諸問題やトピックスについて扱っている第４章では，長期入院児への教育保障や病気の子どもの自立支援などについて説明しています。どの話題に関しても一貫して重要なキーワードは「連携」です。

学校教育だけでなく，医療や保健，福祉といった，病気や障害のある子どもにかかわる支援者・支援機関が必要な情報を共有し，協働することで，子どもたちが「自分らしく生きる＝自立」を達成する大きな力になる，という観点から，子どもの支援に携わる多様な立場の方々とともに執筆いたしました。本書が病弱教育を目ざすすべての方々のお役に立てることを願っております。

2021 年 6 月

編著者　中野 広輔
樫木 暢子
滝川 国芳

目次

第1章 病弱教育の概要

第2章 心理・生理・病理：子どもの病気

第4章 病弱教育の現代的諸問題

第1章 病弱教育の概要

1 子どもの成長と発達

1 子どもの成長とその特徴

(1) 子どもの年齢・時期に関する用語

子どもの年齢・時期に該当する用語は，日常的な会話でも使用されることから，その用語の指す年齢・時期のとらえ方に個人差が発生するおそれがあるため，標準的な用語の指す年齢・時期を以下に示す。

1) 出生前

受精後から3か月ころまでを胎芽と呼ぶ。主要臓器の形成期にあたり，薬物・感染症，**放射線**などの影響を受けて流産や奇形が発生しやすい時期である。胎芽の時期以後，出生までを胎児と呼ぶ。

放射線
高エネルギーを有し流れる微粒子もしくは電磁波の総称。

2) 新生児期

生後0～27日（28日未満）を新生児と呼ぶ。ここで生後0日とは，出生したその日のことを指す。特に出生後間もない生後7日未満を早期新生児と呼ぶこともある。

3) 乳児期

満1歳を迎える前を乳児期と呼ぶ。新生児期を含むことが一般的であるが，新生児期以降1歳までを乳児期とする考え方もある。

4) 幼児期

1～5歳，または6歳ころまでを幼児期と呼ぶ。一般的に就学以降は教育段階による呼び方になるため，1歳から就学までの年齢を指すともいえる。

5) 学齢期

6～14歳（15歳未満）を学齢期と呼ぶ。教育現場では小学生を児童，中学生以後を生徒と呼ぶことが一般的だが厳密な定義ではない。少年期という用語で6～18歳ころまでを指す考え方もある。

6）思春期

年齢による厳密な時期ではなく，10 ～ 14 歳くらいの第二次性徴（せいちょう）が出現するころから性成熟が完成する 18 歳ころまでを指すことが多い。

(2) 成長・発達・発育とは

子どもの大きな特徴として，「成長」「発達」「発育」することがあげられる。しかしこれらの用語は前述の年齢・時期を指す用語同様，日常的な会話にも頻用されるため，使用者によって指す内容に個人差が発生するおそれがある。以下に標準的な用語の指す内容を示す。

1）成　長

大きさや形状など，計測可能な形態的変化を成長と呼ぶ。身長の伸びや体重の増加が代表例である。

2）発　達

巧緻運動
移動や四肢の大きな運動を指す「粗大運動」に対して，手指による細かな運動を指して「巧緻運動」と呼ぶ。

機能や能力が伸びることを発達と呼ぶ。全身の運動能力や手を用いた巧緻（こうち）運動能力，言語機能などが代表例である。

3）発　育

成長と発達を合わせた概念を発育と呼ぶことがある。しかし成長とほぼ同義として使用することもあり，厳密な定義ではない。

(3) スキャモンの臓器発育曲線

人体の臓器やシステムの成長は同じではなく，それぞれのスピードや特徴がある。それは身長や体重だけでなく，免疫力の指標となるリンパ系，神経系統，生殖器などでも違いがある。図１−１はスキャモン（Scammon）の発育曲線と呼ばれるグラフで，各系統の発育特徴を曲線で表したものである。これは 20 歳成人の発育レベルを 100 としてそれまでの年齢（横軸）における成熟程度（縦軸）をプロットしたもので，各系統によって成長のスピード変化が起こる年齢段階の違いをみることができる。リンパ系は学童期に成人よりも発育が進む時期がある一方で，神経系は成人にかけて緩徐に成長を続ける。このような神経系の発育は機能の発達と密接に関係している。

(4) 体　重

出生時の体重は約３kg である。これが生後３か月には約２倍，１歳の誕生日ころには約３倍に成長し９kg 程度となる。そして６歳の就学期にはおおよそ 19 kg 程度に成長するが，年齢が上がるほど個人差が大きくなる傾向がある。厚生労働省乳幼児身体発育調査による発育曲線を図１−２，３に示す。

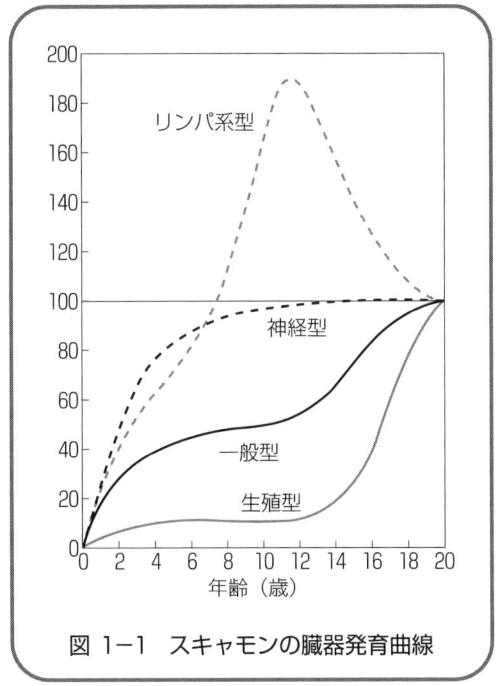

図 1−1　スキャモンの臓器発育曲線

(5) 身　長

出生時の身長は約 50cm であるが，1 歳の誕生日ころには約 75cm と，およそ 1.5 倍に成長する。6 歳の就学期には約 110cm となり，このころには男児のほうが女児よりも平均身長が高くなっている（図 1−3）。そして第二次性徴を迎えるころに身長のスパートがみられる。

(6) 頭　囲

頭囲は脳と頭蓋骨の成長を反映しており，出生時から思春期にかけて成長していく。出生時の頭囲が小さすぎる場合は小頭症（しょうとう）といわれ，脳の発育不全や奇形を伴っていることが多い。また出生時の頭囲が大きすぎる場合には先天性水頭症（すいとう）という，頭蓋内に**脳脊髄液**（のうせきずいえき）が過剰に貯留する状態を疑う。

脳脊髄液
脳と脊髄は無色透明の液体に浸かった状態であり，その液体を脳脊髄液という。脳脊髄液は血液に由来し，脳の形態的維持や物理的保護の役割があると推測されている。

(7) 肥満とやせ

発育の指標として身長と体重の関係で「やせ」や「肥満」を算出しうる指標がある。

1）カウプ（Kaup 指数）

体重（kg）/（身長（m））^{2} で算出する指標。この指数が基準より大きいと「肥満」の方向，小さいと「やせ」の方向で判断する。ちなみに体重を g，身長を cm で計算しても数値は同じになる。

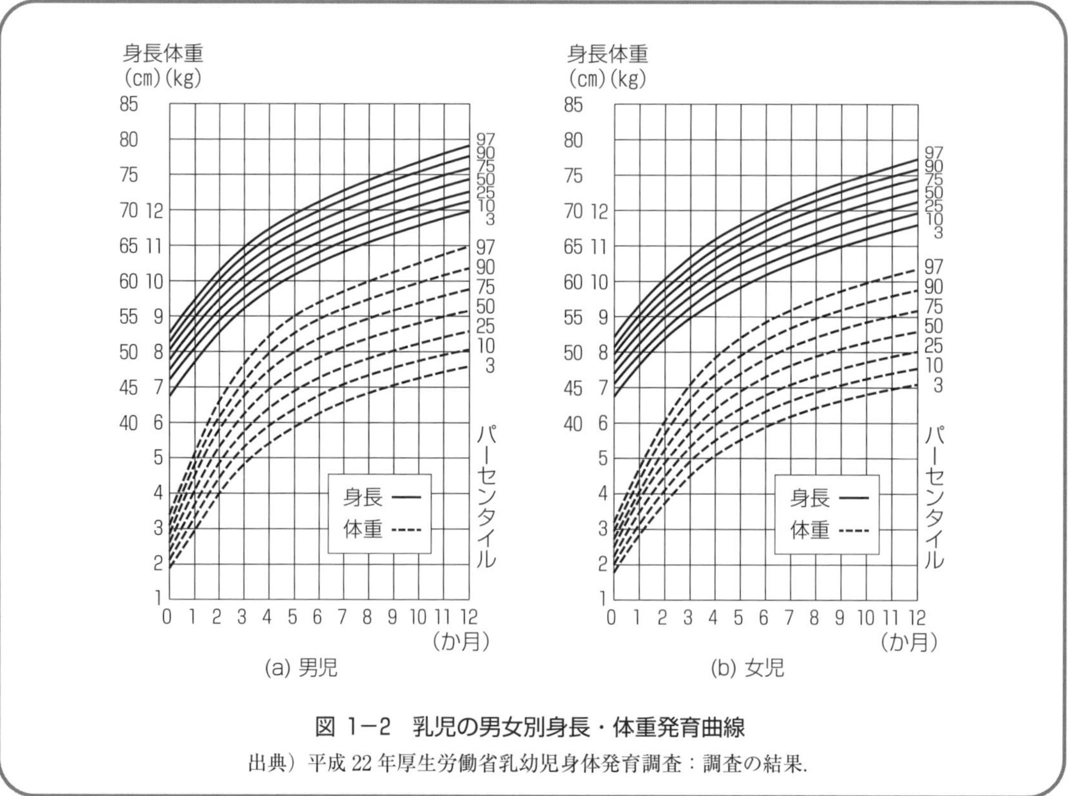

図 1−2　乳児の男女別身長・体重発育曲線

出典）平成 22 年厚生労働省乳幼児身体発育調査：調査の結果.

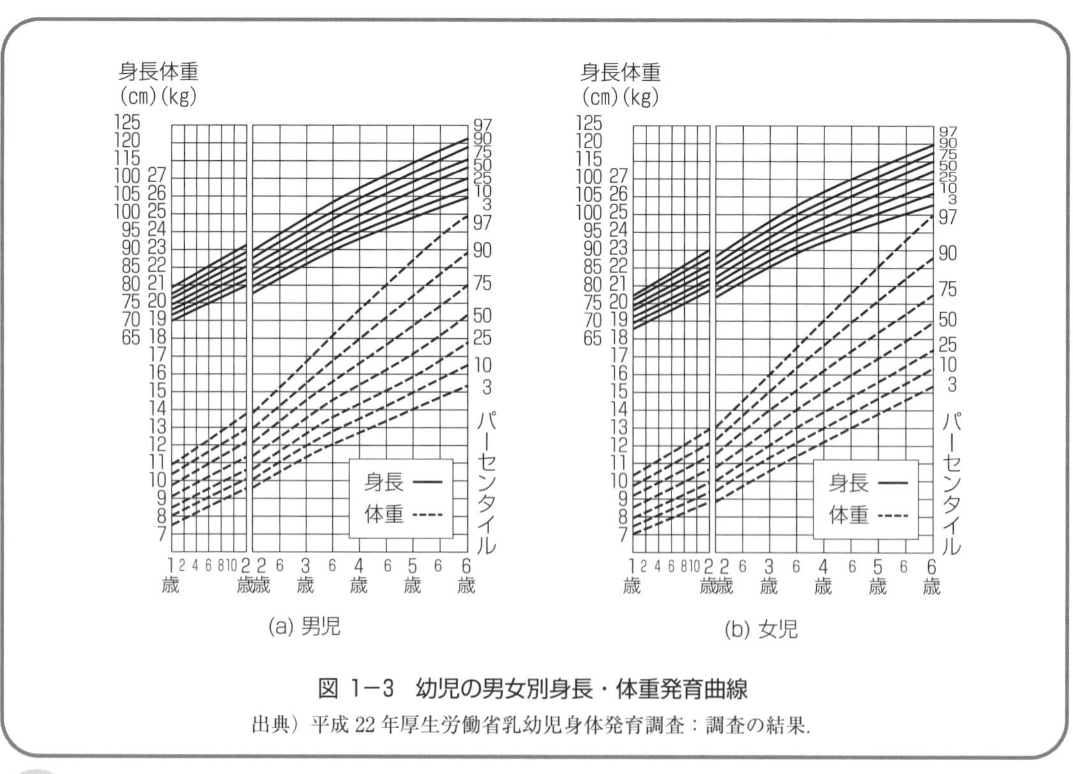

図 1−3　幼児の男女別身長・体重発育曲線

出典）平成 22 年厚生労働省乳幼児身体発育調査：調査の結果.

2）BMI（body mass index）

計算式自体はカウプ指数と同じである。しかし BMI は成人の体格評価に用いるため判定基準が乳幼児とは異なっている。

2　子どもの発達とその特徴

新生児にできないことが成人ではできるようになっている。極端ないい方をすればそれらはすべて「発達した」ことである。前節で子どもの成長について述べたが，それらに対応して機能を獲得・上達することが発達である。発達は成人に向かって機能が伸びることを指すのが一般的ではあるが，最近では発達を広義にとらえ，高齢化するとともにさらに成熟することや機能が低下していく老化まで含めて「生涯発達」とする考え方もある。ここでは運動と知能に分けながら発達の特徴を述べる。

（1）運動機能の発達

人間は非常に未熟な状態で生まれてくる動物であり，自由な移動能力を獲得するまでに約１年かかる。その運動発達には以下のような原則が存在する。

1）順序が一定

運動発達には一定の順序があり，原則的にその順序が入れ替わることはない。例えば首がすわることなくおすわり（座位）はできないし，座位ができないまま歩行することはない。

2）一定の方向がある

運動発達は頭部から下半身の方向へ，体幹に近い中心部から手足の先のほうへ進むことが原則である。まず首がすわらないとその後の支えや移動は非常に困難である。これらは人間に限らない原則であるが，頭部すら支えられない状態で出生することも人間の大きな特徴である。

3）粗大運動から微細運動へ

発達の進み方はしばしば生物の進化にたとえられる。すなわち，受精直後は単細胞生物に近い能力であるが，魚類に近い形態，爬虫類に近い形態と進んでいき出生に至る。その原則を考慮しながら出生後もみてみると，確かに体の支えや移動といったすべての動物に共通する粗大運動を先に獲得しながら最終的にサル，そして人間にしか獲得できない手指の巧緻運動の獲得へと進んでいく。原始的な生存に必須な能力から人間らしい高次機能へ至る順序ともいえる。

4）原始反射

出生後の発達以前に獲得している運動に原始反射がある。反射とは刺激に反応して誘発される運動のことで，多くは生物として生存に関わる動きである。出生時に原始反射がみられない場合は出生以前の神経系や運動器の障害が疑われる。また，原始反射は発達によって必要なくなるとともにみられなくなるのが原則のため，運動発達が初期から遅れている場合にはなかなか消失しないことがある。

① **探索反射**，**吸啜反射**：新生児の口角付近や頬を刺激すると，その方向に頭部や口を向ける動きが探索反射である。また口に指を入れると哺乳するかのように吸啜することを吸啜反射という。つまり，指で口角付近を刺激するとその向きに口を向け，口内に指が達すると吸啜し始めるという流れをみることがある。この２つの反射は生存にきわめて重要な哺乳を行うための動きと考えられている。

② **把握反射**：新生児の手のひらに刺激を加えるとそれを握るような動きを取る。これを把握反射という。手だけでなく足の裏を刺激しても指を足の裏の向きに曲げる動きがみられる。

③ **自動歩行**：新生児を両脇で支えて地面に両足を触れさせると片足ずつ足を前方に出すような動きを取る。これを自動歩行という。

④ **モロー反射**：新生児を仰向けにして手のひらで頭部を支えておき，その手を急に下方におろすと新生児は両手を伸ばして前方に抱えるような動きを取る。これをモロー反射という。突然大きな音を聞かせたり，触れたりすることによっても同様な動きをすることがある。その場合は「びっくり反射」と呼ぶことがある。

5）粗大運動の発達

① **首のすわり**：新生児は体幹を垂直に支えても頭部がぐらぐらと安定しない。これが「首がすわっていない」という状態である。生後３～４か月くらいには頭部が安定して支えられるようになり，「首がすわった」という状態になる。なお，首がすわることを「頸定」や「定頸」と呼ぶことがある。

② **寝返り**：自力で仰向けからうつ伏せに体位変換することが寝返りであり生後５～６か月ころからみられるようになる。原則，首がすわらないとできない動きであり，おすわりよりも先にみられる。最も原始的な移動手段とみなすこともできる。これにより褥瘡（床ずれ）を自力で防ぐことができるようになり，夜間哺乳間隔や睡眠時間の長時間化と合理的に関連している。

褥瘡（床ずれ）
寝たままの状態が長く続き，皮膚の血流が不足することによる病変が褥瘡（床ずれ）である。腰周囲やかかとなど，圧迫が強いところに生じやすい。病変例として，皮膚の赤み，ただれ，細菌感染などがある。

③ **おすわり**：新生児・乳児期早期に赤ちゃんにすわる態勢を取らせても支えきれず姿勢がくずれる。生後６～７か月ころに自分の手を地面につきながらすわる姿勢を保てるようになる。さらにその後地面から手を放してもすわった姿勢が維持できるようになると自由になった両手でさまざまな動きができるようになる。なおすわった姿勢のことを「座位（坐位）」と呼ぶことがある。

④ **ハイハイ**：首のすわりや寝返りを獲得し，さらに手で体を支える力がつ

いてくると，仰向けの状態でほふく前進のように前方に進むことができるようになる。これが「ずりばい」であり寝返りの獲得後にみられる。さらに腹部を地面から離した状態で両手と両足で四足歩行できるようになった状態が「たかばい」である。ハイハイは本格的な自力移動を獲得したことを意味している。

⑤　**つかまり立ち，伝い歩き**：おすわりができるようになった後，生後8～10か月ころになると両手で何かにつかまった状態で立位を取れるようになる。これがつかまり立ちである。つかまり立ちができるようになった後，手で何かにつかまっていれば歩行できる状態になる。これが伝い歩きである。原則として両手を離しても立位を保つことは難しく，つかまり立ちを獲得した後は伝い歩きをみることのほうが早い。視界がさらに広がり周囲への関心が高まるため，自力で立位を取れないながらも赤ちゃんは積極的に伝い歩きをすることが多く，転倒の危険性を十分意識せねばならない時期である。

⑥　**ひとり歩き**：1歳の誕生日を迎えるころに手の支えなしで立位を維持できるようになる。その後，手の支えなしに歩行ができる状態がひとり歩きである。なお，ひとり歩きのことを「独歩」と呼ぶことがある。ひとり歩きには筋肉の力だけでなく平衡（へいこう）感覚，足の裏の**深部（しんぶ）感覚**などさまざまな能力の発達を必要としている。ひとり歩き獲得後はさらに歩行の安定化，スピードアップ，跳躍や昇降といった移動能力が幼児期に発達していく。

深部感覚
触覚や痛覚などの「表在感覚」に対して，皮膚表面からより深い部位に由来する感覚。振動を感じる感覚や関節の位置の感覚などを指す。

6）巧緻運動（微細運動）の発達

生後3か月ころには手のひらに触れたものを自動的に把握してしまう把握反射はみられなくなってくる。それと入れ替わるように自分の意志で握ろうと思ったものを握れるようになる。生後5か月ころには顔にのせられたハンカチやティッシュを自分でつかんで取ることができるようになる。またそのころから自分でつかんだものを自分の口に持っていくようになり，離乳期に相当する時期のため実際に食べ物と判断すると食べ始めることもある。

乳児期の後半には指の扱いが上達し，「指でつまむ」動きが可能になってくる。これはより小さいものを手で扱えるようになることを意味している。1歳ころには積み木を積む動きができるようになり，つかんだペンで紙に殴り書きをする，スイッチを押すなど知的発達と関連しながらできることが飛躍的に増えていく。

（2）精神・知的機能の発達

乳幼児の精神・知能の発達は言語能力や情緒，社会性などの種類それぞれについて評価することが多いが，実際にはそれらのカテゴリーに厳密な区別をすることは難しく，運動発達とも密接に関連している。そこで本項では精神・知的発達について年齢を追って説明していく。

1）新生児期から生後１～２か月まで

出生直後は情緒的には「興奮」という状態のみみられ，その後「不快」な状態の表現がみられるようになる。運動･行動としては両者は「啼泣（ていきゅう）」（泣くこと）として表現される。出生直後は「第１啼泣」が呼吸の確立に関連しているといわれている。また「不快」症状は空腹で哺乳を欲するとき，おむつが濡れているとき，痛みがあるとき，環境温度が熱すぎるときなど生命・生存の危機を養育者に伝える意味があるため「快」よりも早い段階でみられる必要がある。ただし，新生児も視力は低いながらもものをじっと見る「固視（こし）」がみられる。

2）生後２～３か月まで

新生児にも微笑むことはみられるが不快症状のほうが主体である。生後２～３か月ころになると母親の顔，快適な皮膚感覚などで「笑う」という快適な感情表現が増えてくる。いわゆる「あやし笑い」が出現し増加するころである。原始的な社会性の反応であり，養育者の関心を引き付ける意味合いもあるとされる。また言語的な意味はないが「喃語（なんご）」と呼ばれる発声が次第に増えてくる時期にも重なっている。一方，「見る」ことに関しては，固視だけでなく動くものを眼球運動で追いかけて見る「追視（ついし）」がみられるようになるのもこのころである。視力や運動能力だけではない興味や関心の発達が反映されている。

喃　語
乳児期の意味はない発声を喃語という。「あーあー」「ばあぶう」「えっえっ」など，さまざまな発音を覚え，発声していく。

3）乳児期中期から後期まで

生後4～5か月ころには声を出して笑うことがますます増えてくるとともに，「怒る」「怖がる」「嫌う」などの感情が不快感情から分化し，乳児期後半にかけて発達する。実際に知らない人を怖がるという「人見知り」もみられるようになる。このころには「模倣する（まねる）」様子が顕著にみられるようになるため，粗大もしくは巧緻運動発達と密接に関わりながら，声まねやコップ，さじなどの扱いなどがみられ始める。ただし乳児期からすでに「個性」がみられるため，感情や発達行動のみられ方を画一的に判断するべきではない。

4）1歳台の精神・知的発達

歩行を獲得する１歳の誕生日前後は，意味のある単語をいう「発語」がみられ始めるころでもある。実際には発語よりも聴覚的な言語理解のほうが先行することがわかっており，１歳前から「ダメ」などの言葉で行動を止める様子はみられる。１歳台には単語の数が増加していき，１歳台後半から２歳ころに単語が２つ連続した原始的な文形態である「２語文」がみられ始める。感情・情緒においても「嫉妬」や「得意・誇る」など複雑な感情も育ってくる。

5）2～3歳以降

このころには言語能力はさらに飛躍的な伸びを示し，３歳ころにはほぼ大人に近い文で会話が可能になる。人体の部分や色名など多岐な領域の名詞を理解したり，「なぜ」などの疑問形を盛んにいうようにもなる。発音（構語）機能はまだ未熟性が残るが，幼児期後半から就学期にかけて発達していく。

(3) 発達の評価

現在，発達を評価する検査はいくつか市販されており，乳幼児期は運動と精神・知的機能を合わせて評価するスケールが用いられる。図1－4に示す遠城寺（えんじょうじ）式乳幼児分析的発達検査表は発達の評価項目を，①移動運動，②手の運動，③基本的習慣，④対人関係，⑤発語，⑥言語理解の6項目ごとにチェックするという使いやすいものである。このような検査を行うと「**発達指数（DQ）**」という指標が算出される。また，幼児期後半から就学期以降では主として知的発達を評価する知能検査が主に用いられ，「**知能指数（IQ）**」という指標が算出され，発達評価の参考に用いられている。

前述した発達行動のみられる時期や評価スケールに記載されてる年齢はあくまで平均的な目安であり，実際の発達行動の現れ方は乳児期から個人差が大きいものである。子どもの発達は保護者にとって「遅れているのではないか」という不安を抱きやすい繊細な話題であり，発達期の子どもに関わる職種の人が安易に「遅れている」と伝えるのは慎まなければならない。しかし，同時にそのような職種の人は保護者から発達の遅れの可能性について相談を受ける機会も多い。もしそのような相談を受けた場合は，まず保護者の不安内容を傾聴し，発達の相談に乗ることを職務とする相談支援センターや医療機関などを紹介するのも一法である。ただしそのような機関を紹介しただけで「うちの子どもは

発達指数（DQ）
ある年齢における発達レベルを表す指標。発達年齢を生活年齢（実年齢）で除して100を乗じた数値で表す。通常，未就学児に用いる指標である。DQ は developmental quotient の略称である。平均的な発達レベルの場合，DQ は100付近に算出される。

知能指数（IQ）
知能検査によって算出された知的レベルの指標。IQ は inteligence quotient の略称である。平均的な知的レベルの場合，IQ は100付近に算出される。

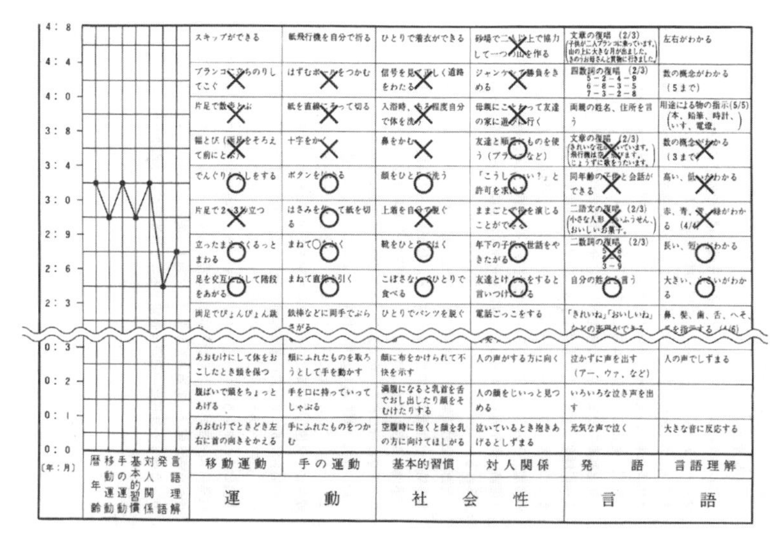

暦年齢（年：月）	移動運動	手の運動	基本的習慣	対人関係	発語	言語理解
4：8	スキップができる	紙飛行機を自分で折る	ひとりで着衣ができる	砂場で二人以上で協力して一つの山を作る ×	文章の復唱（2/3）（子供が二人ブランコに乗っています。山の上に大きな月が出ました。きのうお母さんと買物に行きました。）	左右がわかる
4：4	ブランコに立ちのりしてこぐ ×	はずむボールをつかむ ×	信号を見て正しく道路をわたる ×	ジャンケンで勝負をきめる ×	四数詞の復唱（2/3）5－2－4－9　6－8－3－5　7－3－2－8	数の概念がわかる（5まで）
4：0	片足で数歩とぶ ×	紙を直線にそって切る ×	入浴時、ある程度自分で体を洗う ×	母親にことわって友達の家に遊びに行く ×	両親の姓名、住所を言う	用途による物の指示（5/5）（本、鉛筆、時計、いす、電燈。）
3：8	幅とび（両足をそろえて前にとぶ）×	十字をかく ×	鼻をかむ ×	友達と順番にものを使う（ブランコなど）○	文章の復唱（2/3）（きれいな花が咲いています。飛行機は空を飛びます。じょうずに歌をうたいます。）×	数の概念がわかる（3まで）×
3：4	でんぐりがえしをする ○	ボタンをはめる ○	顔をひとりで洗う ○	「こうしていい？」と許可を求める ○	同年齢の子供と会話ができる ×	高い、低いがわかる ×
3：0	片足で2～3秒立つ ×	はさみを使って紙を切る ○	上着を自分で脱ぐ ×	ままごとで役を演じることができる ×	二語文の復唱（2/3）（小さな人形、赤いふうせん、おいしいお菓子。）×	赤、青、黄、緑がわかる（4/4）×
2：9	立ったままでくるっとまわる ○	まねて○をかく ○	靴をひとりではく ○	年下の子供の世話をやきたがる ○	二数詞の復唱（2/3）5－8　6－2　3－9 ×	長い、短いがわかる ○
2：6	足を交互に出して階段をあがる ○	まねて直線を引く ○	こぼさないでひとりで食べる ○	友達とけんかをすると言いつけにくる ○	自分の姓名を言う ○	大きい、小さいがわかる ○
2：3	両足でぴょんぴょん跳ぶ	鉄棒などに両手でぶらさがる	ひとりでパンツを脱ぐ	電話ごっこをする	「きれいね」「おいしいね」などの表現ができる	鼻、髪、歯、舌、へそ、爪を指示する（4/6）
0：3	あおむけにして体をおこしたとき頭を保つ	頬にふれたものを取ろうとして手を動かす	顔に布をかけられて不快を示す	人の声がする方に向く	泣かずに声を出す（アー、ウァ、など）	人の声でしずまる
0：2	腹ばいで頭をちょっとあげる	手を口に持っていってしゃぶる	満腹になると乳首を舌でおし出したり顔をそむけたりする	人の顔をじいっと見つめる	いろいろな泣き声を出す	
0：1	あおむけでときどき左右に首の向きをかえる	手にふれたものをつかむ	空腹時に抱くと顔を乳の方に向けてほしがる	泣いているとき抱きあげるとしずまる	元気な声で泣く	大きな音に反応する
0：0	運動		社会性		言語	

図 1－4　遠城寺式乳幼児分析的発達検査表（一部）

出典）遠城寺宗徳：遠城寺式乳幼児分析的発達検査法．九州大学小児科改訂新装版．慶應義塾大学出版会，p. 10，2009.

やはり遅れているんだ」と解釈してしまう保護者もいるかもしれないことに留意しておく。

保護者の心配がまだ早い段階であることも多いが，実際に発達に課題がある子どもも必ず存在する。子どもに関わる職種すべてに重要なのは保護者とともに一人の子どもの成長・発達を一緒に見つめながら見守っていく姿勢・態度であろう。

演習課題

1. 子どもの成長と発達の共通点と異なっている点を説明してみよう。
2. 運動の発達と知的面の発達の関係が深い理由を説明してみよう。
3. 保護者から子どもの発達について相談されたときに気をつけるべきことを述べてみよう。

参考文献

・厚生労働省：平成 22 年乳幼児身体発育調査：調査結果の概要（https://www.mhlw.go.jp/toukei/list/dl/73-22-01.pdf）（最終閲覧：2021 年 6 月 30 日）
・遠城寺宗徳：遠城寺式乳幼児分析的発達検査法，九州大学小児科改訂新装版，慶應義塾大学出版会，2009.

2 子どもの健康問題の特徴

1 子どもの健康問題の疫学的特徴

（1）子どもの死亡

2019年の人口動態調査によれば，小児の死亡数は，0～4歳で2,319人（**死亡率** 49.6：人口10万対）と多く，5～9歳で379人（死亡率7.5：人口10万対），10～14歳で426人（死亡率8.0：人口10万対）と減少するが，15～19歳では1,177人（死亡率20.6：人口10万対）と多くなる（図1－5）。0～4歳を詳しくみると，0歳で1,654人（死亡率191.2：人口10万対）と多く，1歳以降はやや減少する（図1－6）。0歳児の死亡数が多いのは，新生児期に特有な死因の死亡数や，**乳幼児突然死症候群**，不慮の事故，ことに窒息の死亡が多いためである。

0歳児の死亡を表す指標に**乳児死亡率**がある。これは，単に乳児の死亡をみるだけでなく，その地域の衛生状態や，経済・教育の水準を反映しているとされる。日本では，1930年は124.1，1940年は90.0であったが，**腸管感染症**，呼吸器感染症による死亡が激減したことなどにより，1976年に9.4となり，2019年には1.9と世界でも有数な低率国となった。

主な死因別死亡について，表1－1に示す。2019年の乳児死亡の死因は上位

死亡率
1年間の死亡数を人口で除したもの。通常，全死亡は人口千対，対象別死亡は人口10万対で表す。

乳幼児突然死症候群
何の予兆や既往歴もないまま乳幼児が死に至る。原因不明。窒息との鑑別が問題となる。

乳児死亡率
1年間の乳児死亡数を同じ1年間の出生数で除したもの。全死亡は出生千対で，死因別死亡は出生10万対で表す。

腸管感染症
衛生水準が低い地域での，乳児の代表的な死亡原因。筆者くらいの年齢になると，小学校の授業で赤痢，腸チフス，コレラなどの腸管感染症，日本脳炎，及び回虫などの寄生虫の話をたくさん聞いている。最近は学校で聞くことはあまりないであろう。

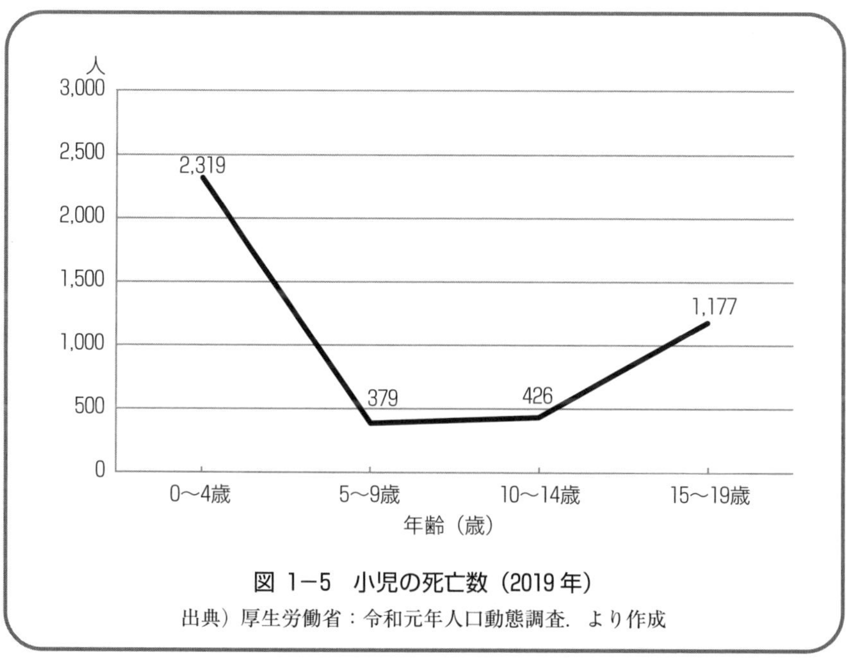

図1－5　小児の死亡数（2019年）
出典）厚生労働省：令和元年人口動態調査．より作成

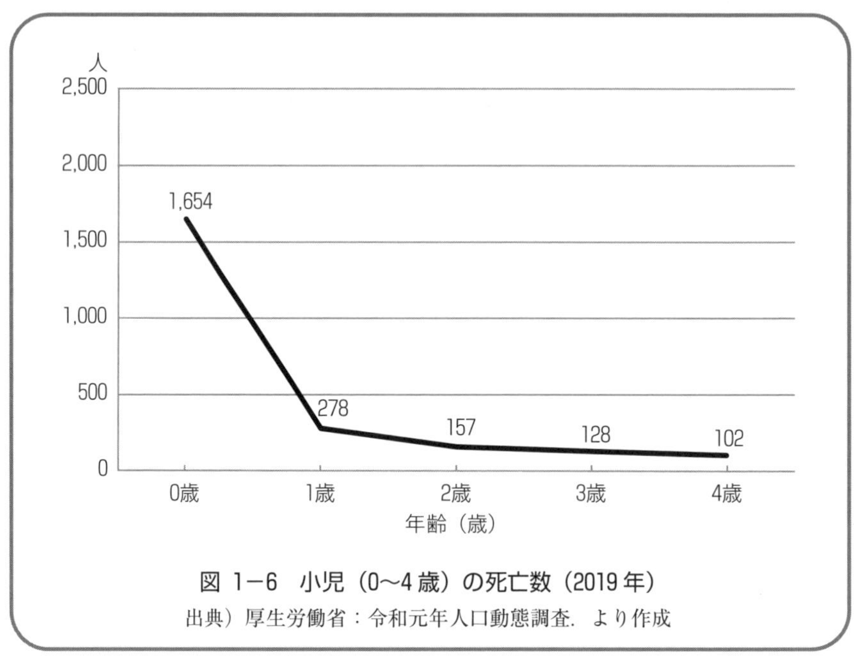

図 1−6　小児（0〜4 歳）の死亡数（2019 年）

出典）厚生労働省：令和元年人口動態調査．より作成

表 1−1　小児の主な死因別死亡　上位 5 死因（2019 年）

0 歳		1 〜 4 歳		5 〜 9 歳		10 〜 14 歳		15 〜 19 歳	
先天奇形，変形及び染色体異常	67.0	先天奇形，変形及び染色体異常	3.7	新生物	1.9	新生物	2.2	自殺	9.9
周産期に特異的な呼吸障害及び心血管障害	27.6	呼吸器系の疾患	2.0	不慮の事故	1.1	自殺	1.7	不慮の事故	3.6
乳幼児突然死症候群	8.7	不慮の事故	1.9	先天奇形，変形及び染色体異常	0.8	不慮の事故	1.0	新生物	2.3
不慮の事故	9.0	新生物	1.9	神経系の疾患	0.8	循環器系の疾患	0.7	神経系の疾患	1.2
胎児及び新生児の出血性障害等	6.5	感染症及び寄生虫症	1.4	循環器系の疾患	0.6	神経系の疾患	0.6	循環器系の疾患	0.9
乳児死亡率	191.2	全死亡率	17.5	全死亡率	7.5	全死亡率	8.0	全死亡率	20.0

乳児は出生 10 万対，乳児以外は人口 10 万対。

先天奇形，変形及び染色体異常
重度心身障害や小児の慢性疾患となる原因の代表的なものである。

から「**先天奇形，変形及び染色体異常**（死亡数に占める割合は 35.1%，以下同）」，「周産期に特異的な呼吸障害及び心血管障害（14.4%）」「不慮の事故（4.7%）」「乳幼児突然死症候群（4.5%）」「胎児及び新生児の出血性障害等（3.4%）」の順となっている。「先天奇形，変形及び染色体異常」「周産期に特異的な呼吸障害及び心血管障害」及び「胎児及び新生児の出血性障害等」は新生児期の死亡状況を反映し，「不慮の事故」「乳幼児突然死症候群」は新生児期以降の死亡を反映している。乳児期の「不慮の事故」は「窒息（78.2%/ 不慮の事故に占める割合）」が多く，他の年齢と異なる傾向がある。また，「他殺」が 11 人（人口 10 万対 1.3）あり，全乳児死亡の 0.7% を占めている。

1～4歳の死亡では，0歳に引き続き「先天奇形，変形及び染色体異常」が最も死亡率が高いが，2位以下は「呼吸器系の疾患」「不慮の事故」「**新生物**」「感染症及び寄生虫症」となり，5～9歳では「新生物」「不慮の事故」などが上位となっている。10～14歳，15～19歳では「新生物」「自殺」「不慮の事故」が主要な死因となっている。1歳以上の各死因についてみると，先天奇形，変形及び染色体異常は心臓を含む循環器系が大部分を占め，循環器系の疾患は大部分が心疾患である。また，呼吸器系の疾患は主に肺炎とその他の呼吸器系疾患の2つである。不慮の事故については年齢ごとの上位3位を表1－2に示す。

新生物
いわゆる小児がんが多い。悪性と良性があるが，悪性に分類されない腫瘍でも死亡率が高いものが多い。小児の慢性疾患の代表的なものである。

(2) 子どもの病気

乳児期や幼児期は呼吸器感染症を始めとして，さまざまな病気にかかりやすい時期である。学童期以降になると病気にかかりにくくなるが，呼吸器疾患，アレルギー疾患や歯の病気，けがなどがこの時期の病気の中心となる。以下，各種統計をみながら説明する。

1) 外来受療率（患者調査）

受療率（**患者調査**：2017年）で子どもの病気の動向をみてみると，外来受療率（表1－3）は0歳が高く，年齢が高くなるにつれて低くなる。傷病分類別受療率は，0歳では「呼吸器系の疾患」「健康状態に影響を及ぼす要因及び保健サー

患者調査
病院及び診療所を利用する患者について，その傷病状況の実態を調査する。3年に1回実施する。受療率は，調査日に医療施設で受療した推計患者数を算出し，人口で除したもの。人口10万対の推計患者数を表す。

表 1－2　年齢別不慮の事故の死因（2019年）

年　齢	1位	2位	3位
1～4歳	交通事故　37.5%	窒息　31.9%	溺死・溺水 19.4%
5～9歳	溺死・溺水　41.1%	交通事故　37.5%	窒息　10.7%
10～14歳	溺死・溺水　24.5%　転倒・転落　24.5%（同数）		交通事故　22.6%
15～19歳	交通事故　64.7%	溺死・溺水　16.7%	転倒・転落　6.4%

表 1－3　外来受療率　人口10万対　外来総数及び上位3傷病分類（2017年）

	0歳		1～4歳		5～9歳		10～14歳		15～19歳	
	総数	7,276	総数	6,517	総数	4,377	総数	2,764	総数	1,923
1	X　呼吸器系の疾患	2,350	X　呼吸器系の疾患	3,206	X　呼吸器系の疾患	1,463	X　呼吸器系の疾患	762	X　呼吸器系の疾患	376
2	XXI　健康状態に影響を及ぼす要因及び保健サービスの利用	2,195	XXI　健康状態に影響を及ぼす要因及び保健サービスの利用	947	XI　消化器系の疾患	893	XI　消化器系の疾患	420	XI　消化器系の疾患	325
					うち，う蝕及び歯肉炎及び歯周疾患	644	うち，う蝕及び歯肉炎及び歯周疾患	344	うち，う蝕及び歯肉炎及び歯周疾患	207
3	XII　皮膚及び皮下組織の疾患	1,071	XII　皮膚及び皮下組織の疾患	522	XXI　健康状態に影響を及ぼす要因及び保健サービスの利用	515	XIX　損傷，中毒，及びその他の外因の影響	329	XII　皮膚及び皮下組織の疾患	229

出典）厚生労働省：平成29年患者調査．より作成

ビスの利用（健診，予防接種など）」が，５歳以上の年齢では「呼吸器系の疾患」「消化器系の疾患」が上位となっている。かぜ症候群やインフルエンザなど急性の呼吸器感染症にかかる子どもが多いこと，アレルギー性鼻炎や喘息（ぜんそく）といったアレルギー疾患への罹患が反映されていると思われる。また，「皮膚及び皮下組織の疾患」が０歳，１～４歳及び15～19歳においても３位であり，乳児湿疹（しっしん）やアトピー性皮膚炎などが影響していると思われる。消化器系の疾患の大部分は，「う蝕及び歯肉炎及び歯周疾患」であり，う蝕（むし歯）をはじめとした歯科疾患にかかりやすい時期であることを反映している。

国民生活基礎調査
保健，医療，福祉，年金，所得等国民生活の基礎事項を調査する。健康に関する調査は大規模調査年（3年に1回）に行われ，病気やけが等で自覚症状のある者を有訴者といい，推計値（有訴者率）を人口千対で表す。傷病で通院している者を通院者といい，推計値（通院者率）を人口千対で表す。

2）有訴者率，通院者率（国民生活基礎調査）

国民生活基礎調査（2016年）で，子どもの自覚症状（有訴者率）をみると（表1－4），０～４歳人口千人対205.7人，５～19歳ではおよそ155～160人に自覚症状があり，９歳以下では呼吸器の症状，皮膚症状，発熱が上位にある。10～19歳では，呼吸器の症状，皮膚症状に加え，外傷，頭痛，体がだるい，肩こりという訴えが上位にある。通院状況を表す通院者率をみると（表1－5），どの年齢でもアレルギー性鼻炎，アトピー性皮膚炎，喘息といったアレルギー疾患，歯の病気，その他の皮膚の病気が上位にあり，10～19歳では外傷が加わる。なお，アレルギー性鼻炎，喘息は呼吸器疾患，アトピー性皮膚炎は皮膚疾患に分類できる。表中にはないが，15～19歳では「うつ病やその他のこころの病気」の通院者率が9.9（6位）であり，精神及び行動の障害の状況を反映しているものと思われる。

学校保健統計調査
学校における定期健康診断の結果について集計したもの（抽出調査）。疾病・異常被患率とは，疾病・異常該当者数（検査陽性あるいは有病率を示す）を健康診断受検者数で除したものである（百分率で表す）。

3）学校の定期健康診断（学校保健統計調査）

学校保健統計調査（2019年度）の疾病・異常被患率（表1－6）をみると，む

表 1－4　有訴者率上位５位（2019年）

男　0～4歳		男　5～9歳	
鼻がつまる・鼻汁が出る	133.5	鼻がつまる・鼻汁が出る	68.2
せきやたんが出る	97.7	せきやたんが出る	42.6
熱がある	44.4	発疹（じんま疹・できものなど）	16.4
かゆみ（湿疹・水虫など）	31.2	かゆみ（湿疹・水虫など）	28.2
発疹（じんま疹・できものなど）	25.4	切り傷・やけどなどのけが	14.5
有訴者率（全体）	205.7	有訴者率（全体）	154.5
女　0～4歳		**女　5～9歳**	
鼻がつまる・鼻汁が出る	55.1	鼻がつまる・鼻汁が出る	42.8
せきやたんが出る	26.7	頭痛	30.4
発疹（じんま疹・できものなど）	22.3	体がだるい	25.4
頭痛	21.8	月経不順・月経痛	23.2
骨折・ねんざ・脱きゅう	18.1	肩こり	20.8
有訴者率（全体）	159.2	有訴者率（全体）	155.0

出典）厚生労働省：令和元年国民生活基礎調査．より作成

表 1－5　通院者率上位５位（2019年）

男　0～4歳		男　5～9歳	
急性鼻咽頭炎（かぜ）	27.6	アレルギー性鼻炎	38.8
その他の皮膚の病気	23.5	歯の病気	32.4
アトピー性皮膚炎	23.3	アトピー性皮膚炎	26.2
喘息	15.5	喘息	20.3
アレルギー性鼻炎	12.8	その他の皮膚の病気	18.4
通院者率（全体）	135.6	通院者率（全体）	162.8
女　0～4歳		**女　5～9歳**	
アレルギー性鼻炎	37.3	アレルギー性鼻炎	18.9
歯の病気	22.6	歯の病気	15.6
アトピー性皮膚炎	20.0	アトピー性皮膚炎	15.6
骨折以外のけが・やけど	15.4	その他の皮膚の病気	13.0
その他の皮膚の病気	14.4	骨折以外のけが・やけど	12.4
通院者率（全体）	157.5	通院者率（全体）	123.1

出典）国民生活基礎調査，2016．より作成
「その他」は順位から外してある。

し歯（う歯）は幼稚園から高等学校まで30～40%台と高く，小学校から中学校では「鼻・副鼻腔疾患」が10%台，「耳疾患」が3～10%程度，「眼の疾病・異常」が5～6%程度，「アトピー性皮膚炎」2～3%程度，「喘息」が2～3%程度と，被患率が高い疾患となっている。「裸眼視力1.0未満」は学年が高くなるにつれて割合が高くなり，中学校では半数を超える。

4）入院受療率（患者調査）

入院受療率は0歳が高く，1～4歳，5～9歳と低くなるが，10～14歳，15～19歳では再び高くなる（表1−7）。

0歳の入院は，「周産期に発生した病態」「先天奇形，変形及び染色体異常」「呼吸器系の疾患」であり，新生児期の長期入院が含まれてくる。1～4歳では「呼

表 1−6　疾病・異常被患率（2019年度）

区　分		裸眼視力1.0未満	眼の疾病・異常	耳疾患	鼻・副鼻腔疾患	むし歯（う歯）	せき柱・胸郭・四肢の状態	アトピー性皮膚炎	心電図異常	心臓の疾病・異常	たんぱく検出の者	喘　息	腎臓疾患
幼稚園	5歳	26.06	1.92	2.57	3.21	31.16	0.16	2.31	…	0.41	1.02	1.83	0.08
小学校	計	34.57	5.60	6.32	11.81	44.82	1.13	3.33	2.42	0.84	1.03	3.37	0.21
	6歳	21.88	5.76	10.17	13.08	40.24	0.82	3.31	2.42	0.89	0.71	3.58	0.19
	7	25.55	5.31	7.03	11.22	46.78	0.86	3.50	…	0.86	0.71	3.50	0.19
	8	31.32	5.53	6.02	12.39	51.05	0.94	3.42	…	0.78	0.77	3.39	0.21
	9	37.24	5.88	5.53	11.17	50.39	1.10	3.33	…	0.92	0.94	3.40	0.21
	10	42.63	5.74	5.31	12.75	44.88	1.43	3.31	…	0.86	1.17	3.16	0.20
	11	47.79	5.42	4.04	10.28	35.66	1.57	3.14	…	0.75	1.84	3.22	0.24
中学校	計	57.47	5.38	4.71	12.10	34.00	2.12	2.87	3.27	0.89	3.35	2.60	0.21
	12歳	51.50	5.76	5.91	12.48	31.76	1.92	2.86	3.27	0.86	3.14	2.59	0.18
	13	58.88	4.96	4.36	12.19	33.20	2.21	2.86	…	0.94	3.54	2.57	0.21
	14	62.33	5.41	3.87	11.63	37.00	2.23	2.88	…	0.87	3.37	2.65	0.24
高等学校	計	67.64	3.69	2.87	9.92	43.68	1.69	2.44	3.27	0.89	3.40	1.79	0.21
	15歳	68.12	3.88	3.46	10.28	39.43	1.81	2.48	3.27	0.95	4.21	1.84	0.20
	16	67.36	3.53	2.78	9.56	43.69	1.67	2.46	…	0.90	3.24	1.80	0.21
	17	67.43	3.67	2.36	9.92	47.95	1.59	2.37	…	0.82	2.73	1.73	0.21

文部科学省：令和元年度学校保健統計調査

表 1−7　入院受療率　人口10万対　入院総数及び上位3傷病分類（2017年）

0歳		1～4歳		5～9歳		10～14歳		15～19歳	
総数	1,167	総数	169	総数	86	総数	94	総数	113
周産期に発生した病態	708	呼吸器系の疾患	54	呼吸器系の疾患	14	精神及び行動の障害	19	精神及び行動の障害	26
先天奇形，変形及び染色体異常	134	先天奇形，変形及び染色体異常	24	神経系の疾患	11	神経系の疾患	15	損傷，中毒及びその他の外因の影響	20
呼吸器系の疾患	114	新生物 神経系の疾患	14	先天奇形，変形及び染色体異常	9	損傷，中毒及びその他の外因の影響	12	神経系の疾患	18

出典）厚生労働省：平成29年度患者調査．より作成

損傷，中毒及びその他の外因の影響
事故やけがによる入院が多い。

吸器系の疾患」「先天奇形，変形及び染色体異常」についで，「新生物」「神経系の疾患」が同数で３位となる。５～９歳以降では，「**損傷，中毒及びその他の外因の影響**」が現れてくる（2017年，５～９歳は人口10万対８で第４位）。10～14歳，15～19歳では「精神及び行動の障害」による入院が，受療率を高くしている要因である。

子どもの入院では，急性の呼吸器感染症や外傷を除けば，慢性の病気によるものが多いことがわかる。

小児慢性特定疾病
指定難病
p. 25コラム参照。

コラム　麻しん

予防接種で制圧できている感染症は多い。麻しん（はしか）は代表的な疾患である。ことに麻しんは，「命定めの病気」といわれ，予防接種が普及するまでは，麻しんが流行すると子どもの死亡率が高くなる現象がみられた（過剰死亡という）。

コラム　亜急性硬化性全脳炎（あきゅうせいこうかせいぜんのうえん）（subacute sclerosing panencephalitis：SSPE）

麻しんに罹患した人の数万人に１人がかかる。麻しんウイルスによりゆっくり進行する脳の炎症で，麻しんにかかった後５～10年で発病し，神経症状が進み予後は不良である。予防接種によって罹患が抑制されるようになってきた。**小児慢性特定疾病，指定難病**のひとつ。

コラム　先天性風しん症候群（congenital rubella syndrome：CRS）

妊婦が風しんにかかると，胎児に難聴，白内障（はくないしょう），先天性心疾患をはじめとする病気を起こす。これを先天性風しん症候群という。

1979～2005年生まれの男女は予防接種率が低く，1979年以前に生まれた男性は接種機会がなかったことから，20～40歳代女性の約15%は抗体（こうたい）を持っていないか抗体価が低く，20～40歳代男性の約15%は抗体を持っていない。

先天性風しん症候群の予防のためには，妊娠を考える女性とそのパートナーの男性は抗体価を測定し，免疫がない場合は予防接種を受けることが必要である。

2　子どもの急性疾患・感染症

(1) 子どもの感染症

子どもの急性疾患は，感染症が多く，呼吸器，消化器，皮膚，結膜などに症状を起こすものが多い。中には中枢神経症状や感覚器障害を起こすものもある。表1−8に子どもがかかりやすい感染症を示した。なお，表1−8には「かぜ症候群」を示していないが，ライノウイルスなどいろいろなウイルスが起因病原体となり，鼻汁(びじゅう)，咳(せき)，痰(たん)，咽頭痛(いんとうつう)，発熱を主な症状とし3日程度で治癒する。ありふれた疾患であるが，続発症として肺炎や中耳炎，副鼻腔炎を起こすことがある。また，麻しん，風しんなど，多くの重要な感染症は「かぜ症状」で発症することが多いので注意が必要である。

感染症については，感染症法（感染症の予防及び感染症の患者に対する医療に関する法律）によって，1類，2類，3類，4類，5類感染症及び新型インフルエンザ等感染症，指定感染症ならびに新感染症に区分されている（表1−9）。学校保健安全法では集団生活をする児童生徒への感染を防止するため，感染症が第一種から第三種までの3つの類型に分類されて出席停止等の措置がある。

第一種感染症は，完全に治癒するまで出席停止が必要な感染症。

第二種感染症は，飛沫(ひまつ)感染をする感染症で児童生徒などの罹患が多く，学校において流行を広げる可能性が高いもの。出席停止の措置がある。

第三種感染症は，学校教育活動を通じ，学校において流行を広げる可能性があるもの。出席停止の措置がある。

第三種感染症の「その他」は，学校で流行が起こった場合にその流行を防ぐため，必要があれば，出席停止の措置がとられる。

(2) 予防接種

予防接種は目的の病原体に対する免疫を得る方法で，接種を受けた個人の感染症予防に役立つほか，免疫を獲得した人が増えるとその感染症のまん延が防止できるという集団効果がある。

日本では，**予防接種法**による定期接種があり，市町村が実施する。子どもではジフテリア，百日咳，急性灰白髄炎(かいはくずいえん)（ポリオ），麻しん，風しん，日本脳炎，破傷風(はしょうふう)，結核，Hib感染症，肺炎球菌感染症（小児がかかるものに限る），ヒトパピローマウイルス感染症，水痘(すいとう)，B型肝炎，ロタウイルス感染症である。現行（2020年10月1日現在）の予防接種法に定める子どもを対象とした定期接種について表1−10に示した。

予防接種法によらない予防接種や，対象年齢で接種していない場合は，予防接種法の適用外となり，これを任意接種という。小児期に実施されることが多い代表的な任意接種は，流行性耳下腺炎(じかせん)ワクチンである。運動機能，呼吸機能，

予防接種法
伝染のおそれがある疾病の発生及びまん延を予防するために，公衆衛生の見地から予防接種の実施その他必要な措置を講ずることにより，国民の健康の保持に寄与するとともに，予防接種による健康被害の迅速な救済を図ることを目的とした法律である。予防接種の対象疾病は，集団予防目的に比重をおき，接種を受けることに努める（努力義務）とされているA類疾病と，個人予防に比重をおいたB類疾病（努力義務がない）に分かれる。

表 1−8　子どもがかかりやすい感染症

疾患名	病原体	感染経路	症状・予後	感染症法	予防接種	学校感染症
麻しん（はしか）	ウイルス	空気感染	発熱し，数日後に高熱と発疹。中耳炎，気管支炎，肺炎を起こし重症化する。非常に感染力が強く，感染するとほぼ発症する。急性脳炎でまひなどが残る場合があり，また，まれではあるが，脳に持続感染し亜急性硬化性全脳炎を起こす	5 類全数	定期 A	第二種
風しん	ウイルス	空気感染	発熱と発疹。リンパ節が腫れる。妊婦がかかると胎児に影響が及ぶ	5 類全数	定期 A	第二種
水痘（みずぼうそう）	ウイルス	空気感染，接触感染	発熱，水疱ができる。すべての水疱がかさぶたになるまでは感染する。大人になって帯状疱疹を起こす原因となる	5 類定点	定期 A	第二種
流行性耳下腺炎（ムンプス，おたふくかぜ）	ウイルス	飛沫感染，接触感染	発熱し耳下腺が腫れる。後遺症として難聴，髄膜炎，膵炎，不妊を起こすことがある。春から夏に多い	5 類定点	任意接種	第二種
百日咳	細菌	飛沫感染，接触感染	しつこい特有の咳。咳のために不眠をはじめ日常生活に著しく支障をきたす	5 類全数	定期 A	第二種
インフルエンザ	ウイルス	飛沫感染，接触感染	悪寒，頭痛，高熱，筋肉痛。肺炎を起こしやすい。冬から春先に多いが夏でも起こる	5 類定点	任意接種	第二種
ロタウイルス感染症	ウイルス	経口感染，接触感染	感染性胃腸炎を起こす。脱水しやすい。白色の下痢便がみられることがある。冬季から春に流行	感染性胃腸炎として 5 類定点	定期 A	感染性胃腸として第三種その他
ノロウイルス感染症	ウイルス	経口感染，接触感染	感染性胃腸炎を起こす。嘔吐が強い。非常に感染力が強い。冬に流行するが年中発生している	感染性胃腸炎として 5 類定点	なし	感染性胃腸として第三種その他
ヘルパンギーナ	ウイルス	経口感染，飛沫感染，接触感染	高熱が出て，のどの奥や口蓋に水疱ができて，痛みが強い	5 類定点	なし	第三種その他
手足口病	ウイルス	経口感染，飛沫感染，接触感染	発熱し，手掌，足底，ほほの粘膜に同時に水疱ができる	5 類定点	なし	第三種その他
咽頭結膜熱	ウイルス	接触感染，飛沫感染	高熱が出てのどが腫れ結膜炎が起こる	5 類定点	なし	第二種
溶連菌感染症	細菌	飛沫感染。接触感染	高熱とのどの痛み，舌にぶつぶつ（イチゴ舌）ができる。抗菌剤で治療する	5 類定点	なし	第三種その他
突発性発疹	ウイルス	無症状の濃厚接触者の唾液中に排泄されるウイルスへの接触，飛沫，経口感染	高熱が 3 日程度出て解熱時に発疹が出る。乳児に多い	5 類定点	なし	第三種その他
流行性角結膜炎	ウイルス	接触感染，飛沫感染	眼瞼が腫れる，異物感，眼脂。角膜に傷が残ると，視力障害を残す	5 類定点	なし	第三種
髄膜炎菌性髄膜炎	細菌	飛沫感染	発熱，頭痛，意識障害で発症。3 ～ 5 か月と 16 歳以上の 2 つのピークがある。致命率 10%，後遺症が残りやすい	5 類定点	任意接種	第二種
腸管出血性大腸菌感染症	細菌	経口感染，接触感染	水様下痢便，腹痛，血便。菌が産生する毒素によって溶血性尿毒症症候群を起こすと重症化する	3 類	なし	第三種
急性出血性結膜炎	ウイルス	経口感染，飛沫感染，接触感染	結膜出血する急性の結膜炎症状	5 類定点	なし	第三種
無菌性髄膜炎	ウイルス	経口感染，飛沫感染，接触感染（ウイルスにより異なる）	発熱，頭痛，嘔吐など。時に，けいれんや意識障害。1 週間程度で回復することが多いが，重症例では後遺症が残る	5 類定点	なし	第三種その他
伝染性紅斑	ウイルス	飛沫感染	かぜ様症状と顔面の紅斑。妊婦がかかると胎児に影響がある場合がある	5 類定点	なし	第三種その他
マイコプラズマ感染症	細菌	飛沫感染	咳，発熱，頭痛などのかぜ症状がゆっくり進行し，時に肺炎，中耳炎を起こす	5 類定点	なし	第三種その他
インフルエンザ菌 b 型感染症	細菌	飛沫感染	髄膜炎，敗血症，喉頭蓋炎を起こし，髄膜炎では約 2 ～ 3% が死亡。比較的高い確率で後遺症が残る	5 類定点	なし	第三種その他
肺炎球菌感染症	細菌	飛沫感染	気管支炎，肺炎，中耳炎の起因菌で，時に髄膜炎，敗血症となる。髄膜炎では 6 ～ 7% が死亡，高率に後遺症が残る	5 類定点	なし	第三種その他
RS ウイルス感染症	ウイルス	接触感染，飛沫感染	発熱，鼻汁，咳嗽，喘鳴。急性細気管支炎，肺炎。乳児早期に感染すると呼吸困難を起こす場合がある	5 類定点	なし	第三種その他
ヒトメタニューモウイルス感染症	ウイルス	接触感染	咳嗽，喘鳴。喘息発作の悪化などに関与し，乳児では急性細気管支炎や肺炎を起こす	5 類定点	なし	第三種その他
（予防接種で制圧されているが，発症すると重症になる感染症）						
急性灰白髄炎（ポリオ）	ウイルス	経口感染，接触感染	かぜ様症状や胃腸症状が起こり，0.1 ～ 2% に急性の弛緩性まひが現れ，死に至ることもあるほか，後遺症として四肢のまひが残る（かつては小児まひと呼んでいた）	2 類	定期 A	第一種
ジフテリア	細菌	飛沫感染	発熱，のどの症状から始まり，呼吸困難，心不全，呼吸筋まひなどに至る	2 類	定期 A	第一種
結　核	細菌	空気感染	長引く咳が初発となることが多い慢性呼吸器感染症である。感染しても発病していない場合が多く，この場合は潜在性結核感染症として予防治療を行う	2 類	定期 A	第二種
日本脳炎	ウイルス	昆虫媒介感染	数百人に 1 人が発症。発熱，頭痛，けいれん，意識障害。致命率 20 ～ 30%，脳障害の後遺症を残す	4 類全数	定期 A	第三種その他
破傷風	細菌（毒素）	泥や土などで汚染された傷口で菌が増殖	口が開きにくくなるなどの症状から，飲みこみがしにくくなる，けいれんするなどの症状が進行。致命率 30 ～ 40%	5 類全数	定期 A	第三種その他

感染症法，学校保健安全法施行規則，学校において予防すべき感染症の解説（文部科学省），「学校，幼稚園，保育所において予防すべき感染症の解説」（日本小児科学会）などを参考に作成．

表 1–9　感染症法に基づく分類

	感染症名等	性　格
感染症類型	[1 類感染症] ・エボラ出血熱 ・クリミア・コンゴ出血熱 ・痘そう ・南米出血熱 ・ペスト ・マールブルグ病 ・ラッサ熱	感染力，罹患した場合の重篤性等に基づく総合的な観点からみた危険性がきわめて高い感染症
感染症類型	[2 類感染症] ・急性灰白髄炎 ・結核 ・ジフテリア ・重症急性呼吸器症候群（SARS） ・鳥インフルエンザ（H5N1） ・鳥インフルエンザ（H7N9） ・中東呼吸器症候群（MERS）	感染力，罹患した場合の重篤性等に基づく総合的な観点からみた危険性が高い感染症
感染症類型	[3 類感染症] ・コレラ ・細菌性赤痢 ・腸管出血性大腸菌感染症 ・腸チフス ・パラチフス	感染力，罹患した場合の重篤性等に基づく総合的な観点からみた危険性は高くないが，特定の職業への就業によって感染症の集団発生を起こしうる感染症
感染症類型	[4 類感染症] ・E 型肝炎 ・A 型肝炎 ・黄熱 ・Q 熱 ・狂犬病 ・炭疽 ・鳥インフルエンザ（鳥インフルエンザ（H5N1，H7N9）を除く） ・ボツリヌス症 ・マラリア ・野兎病 ・その他の感染症（政令で規定）	動物，飲食物等の物件を介して人に感染し，国民の健康に影響を与えるおそれのある感染症（人から人への伝染はない）
感染症類型	[5 類感染症] ・インフルエンザ（鳥インフルエンザおよび新型インフルエンザ等感染症を除く） ・ウイルス性肝炎（E 型肝炎および A 型肝炎を除く） ・クリプトスポリジウム症 ・後天性免疫不全症候群 ・性器クラミジア感染症 ・梅毒 ・麻しん ・メチシリン耐性黄色ブドウ球菌感染症（MRSA） ・その他の感染症（省令で規定）	国が感染症発生動向調査を行い，その結果等に基づいて必要な情報を一般国民や医療関係者に提供・公開していくことによって，発生・拡大を防止すべき感染症
新型インフルエンザ等感染症	・新型インフルエンザ ・新型コロナウイルス感染症 ・再興型インフルエンザ ・再興型コロナウイルス感染症	新たに人から人に伝染する能力を有することとなった（新型），あるいはかつて世界的規模で流行した（再興型）インフルエンザウイルス，コロナウイルスを病原体とする感染症であって，一般に国民が当該感染症に対する免疫を獲得していないことから，当該感染症の全国的かつ急速なまん延により国民の生命および健康に重大な影響を与えるおそれがあると認められるもの
指定感染症	政令で 1 年間に限定して指定される感染症	既知の感染症の中で上記 1 ～ 3 類，新型インフルエンザ等感染症に分類されない感染症で 1 ～ 3 類に準じた対応の必要が生じた感染症
新感染症	[当初] 都道府県知事が厚生労働大臣の技術的指導・助言を得て個別に応急対応する感染症	人から人に伝染すると認められる疾病であって，既知の感染症と症状等が明らかに異なり，その伝染力，罹患した場合の重篤度から判断した危険性がきわめて高い感染症
新感染症	[要件指定後] 政令で症状等の要件指定をした後に 1 類感染症と同様の扱いをする感染症	

感染症法により作成.

表 1−10　定期の予防接種

<table>
<tr><th colspan="2">対象疾病［ワクチン］</th><th colspan="2">対象年齢</th><th>標準的な接種年齢</th><th>接種回数</th></tr>
<tr><td colspan="2">結核［BCG］</td><td colspan="2">生後1歳に至るまで</td><td>生後5か月に達したときから生後8か月に達するまでの間</td><td>1回</td></tr>
<tr><td colspan="2" rowspan="2">Hib 感染症</td><td>初回</td><td rowspan="2">生後2か月から60か月（5歳）に至るまで</td><td>生後2か月から生後7か月に至るまでの間</td><td>3回</td></tr>
<tr><td>追加</td><td></td><td>1回</td></tr>
<tr><td colspan="2" rowspan="2">小児の肺炎球菌感染症（インフルエンザ球菌b型）</td><td>初回</td><td rowspan="2">生後2か月から60か月（5歳）に至るまで</td><td>生後2か月から生後7か月に至るまでの間</td><td>3回</td></tr>
<tr><td>追加</td><td>生後12か月から生後15か月に至るまでの間</td><td>1回</td></tr>
<tr><td rowspan="3">ジフテリア・百日咳・破傷風・急性灰白髄炎</td><td rowspan="2">［DPT-IPV］</td><td>1期初回</td><td rowspan="2">生後3か月から90か月（7歳6か月）に至るまで</td><td>生後3か月に達したときから生後12か月に達するまでの間</td><td>3回</td></tr>
<tr><td>1期追加</td><td>1期初回接種終了後12か月から18か月までの間隔をおく</td><td>1回</td></tr>
<tr><td>［DT］（ジフテリア・破傷風）</td><td>2期</td><td>11歳以上13歳未満まで</td><td>11歳に達したときから12歳に達するまでの間</td><td>1回</td></tr>
<tr><td rowspan="2">麻しん・風しん</td><td rowspan="2">［MR］</td><td>1期</td><td>生後12か月から24か月に至るまで</td><td></td><td>1回</td></tr>
<tr><td>2期</td><td colspan="2">5歳以上7歳未満の者であって，小学校就学前の1年間にある者</td><td>1回</td></tr>
<tr><td colspan="2" rowspan="3">日本脳炎[1]</td><td>1期初回</td><td rowspan="2">生後6か月から90か月（7歳6か月）に至るまで</td><td>3歳に達したときから4歳に達するまでの間</td><td>2回</td></tr>
<tr><td>1期追加</td><td>4歳に達したときから5歳に達するまでの間</td><td>1回</td></tr>
<tr><td>2期</td><td>9歳以上13歳未満まで</td><td>9歳に達したときから10歳に達するまでの間</td><td>1回</td></tr>
<tr><td colspan="2">ヒトパピローマウイルス（HPV）感染症[2]</td><td colspan="2">小学6年生から高校1年生の女子</td><td>13歳となる日の属する年度の初日から当該年度の末日までの間</td><td>3回</td></tr>
<tr><td colspan="2">水　痘</td><td colspan="2">生後12か月から36か月に至るまで</td><td>生後12か月から15か月の間に1回目を接種，2回目終了後6か月から12か月の間隔をおく</td><td>2回</td></tr>
<tr><td colspan="2">B 型肝炎（水平感染予防）</td><td colspan="2">1歳に至るまで</td><td>生後2か月から9か月の間</td><td>3回</td></tr>
<tr><td colspan="2" rowspan="2">ロタウイルス感染症</td><td colspan="2">1価ワクチン：令和2年8月1日以降に生まれた生後6週0日から生後24週0日まで</td><td rowspan="2">初回接種は生後2か月から生後14週6日まで</td><td>2回</td></tr>
<tr><td colspan="2">5価ワクチン：令和2年8月1日以降に生まれた生後6週0日から生後32週0日まで</td><td>3回</td></tr>
</table>

2020年10月1日現在。

[1]：日本脳炎は，2005年から2010年までの積極的な勧奨の差し控えにより特例接種あり。

予防接種法，同施行令，予防接種実施規則により作成．A類疾病のみ

消化機能や免疫機能が弱い慢性疾患児にとって，感染症の予防はとりわけ重要であり，予防接種の積極的な利用が勧められる。また，治療にステロイド剤や免疫抑制剤，生物学的製剤を使用する慢性疾患では，薬の作用で免疫力が弱くなるため，開始前に生ワクチン（BCG，麻しん，風しん，流行性耳下腺炎など），の予防接種を完了しておく必要がある。

演習課題

1. 子どもの死亡やかかりやすい病気について，自分なりに整理してまとめてみよう。

コラム　予防接種の副反応

予防接種によってはその性格上，副反応が起こる場合がある。接種部位の局所症状，過敏症状（一時的なじんま疹，発熱など）の軽微なものから，アナフィラキシー，血小板減少性紫斑病（thrombotic thrombocytopenic purpura：TTP），急性散在性脳脊髄炎（acute disseminated encephalomyelitis：ADEM）など重篤な副反応がみられることもまれにある。また，そのワクチン固有の副反応のうち，例えばポリオワクチン接種後のまひの出現など重篤な反応もみられる。予防接種法施行規則に定める程度の副反応を満たした場合は，接種医師は医薬品医療機器総合機構に報告することになっている。

コラム　ヒトパピローマウイルス感染症

子宮頸がんの発生にはヒトパピローマウイルス（HPV）と呼ばれるウイルスが関わっており，ワクチン接種により感染を予防することによってがんの発生を未然に防ぐことができる。HPV ワクチン接種後に，広範な慢性疼痛や運動障害を中心とした多様な症状がみられたことから，2017 年 6 月以降積極的勧奨が控えられているが，市町村は公費によって接種できること，ワクチンの有効性・安全性に関する情報などや，接種を希望した場合の必要な情報を対象者に周知し，接種機会を確保している。

コラム　流行性耳下腺炎の予防接種

流行性耳下腺炎（おたふくかぜ）は，無菌性髄膜炎，難聴，膵炎，不妊など重篤な病状を呈する場合があり，重要な感染症として，世界の多くの国では MMR ワクチン（流行性耳下腺炎，麻しん，風しんの混合ワクチン）の接種が一般的である。日本でも，1988 年から義務接種（当時の法律では努力義務ではなく，国民が受ける義務がある予防接種であった）が行われた時代があったが，多数の健康被害が発生して 1993 年に中止された。結果，耳下腺炎ワクチンが入っていない MR ワクチン（麻しん，風しんの混合ワクチン）が定期接種となり，流行性耳下腺炎ワクチンは任意接種となっている。

3 子どもの慢性疾患の特徴

1 子どもの慢性疾患の動向

(1) 保健統計でみる慢性疾患の動向

「2-1　子どもの健康問題の疫学的特徴」(p. 11参照) でみたように，入院受療率では「周産期に発生した病態」「先天奇形，変形及び染色体異常」「呼吸器系の疾患」が多く，年齢が上がると「神経系の疾患」「損傷，中毒及びその他の外因の影響」「精神及び行動の障害」が多くなる。外来受療率，通院者率では，アレルギー疾患が多いことがうかがわれる。

(2) 小児慢性特定疾患（旧制度）に関する統計

小児慢性特定疾患（現在の制度はp. 24　3-2　子どもの慢性疾患に関する制度参照）の2014年度疾患登録件数を表1-11に示す[1]。なお疾患の詳細については第2章に譲る。

登録件数（医療費助成を受けている件数）は，疾患群別にみると，内分泌疾患，慢性心疾患，悪性新生物が多く，ついで慢性腎疾患，糖尿病，神経・筋疾患が多くなっている。

悪性新生物は白血病，悪性リンパ腫といった血液系の腫瘍に加え，神経芽腫，網膜芽腫，髄芽腫，神経膠腫，頭蓋咽頭腫，骨肉腫など，一般にはまれであるが（希少がん），子どもに特有な新生物が多い。

慢性腎疾患は，ネフローゼ症候群を含め，腎炎症候群によるものが多く，そのほか先天性の形成不全がある。

慢性呼吸器疾患は，**慢性肺疾患**，**気管狭窄**，胸に原因がある場合など先天性あるいは新生児期からのものと，気管支喘息のようなアレルギー疾患が中心である。

慢性心疾患はその多くが先天性であり，手術を必要とするものが多い。

内分泌疾患では，主に下垂体から分泌される成長ホルモンが低下して起こる成長ホルモン分泌不全性低身長症，甲状腺の疾患である**クレチン症**（先天的に甲状腺機能が低下している状態）をはじめとした甲状腺機能低下症及び甲状腺機能亢進症，性早熟症などの性内分泌疾患，染色体起因疾患である**ターナー症候群**，**プラダー・ウィリ症候群**など，多くの疾患がある。

膠原病では**若年性関節リウマチ**が多く，ついで川崎病性冠動脈病変が多い。

糖尿病は1型糖尿病が多いが，2型糖尿病も糖尿病の中の15%程度ある。

小児慢性特定疾患
2014年度は旧制度の小児慢性特定疾患治療研究事業である。2015年度から児童福祉法による小児慢性特定疾病の制度が行われている。旧制度による集計のため，対象疾病等は，現在の疾患群や疾病と異なっている。

慢性肺疾患
新生児期の呼吸障害が軽快した後，あるいはそれに引き続いて，酸素吸入を必要とするような呼吸窮迫症状が起こる。

気管狭窄
気管が狭くて呼吸に影響がある状態で，多くが先天性である。

クレチン症
現行制度では，「甲状腺機能低下症」に含まれており，この名称は使われていない。

ターナー症候群
45,X（XXあるいはXYのように，対になっているX染色体あるいはY染色体が1本欠けている）を代表とする性染色体起因疾患。低身長を起こす。

プラダー・ウィリ症候群
出生後から筋緊張の低下があり呼吸の障害や哺乳障害が起こる。3歳過ぎころから食欲の抑制が難しくなり，肥満傾向になる。約半数が低身長である。

若年性関節リウマチ
現在では若年性特発性関節炎と呼ばれる。7つの病型がある。全身型では発熱，関節痛・関節腫脹，紅斑，筋肉痛や咽頭痛がみられる。

表 1−11　小児慢性特定疾患（旧制度）疾患群ごとの登録件数

疾患群（平成 26 年度当時※）	登録件数	男 児	女 児	上位 1 位	件 数	上位 2 位	件 数	上位 3 位	件 数	新規症例件数
悪性新生物	11,764	6,447	5,317	急性リンパ性白血病	3,164	急性骨髄性白血病	956	神経芽腫	611	1,590
慢性腎疾患	7,447	4,428	3,019	ネフローゼ症候群	2,449	IgA 腎症	1,582	腎の無発生，低形成，無形成又は異形成	468	988
慢性呼吸器疾患	3,008	1,641	1,367	慢性肺疾患	1,223	気管狭窄	984	気管支喘息	460	564
慢性心疾患	15,817	8,654	7,163	ファロー四徴症	2,153	心室中隔欠損症	1,899	両大血管右室起始症	1,094	2,001
内分泌疾患	26,743	12,451	14,292	成長ホルモン分泌不全性低身長症	11,229	クレチン症	4,945	甲状腺機能亢進症（バセドウ病）	3,016	3,319
膠原病	2,950	1,292	1,658	若年性関節リウマチ	1,873	冠動脈病変（川崎病性冠動脈病変）	858	シェーグレン症候群	128	437
糖尿病	5,725	2,510	3,215	1 型糖尿病	4,757	2 型糖尿病	849	その他の糖尿病	119	684
先天性代謝異常	4,017	2,235	1,782	軟骨無形成症（軟骨異栄養症）	913	アミノ酸代謝異常症	607	骨形成不全症	484	329
血友病等血液・免疫疾患	3,481	2,575	906	第 VIII 因子欠乏症（血友病 A）	1,200	免疫学的血小板減少症	509	第 IX 因子欠乏症（血友病 B）	259	406
神経・筋疾患	4,853	2,589	2,264	ウェスト症候群（点頭てんかん）	2,710	レノックス・ガストゥ症候群	504	結節性硬化症	459	474
慢性消化器疾患	2,595	988	1,607	胆道閉鎖症	1,950	先天性胆道拡張症	328	アラジール症候群（動脈肝異形成）	79	203
成長ホルモン治療	11,231	6,798	4,433	成長ホルモン分泌不全性低身長症	10,751	ターナー症候群	862	軟骨無形成症	533	1,708

2014 年度分　小児慢性特定疾病対策の推進に寄与する実践的基盤提供に向けた研究班集計（2018 年）．より作成
※ 2014 年度までは現在の疾患群と異なる。

先天性代謝異常では，**軟骨無形成症**（なんこつ）（**軟骨異栄養症**），**骨形成不全症**などの骨系統疾患，アミノ酸代謝異常をはじめとしたさまざまな代謝異常がある。

血友病（けつゆうびょう）等血液・免疫疾患では第 VIII 因子欠乏症（血友病 A），第 IX 因子欠乏症（血友病 B），フォン・ウィル（レ）ブランド病などの先天性血液凝固因

軟骨無形成症（軟骨異栄養症），骨形成不全症
現行制度は，先天性代謝異常群から独立し，骨系統疾患群に分類されている。

免疫学的血小板減少症
現行制度では，免疫性血小板減少性紫斑病（immune thrombocytopenic purpura：ITP）と呼ばれる。血小板の膜たんぱくに対する自己抗体ができ，血小板の破壊が亢進して血小板減少をきたす自己免疫性疾患で，皮下出血，歯肉出血，鼻出血，下血，血尿，頭蓋内出血（まれ）が起こる。

子異常，**免疫学的血小板減少症**，低ガンマグロブリン血症が多い。

神経・筋疾患では，ウェスト症候群（点頭てんかん），レノックス・ガストゥ症候群，結節性硬化症，重症乳児ミオクロニーてんかんなど，難治性のてんかんを起こすものや，福山型先天性筋ジストロフィーが多い。

慢性消化器疾患では，胆道閉鎖症が多く，そのほか先天性胆道拡張症などがある。

疾患名単位でみると，内分泌疾患（成長ホルモン分泌不全性低身長症，クレチン症，１型糖尿病，甲状腺機能亢進症）が上位を占め，急性リンパ性白血病，ウェスト症候群（点頭てんかん），ネフローゼ症候詳，ファロー四徴症，胆道閉鎖症，若年性関節リウマチが10位以内に入っている。

2　子どもの慢性疾患に関する制度

子どもの慢性疾患に関する制度では，子どもの慢性疾患に着目した小児慢性特定疾病対策と，子どもの障害に着目した各種福祉制度がある。

ここではまず，小児慢性特定疾病対策を説明し，ついで，医療費に関する制度を中心に，利用できる制度を概観する。

（1）小児の慢性疾患対策のあゆみ

小児の慢性疾患は，治療が長期にわたり，医療費も高額となる。1968年以降，順に先天性代謝異常，血友病，小児がん（悪性新生物），慢性腎炎・ネフローゼ症候群に対する医療給付が行われ，1974年に大幅に対象疾病を拡大して「小児慢性特定疾患治療研究事業」となった。この事業が約半世紀運用されてきたが，安定的な制度とするため，2008年に児童福祉法に基づく制度とした。さらに，2014年に児童福祉法を改正し，「小児慢性特定疾病」の制度として2015年から実施されている。

コラム　マス・スクリーニング検査

一部の先天性代謝異常や先天性甲状腺機能低下症（クレチン症）では，早期発見・早期治療により，知的障害などの心身障害の発生を予防することが可能である。このため，すべての新生児を対象として，血液や尿を用いたマス・スクリーニング検査が行われている。代謝異常疾患としてフェニルケトン尿症，ホモシスチン尿症，メープルシロップ尿症，ガラクトース血症が，内分泌疾患として先天性甲状腺機能低下症，先天性副腎過形成症が対象となる。これら６疾患をはじめとして，早期治療により効果が期待できる16疾患のスクリーニングとして，精度の高いタンデムマス法の導入が進みつつある。

この制度では，国は良質かつ適切な小児慢性特定疾病医療支援の実施及びその他の疾病児童等の健全な育成に関わる施策の推進を図るための基本的な方針を定めること，都道府県等による小児慢性特定疾病医療費の支給，都道府県等による小児慢性特定疾病児童等自立支援事業の実施，国による小児慢性特定疾病の治療方法等に関する研究の推進が骨子となっている。

(2) 小児慢性特定疾病とは

「小児慢性特定疾病」は，①慢性に経過する疾病であること，②生命を長期におびやかす疾病であること，③症状や治療が長期にわたって生活の質を低下させる疾病であること，④長期にわたって高額な医療費の負担が続く疾病であること，をすべて満たし，厚生労働大臣が定める疾病とされていて，2020 年 4 月現在で 16 疾患群 762 疾病が指定されている（表 1－12）。

(3) 小児慢性特定疾病の医療費助成

「小児慢性特定疾病」にかかっている子どもで，疾病の程度が一定程度以上である者の保護者に対し，医療に要する費用（**小児慢性特定疾病医療費**）を支給する（児童福祉法第 19 条の 2）。

申請時には小児慢性特定疾病指定医に受診し，医療意見書の交付を受ける（図 1－7）。小児慢性特定疾病指定医療機関において治療を受ける。申請先は都道府県，指定都市，中核市である。

小児慢性特定疾病医療費
助成の対象年齢は 18 歳未満。ただし，18 歳到達時点において事業の対象になっており，かつ，18 歳到達後も引き続き治療が必要と認められる場合には，20 歳未満の者。

コラム　指定難病

難病とは，発病の機構が明らかでなく，かつ治療法が確立していない希少な疾病であって，当該疾病にかかることにより長期にわたり療養を必要とするもの。このうち，難病の患者に対する医療等に関する法律（難病法）により厚生労働大臣が指定する疾病が指定難病であり，状況によって医療費助成の対象となる。2019 年 7 月現在，333 疾病が指定されている。

コラム　子どもの難病と「小児慢性特定疾病」

小児慢性特定疾病は子どもの慢性疾患であり，難病よりは幅広い概念である。なお，難病法による指定難病は小児慢性特定疾病にすべて含まれている。指定難病に該当する場合，小児慢性特定疾病の医療費助成のほか，指定難病の医療費助成も利用可能である。いずれを選ぶかは状況によるが，小児慢性特定疾病の医療費助成のほうが，自己負担額が少ない。

表 1－12　小児慢性特定疾病医療費助成対象疾患

医療費助成対象疾患群	大分類
1. 悪性新生物	・白血病　・骨髄異形成症候群　・リンパ腫　・組織球症　・固形腫瘍（中枢神経系腫瘍を除く）　・中枢神経系腫瘍
2. 慢性腎疾患	・ネフローゼ症候群　・慢性糸球体腎炎　・慢性尿細管間質性腎炎（尿路奇形が原因のものを除く）　・慢性腎盂腎炎 ・アミロイド腎　・家族性若年性高尿酸血症性腎症　・ネフロン癆　・腎血管性高血圧　・腎静脈血栓症　・腎動静脈瘻 ・尿細管性アシドーシス　・ギッテルマン（Gitelman）症候群　・バーター（Bartter）症候群　・腎尿管結石　・慢性腎不全 ・腎奇形　・尿路奇形　・萎縮腎（尿路奇形が原因のものを除く）　・ファンコーニ（Fanconi）症候群　・ロウ（Lowe）症候群
3. 慢性呼吸器疾患	・気道狭窄　・気管支喘息　・先天性中枢性低換気症候群　・間質性肺疾患　・線毛機能不全症候群　・嚢胞性線維症 ・気管支拡張症　・特発性肺ヘモジデローシス　・慢性肺疾患　・閉塞性細気管支炎　・先天性横隔膜ヘルニア ・先天性嚢胞性肺疾患
4. 慢性心疾患	・洞不全症候群　・モビッツ（Mobitz）2 型ブロック　・完全房室ブロック　・脚ブロック　・多源性心室期外収縮　・上室頻拍 ・心室頻拍　・心房粗動　・心房細動　・心室細動　・QT 延長症候群　・肥大型心筋症　・不整脈源性右室心筋症　・心筋緻密化障害 ・拡張型心筋症　・拘束型心筋症　・心室瘤　・心内膜線維弾性症　・心臓腫瘍　・慢性心筋炎　・慢性心膜炎　・収縮性心膜炎 ・先天性心膜欠損症　・乳児特発性僧帽弁腱索断裂　・冠動脈起始異常　・川崎病性冠動脈瘤 ・冠動脈狭窄症（川崎病によるものを除く）　・虚血性心疾患　・左心低形成症候群　・単心室症　・三尖弁閉鎖症 ・肺動脈閉鎖症　・ファロー（Fallot）四徴症　・両大血管右室起始症　・両大血管左室起始症　・完全大血管転位症 ・先天性修正大血管転位症　・エブスタイン（Ebstein）病　・総動脈幹遺残症　・大動脈肺動脈窓　・三心房心　・動脈管開存症 ・心房中隔欠損症　・完全型房室中隔欠損症　・心室中隔欠損症　・肺静脈還流異常症　・肺静脈狭窄症　・左室右房交通症 ・右室二腔症　・肺動脈弁下狭窄症　・大動脈弁下狭窄症　・肺動脈狭窄症　・肺動脈弁欠損　・肺動脈上行大動脈起始症 ・一側肺動脈欠損　・大動脈狭窄症　・大動脈弓閉塞症　・血管輪　・大動脈瘤　・動静脈瘻　・肺動脈性肺高血圧症　・慢性肺性心 ・心臓弁膜症　・僧帽弁弁上輪　・内臓錯位症候群　・フォンタン（Fontan）術後症候群
5. 内分泌疾患	・下垂体機能低下症　・下垂体性巨人症　・先端巨大症　・成長ホルモン分泌不全性低身長症　・成長ホルモン不応性症候群 ・高プロラクチン血症　・抗利尿ホルモン（ADH）不適切分泌症候群　・尿崩症　・中枢性塩喪失症候群　・甲状腺機能亢進症 ・甲状腺機能低下症　・甲状腺ホルモン不応症　・腺腫様甲状腺腫　・副甲状腺機能亢進症　・副甲状腺機能低下症 ・自己免疫性多内分泌腺症候群　・偽性副甲状腺機能低下症　・クッシング（Cushing）症候群　・慢性副腎皮質機能低下症 ・アルドステロン症　・見かけの鉱質コルチコイド過剰症候群（AME 症候群）　・リドル（Liddle）症候群 ・低アルドステロン症　・偽性低アルドステロン症　・先天性副腎過形成症　・思春期早発症 ・エストロゲン過剰症（思春期早発症を除く）　・アンドロゲン過剰症（思春期早発症を除く） ・低ゴナドトロピン性性腺機能低下症　・高ゴナドトロピン性性腺機能低下症　・性分化疾患　・消化管ホルモン産生腫瘍 ・グルカゴノーマ　・高インスリン血性低血糖症　・ビタミン D 依存性くる病　・ビタミン D 抵抗性骨軟化症 ・原発性低リン血症性くる病　・脂肪異栄養症（脂肪萎縮症）　・多発性内分泌腫瘍　・多嚢胞性卵巣症候群 ・内分泌疾患を伴うその他の症候群
6. 膠原病	・膠原病疾患　・血管炎症候群　・再発性多発軟骨炎　・皮膚・結合組織疾患　・自己炎症性疾患
7. 糖尿病	・糖尿病
8. 先天性代謝異常	・アミノ酸代謝異常症　・有機酸代謝異常症　・脂肪酸代謝異常症　・ミトコンドリア病　・糖質代謝異常症　・ライソゾーム病 ・ペルオキシソーム病　・金属代謝異常症　・プリンピリミジン代謝異常症　・ビタミン代謝異常症　・神経伝達物質異常症 ・脂質代謝異常症　・結合組織異常症　・先天性ポルフィリン症　・α 1- アンチトリプシン欠損症
9. 血液疾患	・巨赤芽球性貧血　・赤芽球癆　・先天性赤血球形成異常性貧血　・鉄芽球性貧血　・無トランスフェリン血症 ・自己免疫性溶血性貧血　・発作性夜間ヘモグロビン尿症　・遺伝性溶血性貧血　・溶血性貧血（脾機能亢進症によるものに限る） ・微小血管障害性溶血性貧血　・真性多血症　・家族性赤血球増加症　・血小板減少性紫斑病　・血栓性血小板減少性紫斑病 ・血小板減少症（脾機能亢進症によるものに限る）　・先天性骨髄不全症候群　・周期性血小板減少症 ・メイ・ヘグリン（May-Hegglin）異常症　・カサバッハ・メリット（Kasabach-Merritt）症候群　・本態性血小板血症 ・血小板機能異常症　・先天性血液凝固因子異常　・先天性プロテイン C 欠乏症　・先天性プロテイン S 欠乏症 ・先天性アンチトロンビン欠乏症　・遺伝性出血性末梢血管拡張症　・骨髄線維症　・再生不良性貧血
10. 免疫疾患	・複合免疫不全症　・免疫不全を伴う特徴的な症候群　・液性免疫不全を主とする疾患　・免疫調節障害 ・原発性食細胞機能不全症及び欠損症　・自然免疫異常　・先天性補体欠損症　・好酸球増加症 ・慢性活動性 EB ウイルス感染症　・後天性免疫不全症　・慢性移植片対宿主病
11. 神経・筋疾患	・脊髄髄膜瘤　・仙尾部奇形腫　・脳形成障害　・ジュベール（Joubert）症候群関連疾患　・レット（Rett）症候群 ・神経皮膚症候群　・早老症　・遺伝子異常による白質脳症　・ATR-X 症候群　・脆弱 X 症候群 ・先天性グリコシルホスファチジルイノシトール（GPI）欠損症　・脳クレアチン欠乏症候群　・頭蓋骨縫合早期癒合症 ・もやもや病　・脊髄性筋萎縮症　・先天性ニューロパチー　・筋ジストロフィー　・先天性ミオパチー ・シュワルツ・ヤンペル（Schwartz-Jampel）症候群　・難治てんかん脳症　・進行性ミオクローヌスてんかん ・脊髄小脳変性症　・小児交互性片麻痺　・変形性筋ジストニー（類縁疾患を含む）　・脳の鉄沈着を伴う神経変性疾患 ・乳児両側線条体壊死　・先天性感染症　・エカルディ・グティエール（Aicardi-Goutieres）症候群　・亜急性硬化性全脳炎 ・ラスムッセン（Rasmussen）脳炎　・痙攣重積型急性脳症　・自己免疫介在性脳炎・脳症　・難治頻回部分発作重積型急性脳炎 ・多発性硬化症　・慢性炎症性脱髄性多発神経炎　・重症筋無力症
12. 慢性消化器疾患	・先天性吸収不全症　・微絨毛封入体病　・腸リンパ管拡張症　・ポリポーシス　・周期性嘔吐症候群　・炎症性腸疾患 ・自己免疫性腸症（IPEX 症候群を含む）　・急性肝不全（昏睡型）　・新生児ヘモクロマトーシス　・自己免疫性肝炎 ・原発性硬化性胆管炎　・肝内胆汁うっ滞性疾患　・先天性肝線維症　・肝硬変症　・門脈圧亢進症　・先天性門脈欠損症 ・門脈・肝動脈瘻　・クリグラー・ナジャー(Crigler-Najjar)症候群　・難治性膵炎　・短腸症　・ヒルシュスプルング(Hirschsprung) 病及び類縁疾患　・肝巨大血管腫　・総排泄腔異常症
13. 染色体又は遺伝子に変化を伴う症候群	・染色体又は遺伝子に変化を伴う症候群
14. 皮膚疾患	・眼皮膚白皮症（先天性白皮症）　・先天性魚鱗癬　・表皮水疱症　・膿疱性乾癬（汎発型）　・色素性乾皮症 ・レックリングハウゼン（Recklinghausen）病（神経線維腫症 I 型）　・肥厚性皮膚骨膜症　・外胚葉形成不全 ・スティーヴンス・ジョンソン（Stevens-Johnson）症候群
15. 骨系統疾患	・胸郭不全症候群　・骨系統疾患
16. 脈管系疾患	・脈管奇形　・遺伝性出血性末梢血管拡張症　・カサバッハ・メリット症候群

成長ホルモン治療	対象 ・成長ホルモン（GH）分泌不全性低身長症（脳の器質的原因によるものを除く）による低身長 ・後天性下垂体機能低下症，先天性下垂体機能低下症又は成長ホルモン分泌不全性低身長症（脳の器質的原因によるものに限る） ・ターナー症候群又はプラダー・ウィリ症候群による低身長　・ヌーナン症候群による低身長 ・軟骨異栄養症による低身長　・腎機能低下による低身長

2020 年 4 月 1 日現在。
大分類のもと，個別の疾病がある。
※各々，一定の基準を満たした場合に医療費が助成される。

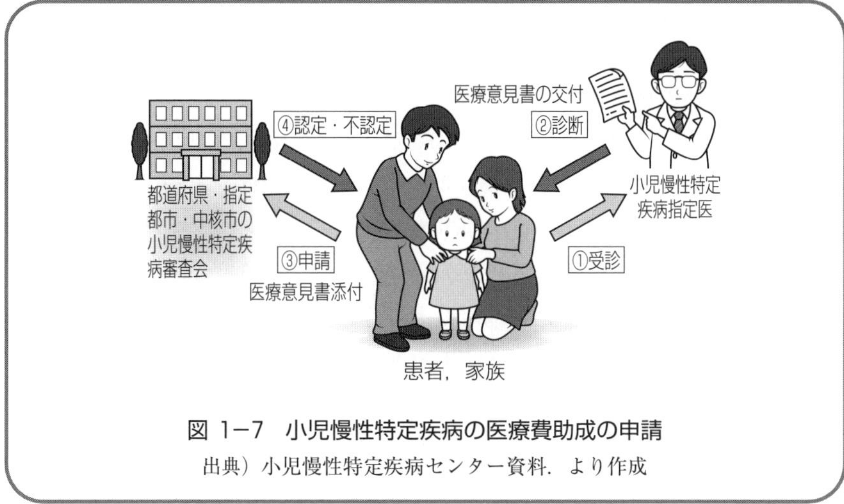

図 1−7　小児慢性特定疾病の医療費助成の申請
出典）小児慢性特定疾病センター資料．より作成

(4) 小児慢性特定疾病児童等自立支援事業

慢性的な疾病をかかえる児童及びその家族の負担軽減及び長期療養をしている児童の自立や成長支援について，地域の社会資源を活用するとともに，利用者の環境等に応じた支援を行う(児童福祉法第 19 条の 22)。都道府県，指定都市，中核市により行われる必須事業として相談支援，任意事業として，一時預かり・日常生活支援，相互交流支援，就職支援，介護者支援，その他自立支援がある。

(5) 慢性疾病児童地域支援協議会

地域における小児慢性特定疾病児童等の支援内容等につき，関係者が協議するための体制として，慢性疾病児童地域支援協議会を設置することとなっている（図 1−8)。

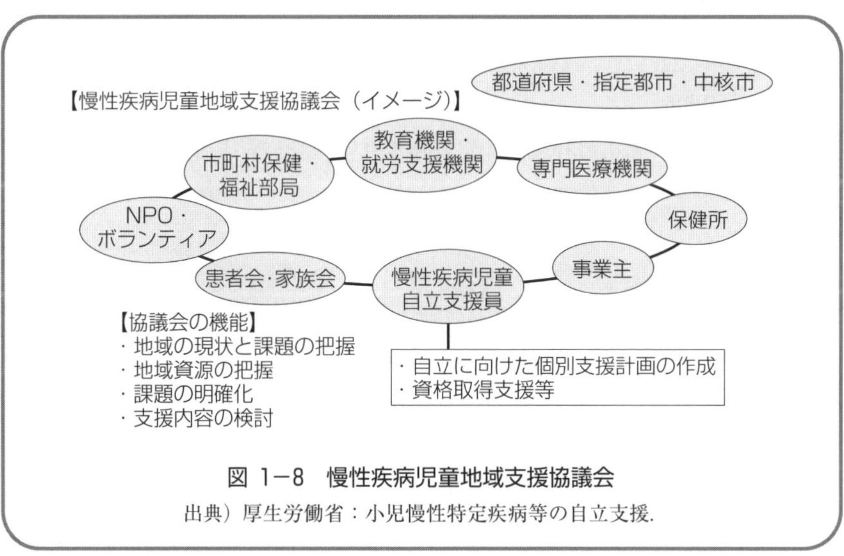

図 1−8　慢性疾病児童地域支援協議会
出典）厚生労働省：小児慢性特定疾病等の自立支援.

自立支援医療（育成医療）
身体障害の回復・重症化防止が目的であるため，身体障害者手帳の有無は問わない。成人の自立支援医療（更生医療）では手帳が必要である。

障害者総合支援法
正式名称は「障害者の日常生活及び社会生活を総合的に支援するための法律」。2005 年制定の「障害者自立支援法」が 2012 年に改正された際に現法名に改題された。

重度心身障害者（児）医療費助成
市町村によって異なるが，身体障害者手帳あるいは療育手帳保持者で，一定の等級に達していることが要件とされる。

障害児通所支援
日常生活における基本的な動作の指導，知識技能の付与，集団生活への適応訓練を行う。通所支援は，医師の診断を受けてから，市町村役場に利用を申請し，相談支援事業所の障害児相談支援によって，障害児支援利用計画を作成して利用を開始する。

児童発達支援（福祉型児童発達支援）
障害児を児童発達支援センターやその他の厚生労働省令で定める施設に通わせ，日常生活における基本的な動作の指導，知識技能の付与，集団生活への適応訓練，その他の厚生労働省令で定める便宜を供与する。

医療型児童発達支援
肢体不自由児（上肢，下肢または体幹機能に障害がある未就学の児童）を対象に福祉型児童発達支援の業務に加え，治療（リハビリテーション等）を提供する。

（6）その他の医療費助成制度

医療費助成に関しては，状況によって以下の制度が利用可能である。

1）自立支援医療（育成医療）

自立支援医療（育成医療）は身体の障害がある児童に対し，必要な医療について，保険診療の自己負担分の軽減を図る。所得（課税額など）による制限がある（**障害者総合支援法**第 6 条）。市町村により行われる。

2）重度心身障害者（児）医療費助成制度

重度心身障害者（児）医療費助成は市町村が実施しており，都道府県が費用を補助している（地方単独事業）。重度の心身障害者（児）の医療費について，保険診療の自己負担分の軽減を図るもの。制度は市町村によって異なっている。

3）乳幼児医療助成事業

市町村が実施しており，都道府県が費用を補助している（地方単独事業）。乳幼児の医療費について，保険診療の自己負担分の軽減を図る（地方単独事業。一般財源。すべての都道府県で補助）。制度は市町村によって異なるが所得制限の有無など，少子化対策の一環として，中学校卒業時までを対象にする市町村が多く，18 歳までを対象とする市町村も増えつつある。

実際には，小児慢性特定疾病の医療費助成を含め，これらの制度を組み合わせて使うことになる。国の制度が優先である。

（7）医療以外の制度

1）療育の指導

疾病により長期にわたり療養を必要とする児童として療育の指導が保健所によって行われる（児童福祉法第 19 条）。

具体的には障害に応じた医療機関への受診を促す，身体障害者手帳の申請・交付に関する指導，医療や育成の制度の説明と申請を促す，補装具の交付・修理に関する申請を促す，児童相談所の利用についての指導などである。

2）福祉の制度

① **手帳制度**：障害の程度が一定に達すれば，身体障害者手帳，療育手帳あるいは精神障害者保健福祉手帳が交付され，各々の手帳による福祉制度を利用することができる。

② **日常生活の支援**：居宅サービスとして，該当すれば，居宅介護（ホームヘルプ），重度訪問介護，行動支援，同行支援，移動支援事業，短期入所（ショートステイ）を利用することができる。

また，該当すれば，**障害児通所支援**を受けることができる。**児童発達支援（福祉型児童発達支援）**，**医療型児童発達支援**，放課後等デイサービス，保育所等訪問支援（児童発達支援センターが実施）の利用である。

入所サービスとしては，福祉型障害児入所施設，医療型障害児入所施設がある。

補装具は，身体障害者手帳保持者で肢体不自由，視覚，聴覚，内部障害について，市町村が支給する。内容により，指定育成医療機関の医師が作成する意見書が必要である。ただし，慢性疾患によっては，身体障害者手帳を保持していなくても対象になる。

補装具
失われた身体機能を補完または代替する用具。

日常生活用具は，いずれかの手帳保持者で，状況により市町村が支給する。慢性疾患によっては，身体障害者手帳を保持していなくても対象になる。また，小児慢性特定疾病児童等日常生活用具給付事業により，日常生活に著しく支障のある在宅の小児慢性特定疾病受給者も支給を受けられる。

日常生活用具
在宅で生活している障害のある者が，日常生活を容易にするために使用する器具。

③　**手　当**：特別児童扶養手当は中度以上の障害のある児童の保護者に支給される。障害児福祉手当は，身体障害者１級程度の障害あるいは２級程度の障害のある一部の人，療育手帳最重度，重度の人のうち条件を満たしている人，精神の障害であって前２者と同程度の人に支給される。

(8) 医療的ケア児への支援

人工呼吸器や胃ろうなどを使用し，痰の吸引や**経管**(けいかん)**栄養**を日常生活で行う**医療的ケア児**について，保健，医療，障害福祉のみならず，保育，教育等における支援が必要であり，また，保護者が安心して必要な支援を受けるための体制整備が求められている。このため各地域において医療的ケア児の支援ニーズや地域資源の状況を踏まえ，保健，医療，障害福祉，保育，教育等の関係機関の連携体制の構築が進められている。なお，通所できない重度の障害のある子どものために，2018 年度に居宅訪問型児童発達支援が新設された。

経管栄養
p. 168 参照。

医療的ケア児
新生児集中治療管理室（neonatal intensive care unit：NICU）などから退院してくる場合，神経筋疾患など慢性疾患により医療的ケアが必要な状態に至った場合，事故等外傷により医療的ケアが必要な状態に至った場合がある。

(9) 移行期医療

慢性疾患のある子どもの小児期から成人期に向けた医療を移行期医療といい，小児期から成人期の医療への円滑な移行，成人期の医療の充実を目指して，2018 年度より移行期医療支援体制整備事業が行われている。特に思春期から青年期の世代のことを**AYA**(アヤ)**世代**という。AYA とは adolescent and young adult の略で，小児がんの関係者の間ではよく用いられている。AYA 世代に対しては医療（医療の円滑な移行や，がん治療による不妊への対応等を含む）はもとより，就学・就職の問題や，社会心理的な問題への取り組みが求められている。

AYA 世代
p. 88，161 参照。

演習課題

1. わが国では子どもの慢性疾患の制度と，子どもの障害に関する制度が別々に行われている。実習などのケース検討で遭遇した事例で，どの制度がどのように使われているか整理してみよう。

引用文献

1）国立成育医療研究センター 小児慢性特定疾病情報室：小児慢性特定疾患治療研究事業における登録データの精度向上に関する研究－平成 26 年度の小児慢性特定疾患治療研究事業の疾病登録状況（中間報告），平成 29 年度厚生労働行政推進調査事業費補助金（難治性疾患等政策研究事業（難治性疾患政策研究事業））「小児慢性特定疾病対策の推進に寄与する実践的基盤提供にむけた研究」分担研究報告書，国立成育医療研究センター，pp.21-73，2018.

参考文献

・小児慢性特定疾病情報センターホームページ（https://www.shouman.jp/）（最終閲覧：2021 年 6 月 30 日）
・難病情報センターホームページ（https://www.nanbyou.or.jp/）（最終閲覧：2021 年 6 月 30 日）

4 健康面の困難がある子どもの見方

1 病弱児・虚弱児とは（法令，定義など）

前節で示したように，小児慢性特定疾患は疾患群で示されているが，身体障害者福祉法で定められている内部障害は，心臓機能障害，呼吸器機能障害，腎臓機能障害，膀胱（ぼうこう）または直腸の機能障害，小腸機能障害，ヒト免疫不全ウイルス（HIV）による免疫機能障害，肝機能障害である。身体部位等の機能別に示されている。

特別支援学校で教育を行う障害者については学校教育法施行令第 22 条の 3 に障害の程度が規定されている。また特別支援学級及び通級の指導における障害の程度は 2013 年 4 月の文部科学省通知により規定されている。表 1－13 に病弱・身体虚弱に関する記述を抜粋した。「身体虚弱」は教育基準の概念としてつくられた教育上の用語であり，医療的な根拠や基準に基づく医療用語ではないことから，「身体虚弱」の確定的な基準はない。病弱者は医行為が必要であるが，「身体虚弱」は必ずしも医行為を必要としない。病弱・身体虚弱ともに「程度」で表現されているのが，他の障害種との大きな違いである。

病弱者は医療または生活規制，管理等の程度などにより，通常の学級，特別支援学級，特別支援学校で学んでいる。知的障害を伴う場合は特別支援学級もしくは特別支援学校を選択することもある。また，通級による指導はわずかではあるが行われている。

表 1−13　学校教育における病弱者・身体虚弱者の障害の程度

特別支援学校	特別支援学級	通級による指導
学校教育法施行令第22条の3による	平成25年10月4日付25文科初第756号通知による	
1　慢性の呼吸器疾患，腎臓疾患及び神経疾患，悪性新生物その他の疾患の状態が継続して医療又は生活規制を必要とする程度のもの 2　身体虚弱の状態が継続して生活規制を必要とする程度のもの	1　慢性の呼吸器疾患その他疾患の状態が持続的又は間欠的に医療又は生活の管理を必要とする程度のもの 2　身体虚弱の状態が持続的に生活の管理を必要とする程度のもの	病弱又は身体虚弱の程度が，通常の学級での学習におおむね参加でき，一部特別な指導を必要とするもの

2　病弱児・虚弱児の特徴

(1) 学習空白や経験不足

病弱児・虚弱児の8割以上が通常の学校に在籍している。小学校や特別支援学校入学前に主な治療が終了して，入学後は経過観察等の状態になっており，病状に応じた**合理的配慮**で対応可能な場合もある。また，入学後も入院が必要な場合，入学後に発症した場合などは，入院による「学習空白」が生じることがある。数日の入院で済めば，その間の学習を補完することが容易だが，入院や自宅療養により，継続的もしくは断続的に欠席があると，学習の遅れを取り戻すことは容易ではない。

また，治療による生活制限により，子どもらしい生活をすることが難しい場合もあり，経験不足から学習内容を理解できなかったり，手先を使うことや身体を動かすことなどがうまくできなかったりすることがある。

合理的配慮
障害者の権利に関する条約第2条（定義）においては，「合理的配慮」とは，「障害者が他の者と平等にすべての人権及び基本的自由を享有し，又は行使することを確保するための必要かつ適当な変更及び調整であって，特定の場合において必要とされるものであり，かつ，均衡を失した又は過度の負担を課さないものをいう」と定義されている。障害のある児童生徒等に対する教育を小・中学校等で行う場合には，「合理的配慮」として以下のことが考えられる。（ア）教員，支援員等の確保（イ）施設・設備の整備（ウ）個別の教育支援計画や個別の指導計画に対応した柔軟な教育課程の編成や教材等の配慮等。

(2) 心理的特徴

病気の子どもは，病気や入院になったことで，未知の治療を受けること，家から離れること，学校の友だちに会えないこと，勉強の遅れなど，さまざまな不安を抱く。病状や治療の経過により気持ちが揺れ動くこともある。また，院内学級や訪問教育など，病院内の学校で教育を受ける場合，多くは転籍を伴うため，心理的負担は大きい。子どもにとって同年代の友だちと同じことをするということは重要である。学校という子どもらしい時間を設けることで，こうした不安を軽減し，本来の自分らしさに戻ることができるようにする必要がある。

(3) 教育の特徴

教員は病気の子どもの心理的特徴を理解し，病気への配慮だけでなく，心理面への配慮を行うことが求められる。子どもに対して共感的・受容的に関わることで信頼関係を築き，子どもとの会話や態度，表情などから子どもの不安を読み取ることができることが望ましい。

入院や自宅療養中の教育は在籍校が担うことになるが，体調に加え，距離や時間の問題などを理由に，病気による長期欠席児の約半数が在籍校からの学習指導を受けることができていない（文部科学省，2015）。文部科学省（2013）は特別支援学級，通級による指導などにより教育環境を整備すること，ICT（情報通信技術）等を活用した指導の実施などによる効果的な指導方法の工夫を行うことと合わせて，「通学が困難な病気療養児の在籍校及びその設置者は，退院後にあっても当該病気療養児への教育への継続が図られるよう，保護者，医療機関，近隣の特別支援学校等との十分な連携体制を確保すること」を通知している。また，ICT 機器等を活用した「遠隔教育の推進に向けた施策方針」が出され，「教育の ICT 化に向けた環境整備５か年計画」が策定された（文部科学省，2018）。さらに「**GIGA スクール構想**」の実現に向け，児童生徒１人１台端末の整備や校内のインターネット環境整備が打ち出され（文部科学省，2019），2020 年には新型コロナ感染症の感染防止のための休校が続いたことから，児童生徒１人１台の端末整備目標が 2022 年度から 2020 年度に前倒しされることとなった。機器の整備だけでなく，既存の制度を活用しながら，遠隔地においても通学と同等の教育が求められている。

GIGA スクール構想
GIGA は global and innovation gateway の略。学校教育における ICT 環境整備についての構想。

3　健康面の困難がある人への合理的配慮と基礎的環境整備

（1）ICF（国際生活機能分類）と病弱・虚弱

障害に関する国際的な分類として，1980 年から「WHO 国際障害分類（ICIDH）」が使われていた。世界保健機関（WHO）は ICIDH の改訂版として，2001 年５月に「国際生活機能分類」（International Classification of Functioning, Disability and Health：ICF）を採択した（図１−９）。ICF では障害を「活動制限」と「参加制約」という視点でとらえ，さらに「環境因子」と「個人因子」により変化・変動するものであるとしている。つまり，健康状態や個人因子に配慮しながら，環境調整を行うことで，障害の状態にある「生活機能」は変化するのであり，障害は個人に対して固定的なものではないという考え方である。

例えば，健康面の困難として心臓病がある場合，運動制限が生じる。学齢期には**学校生活管理指導表**により，学校に運動制限の状況を主治医から伝えることになっている。この学校生活管理指導表により，校内での活動について検討されることで，学習活動や行事への参加制約を調整することができる。このように病気による制限・制約は固定的なものではなく，環境因子により社会参加の状況は変化する。個人因子の年齢に着目すると，幼少時は家庭で過ごすが，

学校生活管理指導表
学校での体育や行事について，参加可能な取組みについて記されている。心臓，腎臓，アレルギーなど，病気により様式が異なる。

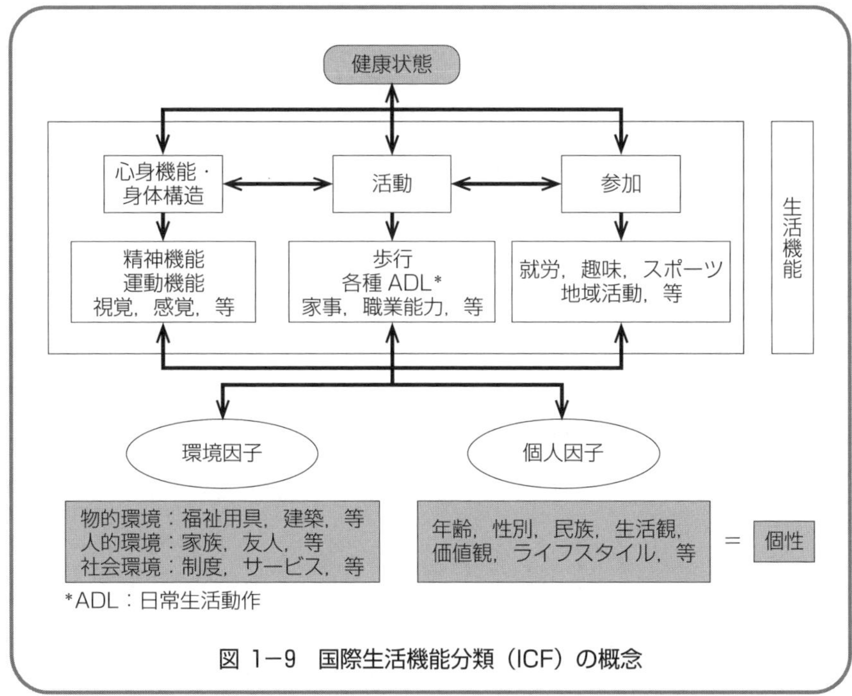

図 1−9　国際生活機能分類（ICF）の概念

学齢期には学校に通学する，卒業後は就労するなど，ライフステージに応じて参加の範囲や形態は変化する。こうした変化に応じて環境因子の調整を行うことで，社会においてその人らしい人生を送ることにつながるのである。

2014 年に障害者の権利に関する条約が日本で批准され，第 24 条には「障害者は，他の者との平等を基盤として，自己の生活する地域社会において，障害者を包容し，質が高く，かつ，無償の初等教育……及び中等教育を享受することができること」を確保することとなった。批准に向けて，2013 年には「障害を理由とする差別の解消を推進し，もってすべての国民が，障害の有無によって分け隔てされることなく，相互に人格と個性を尊重し合いながら共生する社会の実現に資する」ことを目的として，「障害を理由とする差別の解消の推進に関する法律」（以下，差別解消法）が制定された。障害者差別解消法では国及び地方公共団体に障害を理由とする差別の解消の推進，また行政機関等，事業所に対する障害を理由とする差別の禁止が規定された。さらに，社会的障壁の除去に向け，必要かつ合理的な配慮を的確に行う環境整備も規定された。この環境整備は「基礎的環境整備」といわれ，障害のある人全般に対する整備であるのに対し，「合理的配慮」は個々の障害の状況により必要かつ合理的な配慮・支援を指す（表 1−14）。

文部科学省「**インクルーシブ教育システム**構築モデル事業」で取り組まれている実践事例が独立行政法人国立特別支援教育総合研究所のインクル DB（インクルーシブ教育システム構築支援データベース）で検索可能となっている。

インクルーシブ教育システム
障害のある者とない者が可能な限り，居住する地域でともに学ぶ仕組みのこと。

表 1－14　健康面の困難がある子どもへの合理的配慮の例

学校環境の整備	健康かつ安全に生活できる人的・物的環境の整備，入退院時の学習の保障，病弱教育の専門性を有する教員の配置，登下校時の支援，バリアフリーな施設・設備，生命機能維持に必要な施設・設備
学習，作業	学習空白等による学習のしにくさへの対応（補充学習，補助教材） 病気のため実施できない体育の実技や理科の実験などの活動を実施可能な活動に替えるなど，指導内容・方法の工夫
体調管理	負担過重な活動を自ら制限するなど自己管理 服薬管理や薬の副作用等について健康指導，医療的ケア等への対応
教育内容・方法	学習空白等への対応，病状に応じた指導 医療機関と特に密接な連携
教育・学習体制	どの病院でも同様の教育を受けることができる体制 入院時や自宅療養時の ICT 等を活用した学習，通学手段の確保
障害理解	プライバシーに配慮した説明（相手，内容，方法など）
服装	体温調整しやすい服装の着用
その他	食事（内容，食具，時間など），トイレ，非常時の避難誘導，必要に応じて転校しなくても教育を受けることができるようにする

4　病弱児・虚弱児と自立活動

特別支援教育において重要な領域として自立活動がある。2011 年 6 月の特別支援学校学習指導要領改訂以降，自立活動の領域において ICF の概念を用いるようになった。自立活動は障害による学習上または生活上の困難の改善・克服に関する領域で，自立し社会参加する資質を養うことを目的としている。自立活動は学校の教育活動全体を通じて行うこととされているが，2017 年 4 月告示の特別支援学校学習指導要領では「自立活動の時間はもとより」と学校の教育活動全体を通じて行うことが強調されている。自立活動は個々の障害や認知の状態に合わせて指導されるものであることから，個々の実態を把握し，長期的・短期的目標を設定し，段階的に指導することが求められる。特に肢体不自由者の教育においては，障害の多様性・重度化により，教育の場や教育課程によらず，自立活動の 6 区分すべてに注目して指導する必要がある（表 1－15）。

演習課題

1. 病弱児・虚弱児の特徴から，教育上の配慮として，どのようなことが考えられるか，まとめてみよう。

参考文献

・国立特別支援教育総合研究所　インクル DB（インクルーシブ教育システム構築支援データベース）(http://inclusive.nise.go.jp/)（最終閲覧：2021 年 6 月 30 日）
・厚生労働省大臣官房統計情報部（編）：生活機能分類の活用に向けて，2007.
・文部科学省：病気療養児に対する教育の充実について（通知），2013.

表 1−15　自立活動の目標と内容

第1　目標 　個々の児童又は生徒が自立を目指し，障害による学習上又は生活上の困難を主体的に改善・克服するために必要な知識，技能，態度及び習慣を養い，もって心身の調和的発達の基盤を培う。 第2　内容 1. 健康の保持 　(1) 生活のリズムや生活習慣の形成に関すること。 　(2) 病気の状態の理解と生活管理に関すること。 　(3) 身体各部の状態の理解と養護に関すること。 　(4) 障害の特性の理解と生活環境の調整に関すること。 　(5) 健康状態の維持・改善に関すること。 2. 心理的な安定 　(1) 情緒の安定に関すること。 　(2) 状況の理解と変化への対応に関すること。 　(3) 障害による学習上又は生活上の困難を改善・克服する意欲に関すること。 3. 人間関係の形成 　(1) 他者とのかかわりの基礎に関すること。 　(2) 他者の意図や感情の理解に関すること。 　(3) 自己の理解と行動の調整に関すること。 　(4) 集団への参加の基礎に関すること。 4. 環境の把握 　(1) 保有する感覚の活用に関すること。 　(2) 感覚や認知の特性についての理解と対応に関すること。 　(3) 感覚の補助及び代行手段の活用に関すること。 　(4) 感覚を総合的に活用した周囲の状況についての把握と状況に応じた行動に関すること。 　(5) 認知や行動の手掛かりとなる概念の形成に関すること。 5. 身体の動き 　(1) 姿勢と運動・動作の基本的技能に関すること。 　(2) 姿勢保持と運動・動作の補助的手段の活用に関すること。 　(3) 日常生活に必要な基本動作に関すること。 　(4) 身体の移動能力に関すること。 　(5) 作業に必要な動作と円滑な遂行に関すること。 6. コミュニケーション 　(1) コミュニケーションの基礎的能力に関すること。 　(2) 言語の受容と表出に関すること。 　(3) 言語の形成と活用に関すること。 　(4) コミュニケーション手段の選択と活用に関すること。 　(5) 状況に応じたコミュニケーションに関すること。

文部科学省：特別支援学校小学部・中学部学習指導要領，平成 29 年 4 月告示

・文部科学省：長期入院児童生徒に対する教育支援に関する実態調査，2015.
・文部科学省：令和元年度「児童生徒の問題行動・不登校等生徒指導上の諸課題に関する調査」，2020.

第2章 心理・生理・病理：子どもの病気

1 医学的基礎知識（生理・病理）

1 医療・医療機関の基礎的事項

（1）医療機関受診の流れ

病院もしくは診療所などの医療機関を受診する際には，ある程度順序の定まった流れに沿って診療が行われる。医療・診療を実際に行う場である医療機関受診時の流れについては社会常識や経験に基づく知識として持っていることが期待されており，正式に学習する機会は医療系の教育機関で学ばないかぎりほとんどない。この章では具体的な子どもの病気を扱うにあたり，医療・診療上の活動に関する用語は病気の子どもの支援者と情報共有する際に避けて通れない領域であるため，本項で簡単な解説をしておく。

医療機関受診時において，事務的な作業を除く診療活動の流れを図2−1に示す。個々の受診状況により実際には行われない，もしくは追加される過程があるため，あくまでここに示しているのは基本的な枠組みである。

1）問診（予診）

診察に先立って**既往歴**や**家族歴**，主訴（受診の契機となった症状や訴え），現病歴などについて患者またはその代理者に尋ねて情報収集する作業を問診という。事項に述べる診察の開始時の作業として診察医が直接行うが，あらかじめ診察担当医以外の医療スタッフが受け付け直後に聞き取りまたは記入してもらう情報収集も広義の問診であり，その段階を予診と呼ぶこともある。

既往歴
受診者が過去に経験した病気やけがの情報。

家族歴
受診者の親や兄弟姉妹，祖父母などの血縁者が経験した，もしくは現在闘病中の病気の情報。

2）診　察

医師が患者の体から情報（所見）を得る作業である。上記の問診を診察の初期に含める考え方もある。医師が視覚，聴覚，触覚などの感覚を用いて情報収集することを指し，その補助のために聴診器などの診察器具を用いることもある。なお精神医学的な診察のように問診の延長として対話による情報収集も含

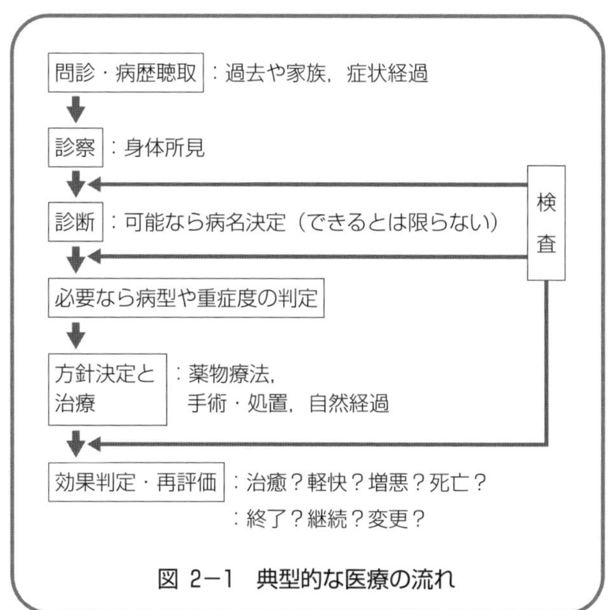

図 2-1 典型的な医療の流れ

まれる。

3) 診 断

診察の結果の判断をする作業が診断である。診察後の段階で病名の判断が可能ならば「診断名」が決定される。しかし初回診察で必ずしも診断名が決定できるとはかぎらず，「仮」や「疑い」の病名，もしくは病態・病状判断という暫定的な決定で診療を先に進めることも多い。

4) 病型や重症度の判定

疾患によっては診断名だけでなく共通した特徴ごとにいくつかの病型に分類されることがある。同様に，同じ診断名でも重症度によって適切な治療・介入方針が異なる場合もある。そのような病型分類や重症度評価を必要に応じて診断と同時か直後に行う場合がある。

5) 方針決定と治療

診断名もしくは必要な病型や重症度の判定を踏まえて治療方針を決定する。厳密にいえば必ずしも狭義の「**治療**」を行うとはかぎらないため，「方針」や「**介入**」と呼ぶほうが適切なのかもしれない。

6) 効果判定・再評価

治療・介入を開始した後はその効果を判定し，その後の方針を再決定しなければならない。軽症の急性疾患の場合，経過が良好ならばあえて再度の受診をしなくてもよいという方針ならば再診なしで治療終了というケースもある。ほかにも「治療は有効であり同治療を継続し再評価」「治療は有効であり治療方針を変更して再評価」「現段階で治療は無効で病状は増悪，治療方針の変更もしくは入院治療」など，いわゆる「**PDCA サイクル**」と類似した考え方で進

治 療
介 入
具体例は p. 90「3-1 治療・介入総論と関連職種」参照。

PDCA サイクル
Plan（計画），Do（実行），Check（評価），Act（改善）の順序を繰り返すことにより継続的改善を加えながら活動する方式。

めていくことが特徴である。

7）医学的検査

テクノロジーの進歩に伴って医学的検査は高度化，多種多様化，簡易化など多面的に発展している。医学的検査や臨床検査といわれる診察のみでは得られない生体情報を収集し，診療の一助とすることは今日の医療ではきわめて一般的なこととなっている。図２−１に示すように検査が行われる段階は診察後の診断に結びつけるため，診断後の病型や重症度を判定して方針を決定するため，治療・介入後の効果判定のためなど，さまざまである。特別支援教育の対象児は医学的検査を受ける機会が多く，個別の評価に使用される医学的検査の概要について次項で触れる。

(2) 医学的検査の種類

医学的検査には大きく分けて臨床検査と画像検査が存在し，臨床検査はさらに検体検査と生理機能検査に分けられる。本来患者の生体から理工学的手法を用いて得られる情報を診療の参考にするという視点では臨床検査と画像検査も共通している。

1）検体検査

患者から得られるサンプルを利用もしくは分析することにより情報を得る検査法。サンプルの種類としては尿，便をはじめとした排泄物や喀痰，胃液，脳脊髄液などの分泌物，血液などがあげられる。検査の種類としては，細菌やウイルスなどの微生物感染の有無を調べる検査，サンプルに含まれる細胞成分を分析する検査，サンプル内の化学物質の量や濃度を調べる検査（生化学検査）などがある。

2）生理機能検査

患者の生体としての機能を測定する検査。電気的状態を分析する検査としては心電図検査，脳波検査，筋電図検査などがある。また患者に実際に呼吸をさせながら肺活量などの呼吸予備力を測定する呼吸機能検査，聴力や感覚器の機能を測定する検査なども生理機能検査に含まれる。なお，超音波を用いて形態や機能を測定する超音波検査は臨床検査，画像検査のどちらにも分類される検査である。

3）画像検査

臓器や組織の形態を可視化した画像を生成して診療の参考とする検査法である。可視的に確認できるのは生体の外表面にかぎられるため，ある程度生体内に侵入しうる物理現象を利用することにより画像を作成するという手法を取る。

造影剤
エックス線で撮影すると画像によく映るため，撮影前に投与される検査用薬物。

①　**エックス線検査**：放射線の一種であるエックス線を利用して生体内の画像を得る検査。単純写真を撮影して骨折や肺炎について調べる，**造影剤**を

飲んだうえで消化管の動画を撮影する消化管透視検査，コンピュータ処理をして三次元画像を作成するCT検査などが代表的検査である。比較的簡便に用いることができることが特徴であるが，エックス線による被ばくを伴うことが注意点である。

② **MRI検査**：磁力も生体内に侵入しうる物理現象のひとつであり，磁気の影響を利用して画像を構成する検査がMRI（磁気共鳴画像）検査である。放射線被ばくをすることなくCTよりも精密な画像を得られることが特徴である。精密かつ詳細な画像を得られる反面，検査の所要時間が非常に長いことが弱点である。数十分近く安静にする必要があるため，幼児や知的障害者は検査が困難であり，検査が必須の際は薬物を用いて鎮静を施す必要がある。

③ **超音波検査**：可聴域を超えた周波数の音波が超音波であり，超音波を生体内に当て，その反響を画像化する検査が超音波検査である。エコー検査とも呼ばれる。被ばくがなく，比較的小型の検査器具のためベッドサイドで施行可能である。画像の解像度は高くないが持続的な動画を作成しやすいことが特徴で，動きの分析が重要である心臓や血流，胎児の検査に適している。また腹部臓器を簡便に調べることにも頻用されているが，小児科領域では**大泉門**（だいせんもん）が開大している新生児の頭蓋内を調べる目的でも使用される。

大泉門
頭蓋骨はいくつかの骨が頭頂部で縫合されている構造を取る。新生児はその縫合部に隙間が大きく開いており，これを大泉門という。

（3）医学的検査の専門職種

現実的に検査に必要な専門知識とそれに裏打ちされた専門職種は2種類に大別される。

1）臨床検査技師

日本で臨床検査，すなわち検体検査と生理機能検査に関する業務を行う国家資格。臨床検査技師等に関する法律で定められている。実際には画像検査に位置づけられている超音波検査とMRI検査も取り扱うことができる。

2）診療放射線技師

診療に必要な放射線を用いる検査を行うことを業務とする国家資格。診療放射線技師法で定められている。単純エックス線，CT検査，核医学検査など放射線を用いる検査補助が行えるのは医師・歯科医師以外は診療放射線技師のみである。また放射線を使用しない超音波検査やMRI検査は臨床検査技師同様，診療放射線技師も取り扱うことができる。

2　循環器疾患

(1) 循環器系の構造と役割

リンパ系
リンパ節とリンパ液の流れるリンパ管からなる。リンパ球やたんぱく質，ミネラルが流れている。

循環器系は心臓・血管系（動脈・静脈，毛細血管），**リンパ系**から構成される。心臓は静脈から血液が流れ込む心房(しんぼう)と動脈へと血液を送り出す心室(しんしつ)からなり，ヒトでは２つの心房（左(さ)心房，右(う)心房）と２つの心室（左心室，右心室）がある。心房と心室の壁は心筋(しんきん)という筋肉でできており，心房と心室の境には血液の逆流を防ぐ弁(べん)がある。全身をめぐってきた血液は大静脈から右心房を通って右心室に入り，肺動脈を通って肺に送られる。肺で二酸化炭素と酸素を交換し，酸素が多く含まれるようになった血液は肺静脈から左心房に入り，左心室を通って再び全身に送り出される（図２−２）。このように心臓・血管系は全身に血液を送り出し，酸素と栄養を供給する重要な役割を担っている。この役割が十分に機能するには，血液が一定方向へ流れるための心臓・血管系の構造と血液を全身に送り出すための**心臓のポンプ機能**が必要となる。循環器（心臓・血管系）疾患とは，心臓・血管系の構造の異常，心臓のポンプ機能の低下により全身に十分な酸素と栄養を供給することができなくなる（心不全），もしくはその危険性が生じる疾患である。このため，酸素を必要とする身体活動が困難となったり，突然心臓のポンプ機能が低下して脳に送り出される血液が不足して意識を失ったり，心臓が停止してしまったりする問題が生じる。

心臓のポンプ機能
血液を送り出す量は安静時の成人で１分間に約５Ｌである。

(2) 小児の循環器疾患

小児の循環器疾患には，生まれつきの心臓・血管系の構造異常である先天性心疾患，心臓のポンプ機能に影響する不整脈(ふせいみゃく)，心筋炎・心筋症，川崎病(かわさきびょう)など，

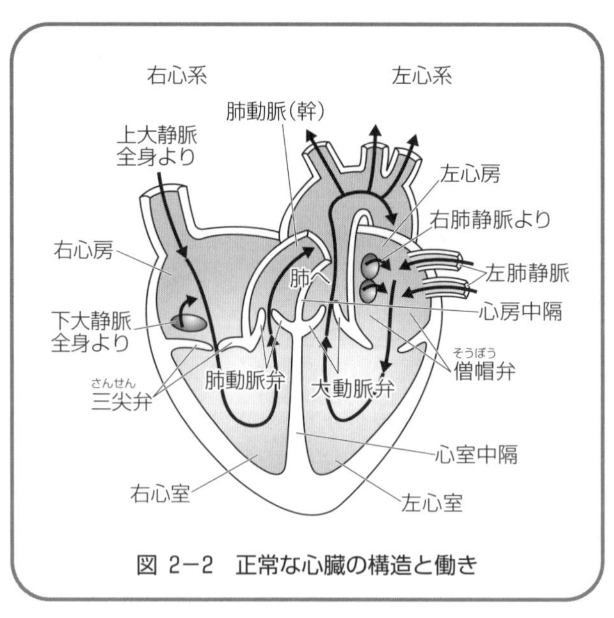

図 2−2　正常な心臓の構造と働き

自律神経による循環調節の障害である起立性調節障害がある。

1）先天性心疾患

生まれつき心臓や心臓周囲の血管に構造的異常を有する状態を先天性心疾患という。先天性心疾患の頻度は，出生児 1,000 人に対して 10.6 人（約 1%）である。代表的な疾患の頻度は，心室中隔欠損症（32.1%），ファロー四徴症（11.3%）（図 2−3），心房中隔欠損症（10.7%）である[3]。心室中隔欠損症（VSD）は心室の仕切り（心室中隔）に孔が空いている状態で，孔が小さい場合には症状はなく，自然に孔がふさがってしまうことも多い。孔が大きい場合には左心室から全身に送られるはずの血液が孔を通って右心室に多く逆流するため，孔をふさぐ手術が必要になる。ファロー四徴症（tetralogy of Fallot：TOF）は肺動脈狭窄と心室中隔欠損症があり，大動脈が前方の右心室のほうに寄り，さらに右心室が肥大している状態で，全身から右心房・右心室に戻ってきた酸素の少ない血液と酸素を十分に含んだ左心室の血液が混ざり合って大動脈から全身に送り出されるため，動脈血の酸素濃度が低くなり**チアノーゼ**を認める。全身に十分な酸素を供給できないため，乳幼児期より手術が必要となる。そのほかにもさまざまな種類の先天性心疾患があるが，何も治療の必要がない軽いもの，自然治癒するものから，すぐに手術が必要なものや難治性の重症なものまで，さまざまな病態がある。

チアノーゼ
皮膚・粘膜の青紫色変化で，毛細血管内血液の還元ヘモグロビン濃度（酸素と結合していないヘモグロビン）が 5g/dL 以上になると出現する。

2）不整脈

心臓の拍動が不規則になったり，定型発達の人と比較して速かったり，遅かったりする状態を不整脈という。心臓は**洞房結節**という場所で電気的信号が発生し，房室結節を通って心臓全体に電気的な信号が伝わることで一定のリズムで心筋が収縮し，心臓の効果的なポンプ作用が発揮される（図 2−4）。この電気的な信号に乱れが生じたり，伝導が障害されたりすることにより，不整脈が発生する。不整脈は心電図検査によって診断され，脈の遅くなる「徐脈」，速くなる「頻脈」，脈が飛ぶ「期外収縮」に分けられる（図 2−5）。また，頻脈

洞房結節
洞結節に分布する交感神経は心拍数を増加させ，副交感神経は減少させる。

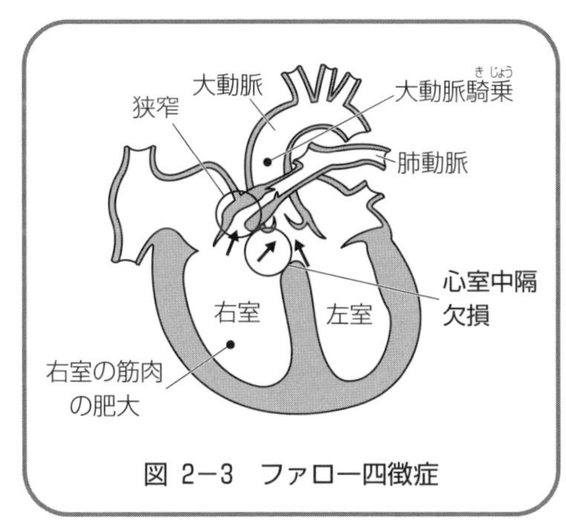

図 2−3　ファロー四徴症

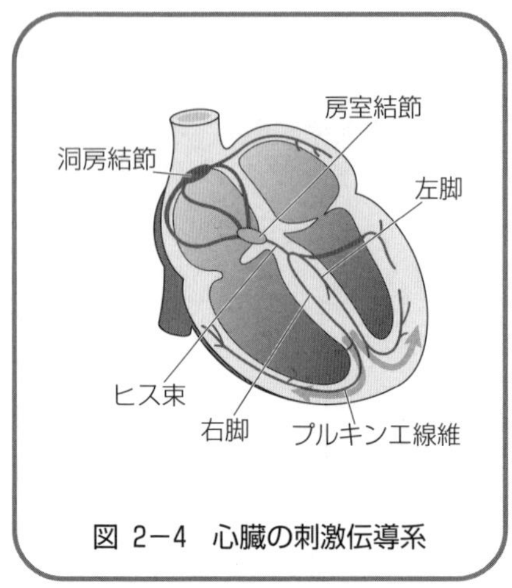

図 2−4　心臓の刺激伝導系

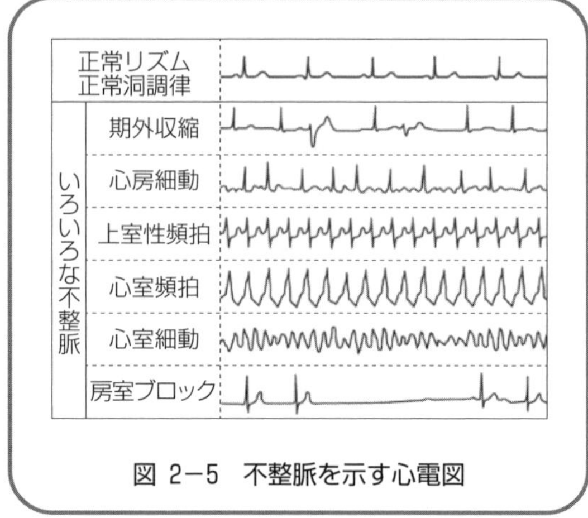

図 2−5　不整脈を示す心電図

WPW 症候群
運動により頻脈発作が生じ失神することがある。

QT 延長症候群
運動や水泳により心室頻拍や心室細動が起こり，突然死する可能性がある。

性の不整脈を起こしやすい **WPW 症候群**（しょうこうぐん）や **QT 延長症候群**といった特有の心電図所見を認める疾患もある。一部の不整脈では運動や水泳（潜水による息こらえ）などにより誘発（ゆうはつ）されたり，突然の心停止を引き起こしたりすることがある。

3）心筋炎，心筋症

心臓は収縮して内腔（ないくう）の血液を送り出すために心筋という筋肉でつくられている。心筋炎・心筋症は，この心筋が障害される疾患である。心筋炎は感染症（主にウイルス）などにより心筋に炎症が起きてしまう疾患で，炎症がおさまれば回復するが，一部は心筋症に移行することがある。心筋症はさまざまな原因により慢性的に心筋に障害が生じる疾患で，心筋が薄くなり心臓が収縮する力が低下して心臓の内腔が拡大する拡張型心筋症，心筋が異常に厚くなって心臓の内腔が狭くなる肥大型心筋症などがある（図 2−6）。心筋炎・心筋症はともに心臓のポンプ機能が低下したり，不整脈が起こって突然死したりすることがある。

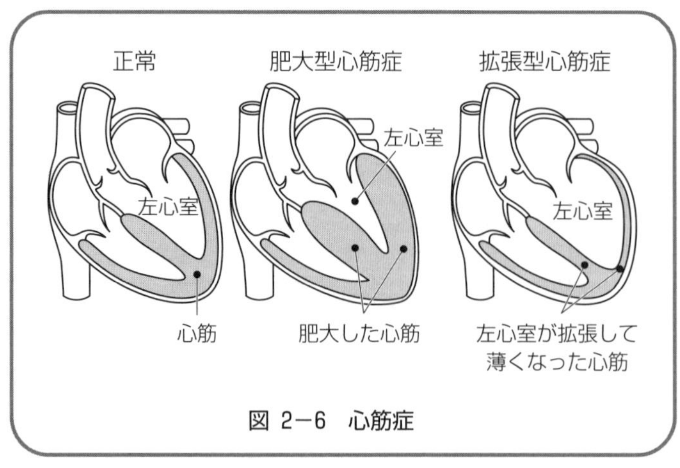

図 2−6　心筋症

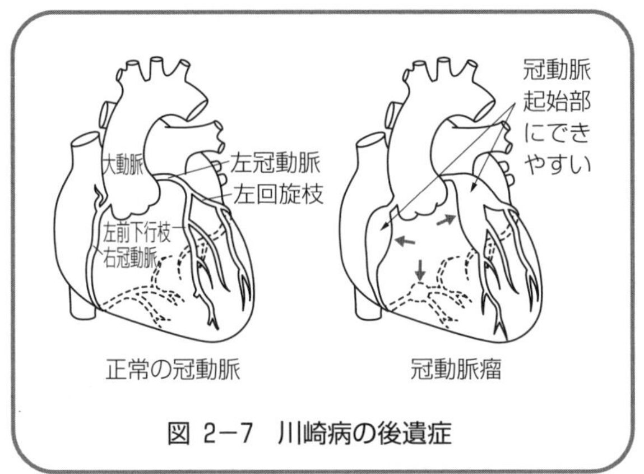

図 2−7　川崎病の後遺症

4）川崎病

川崎病は主に4歳以下の乳幼児に起こる全身の血管に炎症が起こる原因不明の疾患（感染症）である。発熱，発疹（ほっしん），眼の結膜（けつまく）の充血（じゅうけつ），口唇や口腔の粘膜の発赤（ほっせき），手の紅斑（こうはん）や腫脹（しゅちょう），リンパ節の腫脹などの症状が出現する。これらの症状は一過性であるが，心臓の後遺症として心臓そのものに血液を供給している冠（かん）動脈に瘤（こぶ）をつくってしまうことがある（図2−7）。この瘤の中では血液が固まりやすく，冠動脈の内腔が狭くなったり，詰まったりして**心筋梗塞（こうそく）**を起こすことがある。

川崎病
1967年に川崎富作博士が新しい病気として発表し，川崎病と名づけられた。

心筋梗塞
心筋に酸素を運んでいる血液が不足して，心筋が壊死してしまった状態。

5）起立性調節障害

自律神経の循環調節の働きが障害され，起立時に脳への血流低下が起こり，立ちくらみ，失神，朝起き不良，倦怠感，動悸，頭痛などの症状が出現する。発育期の小学生から中学生に多い。午前中の体調がすぐれないことから学校への登校困難，不登校の原因にもなる。軽症では水分や塩分を多めにとる，急に立ち上がらないなどの生活指導で改善するが，重症では薬物治療なども含め数年単位での治療が必要になる。

（3）学校生活での注意点

循環器疾患の中には突然死を起こす可能性のある疾患がある（表2−1）。この突然死を予防するために，学校関係者は以下の項目に注意することが必要である。

心疾患児の診断，指導区分，許容される身体活動の内容は主治医が記載した学校生活管理指導表を参照する。体育や学校行事への参加は，学校生活指導管理指導表の指導区分と**運動強度**の定義によって判断する。判断に迷う場合には参加の可否を学校医，あるいは主治医に相談する。日常の健康観察を十分に行い，学校と保護者の連絡を密にして体調の変化を把握する。突然死を予防するために過剰な身体活動を制限しなくてはならない場合もあるが，循環器疾患の

運動強度
心拍数による運動強度表示がよく用いられる。

表 2−1　突然死を起こす可能性がある疾患

＜先天性心疾患＞	＜不整脈＞
・手術をした先天性疾患 大血管転位症やファロー四徴症などで 心不全があるもの 不整脈があるもの ・複雑心奇形 ・大動脈弁狭窄症 ＜心筋疾患＞ ・心筋症（肥大型，拡張型，拘束型など） ・心筋炎 ＜冠動脈疾患＞ ・川崎病後冠動脈瘤，冠動脈狭窄，冠動脈閉鎖 ・冠動脈低形成 ・冠動脈起始異常	・多源性心室期外収縮 ・R on T 型心室期外収縮 ・心室頻拍 ・洞結節機能不全 ・３度房室ブロック ・高度房室ブロック ・QT 延長症候群 ・カテコールアミン誘発多形性心室頻拍 ・ブルガダ症候群 ・一部の WPW 症候群 ＜その他＞ ・原発性肺高血圧症 ・アイゼンメンジャー症候群 ・マルファン症候群

児であっても適切な身体活動は心身の発達において重要であるため，不安だからといって過度に身体活動を制限しないことも重要である。そして，万が一に備え心肺蘇生法や AED の使用法などの訓練を繰り返し行うことが望ましい。

AED
自動体外式除細動器。心室細動になった心臓に対して電気ショックを与える医療機器。

循環器疾患の児が治療のため薬を内服している場合には，決められた時間に薬を内服することが重要である。血液を固まりにくくする抗凝固剤（ワルファリン，アスピリンなど）を内服している場合には，血が止まりにくくなることがあり，けがや頭部打撲には注意が必要である。また，全身の酸素不足を補うため酸素療法を行っている場合もあり，安全に学校生活を送るために体制の整備が必要になる。

3　呼吸器・アレルギー疾患

（1）呼吸器・アレルギー系の構造と役割

呼吸器系は体内に酸素を取り入れて，二酸化炭素を排出するシステムである。呼吸器系は大きく，空気が通過する領域である気道とガス交換を行う肺とに分けられる。気道は外界に近いほうから，口腔・鼻腔，咽頭，喉頭，気管，気管支に分けられる。さらに口腔・鼻腔，咽頭，喉頭を上気道，気管，気管支を下気道と呼ぶこともある（図２−８）。また肺も下気道に含むこともある。気管は分岐部において左右に分かれ，分岐部以後の気道が気管支である。そして気管支はさらに枝分かれし断面積が小さくなりながら肺に接続している。

肺の実質組織は肺胞と呼ばれる小球形のミクロの構造物がぶどうの房状に集積して主体をなしている。枝分かれした細い気管支は１つの肺胞に接続しており，そこでガス交換が行われている。左右の肺には肺動脈が分岐しながら分布し，毛細血管となった肺動脈が肺胞の壁に張りめぐらされ，二酸化炭素を肺胞

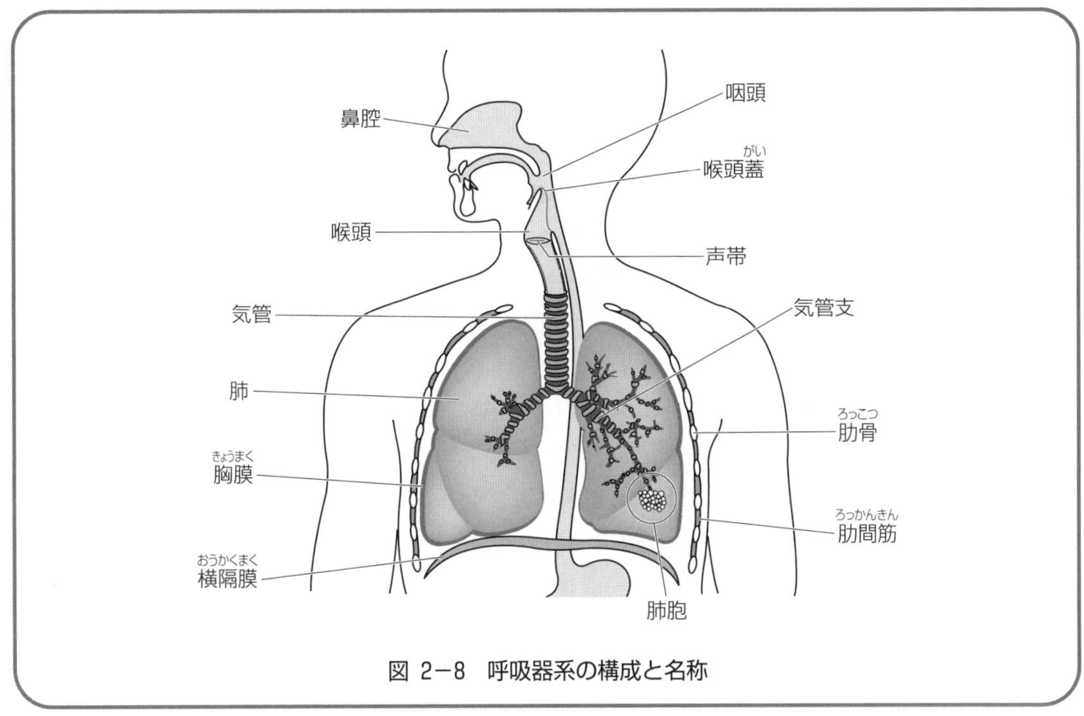

図 2−8　呼吸器系の構成と名称

腔に排出している。また肺胞腔に張りめぐらされている毛細血管に吸気由来の酸素が取り込まれ，その毛細血管が集積していき肺静脈となりながら心臓に還っていく。

アレルギーとは異物などの外的刺激に対して過敏もしくは過剰な**免疫反応**をきたす病態である。アレルギー反応を引き起こす外的刺激をアレルゲンと呼ぶ。古典的にはアレルギーはⅠ型からⅣ型の 4 種類に分類されるが，生活に身近なアレルゲンによって引き起こされるアレルギーはほとんどⅠ型と呼ばれる「即時型」のタイプである。即時型の機序は，免疫担当細胞がアレルゲンに反応し大量の免疫グロブリン（Ig）E という**免疫たんぱく質**を産生してしまうことに由来する。IgE は肥満細胞という細胞に結合し，さらにその IgE にアレルゲンが結合することにより肥満細胞は活性化される。活性化された肥満細胞はヒスタミンやロイコトリエンなどの化学伝達物質を大量に放出し，これらは**血管組織の透過性**を高めてしまうため発赤や腫脹などを各部位で引き起こす。このようなヒスタミンの作用が主要臓器で亢進し全身症状を呈した状態が後に述べるアナフィラキシーである。

免疫反応
免疫とは本来有害な非自己である感染微生物やがん細胞を攻撃するシステムであり，刺激に対する免疫システムの対応が免疫反応である。

免疫たんぱく質
免疫機能を担ったたんぱく質のことで，IgE のほか，IgA，IgG，IgM と種類ごとに名づけられている。

血管組織の透過性
血管の壁は収縮すると隙間がなくなり，拡張すると隙間が開く。つまり拡張すると血管の壁を通過できる物質や水分が増える。

(2) 子どもの呼吸器・アレルギー疾患

子どもの健康問題の大きな特徴は急性疾患，特に呼吸器感染症が多いことである。その反面，慢性疾患としての呼吸器疾患は決して多くはなく，ここでは気管支喘息を取り上げる。またアレルギー疾患は近年増加傾向であり特に子どもの増加が著しい。

吸入療法
薬剤成分を霧状にして吸い込む投与法。気道に直接到達し，全身的な副作用用は少ない。

1）気管支喘息

発作的な気管支の狭窄による呼吸困難を繰り返す疾患である。呼吸困難症状には咳嗽（せき），喘鳴（音が聞こえる呼吸）などがある。喘息の子どもの多くがダニやハウスダストなどに対するアレルギーを有している。また呼吸器感染症に罹患した際に喘息発作の増悪をきたしやすいため注意を要する。喘息発作は重症度により小発作，中発作，大発作に分類される。近年は喘息発作による死亡例は減少傾向である。発作時の治療及び長期的な発作予防治療ともに**吸入療法**が主体となっている（図２−９）。

2）アトピー性皮膚炎

慢性的に増悪と軽快を繰り返す掻痒（かゆみ）のある湿疹を主病変とする疾患である。アトピー素因と呼ばれる要因を有することが多く，主要項目はアレルギー疾患の家族歴や既往歴である。治療はアレルゲン（アレルギーの原因）の除去やスキンケア，薬物療法である。

3）食物アレルギー

食物によって引き起こされるアレルギー反応であり，近年子どもに急増中の疾患である。代表的な食品は鶏卵，牛乳，小麦で，ほかにも甲殻類，落花生，そば，木の実類，魚卵類などがみられる（表２−２）。症状は原因食物摂取から２時間以内に発症し，じんま疹などの皮膚症状の頻度が最も高い。皮膚症状以外では呼吸困難，嘔吐，腹痛，下痢などの消化器症状を呈することもあり，下記に述べるアナフィラキシーに注意を要する。最も重要な治療は原因食品の回

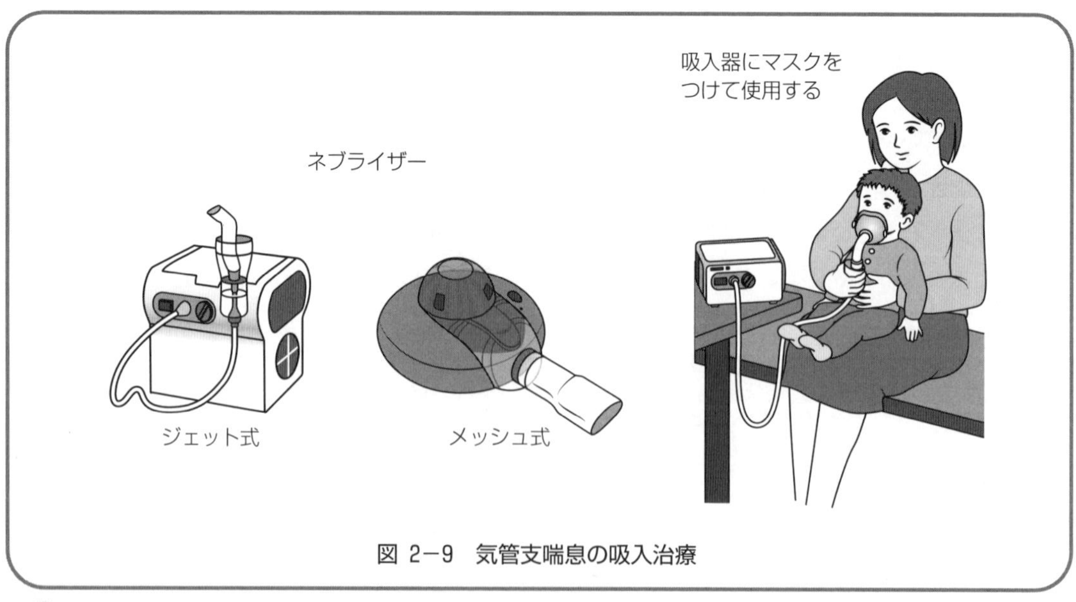

図 2−9　気管支喘息の吸入治療

表 2−2　食物アレルギーの新規発症の原因物質　n = 2,764

	0歳 (1,356)	1，2歳 (676)	3〜6歳 (369)	7〜17歳 (246)	≧18歳 (117)
1	鶏　卵 55.6%	鶏　卵 34.5%	木の実類 32.5%	果物類 21.5%	甲殻類 17.1%
2	牛　乳 27.3%	魚卵類 14.5%	魚卵類 14.9%	甲殻類 15.9%	小　麦 16.2%
3	小　麦 12.2%	木の実類 13.8%	落花生 12.7%	木の実類 14.6%	魚　類 14.5%
4		牛　乳 8.7%	果物類 9.8%	小　麦 8.9%	果物類 12.8%
5		果物類 6.7%	鶏　卵 6.0%	鶏　卵 5.3%	大　豆 9.4%

各年齢群毎に5%以上を占めるものを上位5位表記
出典）今井孝成ほか：アレルギー，**69**（8），703，2020より引用.

避である。

4）アナフィラキシー

即時型のアレルギー症状が進展し，複数臓器に中等度以上の症状が出現した状態をアナフィラキシーと呼ぶ。子どもの場合，原因としては食物アレルギーが多く，薬剤やハチの刺傷が原因となることもある。アナフィラキシーの状態に血圧低下や意識障害を伴う場合は**アナフィラキシーショック**という緊急事態である。治療としてはアドレナリンの筋肉注射が適応であり，エピペン® を発症後すみやかに自己注射する治療も行われている（図 2−10）。

アナフィラキシーショック
医学用語の「ショック」とは循環状態の危機的状況である。心が受ける衝撃のことではない。

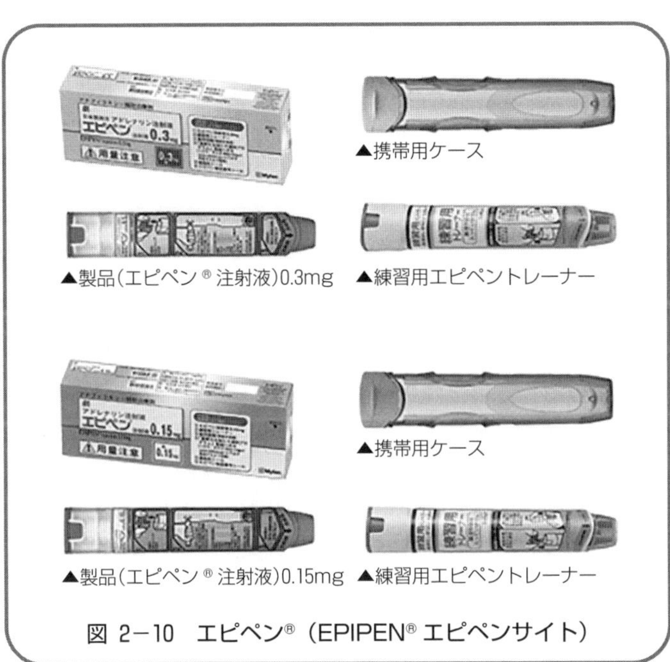

図 2−10　エピペン®（EPIPEN® エピペンサイト）

5）アレルギー性鼻炎，花粉症

アレルギー性鼻炎とは鼻粘膜のアレルギー反応の結果反復性のくしゃみや透明な鼻水，鼻づまりをみる疾患である。スギなどの花粉をアレルゲンとして症状を起こしているときには，アレルギー性結膜炎とともに花粉症と呼ばれる。

（3）学校生活での注意点

他覚的所見
他者が確認できる客観的な症状を他覚的所見と呼ぶ。

気管支喘息は学校生活中に喘息発作を発症する可能性がある。子どもが呼吸困難を訴えないケースもあるため，喘鳴など呼吸困難の**他覚的所見**に気づくことが重要である。持参吸入薬の使用や家族への連絡など，事前に家族と発作時の対処法について相談しておくことが望ましい。

食物アレルギーに関しては給食から除去する必要性も含めた主治医の意見書を提出してもらい，予防法と対処法について学校と家庭が情報共有を密にしておく必要がある。特にアナフィラキシー発症時の対応はエピペン®の使用法を含めた十分な確認が望ましい。また食事摂取からしばらくして運動した後にアナフィラキシーをきたす病態（食物依存性運動誘発アナフィラキシー）の可能性も十分念頭に置く必要がある。昼休憩，掃除，体育中など教職員による観察が手薄になりやすいタイミングと重なる危険性があり，注意を要する。

4　消化器疾患

十二指腸
長さがだいたい指の幅12本分というのが名前の由来。

唾液アミラーゼ
でんぷんをデキストリン，麦芽糖に分解する消化酵素（p. 56参照）。

膵　液
膵液アミラーゼ，たんぱく質分解酵素（トリプシン），脂質分解酵素（リパーゼ）などを含む。

胆　汁
消化酵素は含まれていないが，脂肪の消化・吸収を助ける。緑茶褐色。

消化性潰瘍
胃酸や消化酵素により胃や十二指腸の粘膜が傷つけられる疾患。

（1）消化器系の構造と役割

食物を体内に取り込み，消化・吸収し，最終的には不要物を排泄するまでの役割を担う器官を消化器という（図2－11）。消化器は，胃や腸だけでなく食物を取り込む口（口腔）や栄養素を貯蔵・加工する肝臓なども消化器に含まれる。消化器のうち，食物や水分の通り道となる部分を消化管という。消化管は口腔に始まり，咽頭，食道，胃，小腸（**十二指腸**，空腸，回腸）大腸，肛門までを指し，全長は約6mである。口では食物が咀嚼される間に唾液と混ざり，**唾液アミラーゼ**によりでんぷんの消化が始まる。食物は食道を通過し胃に到達すると，胃内に貯留し撹拌され胃液中の酵素や酸によってたんぱく質の消化が始まる。胃で撹拌された食物は十二指腸に流れ込み，そこで**膵液**や**胆汁**と混ざり，さらに各種酵素の消化作用を受けながら小腸内を移動していき，この間に各種栄養素が吸収される。大腸では水と電解質が吸収され，消化・吸収されなかったものや老廃物を肛門まで運搬し，排泄する。

（2）小児の消化器疾患

小児の消化器疾患には，ウイルス，細菌などの感染に伴う腸炎，肝炎や胃潰瘍，十二指腸潰瘍といった**消化性潰瘍**など急性の疾患のほかに，長期間の対応

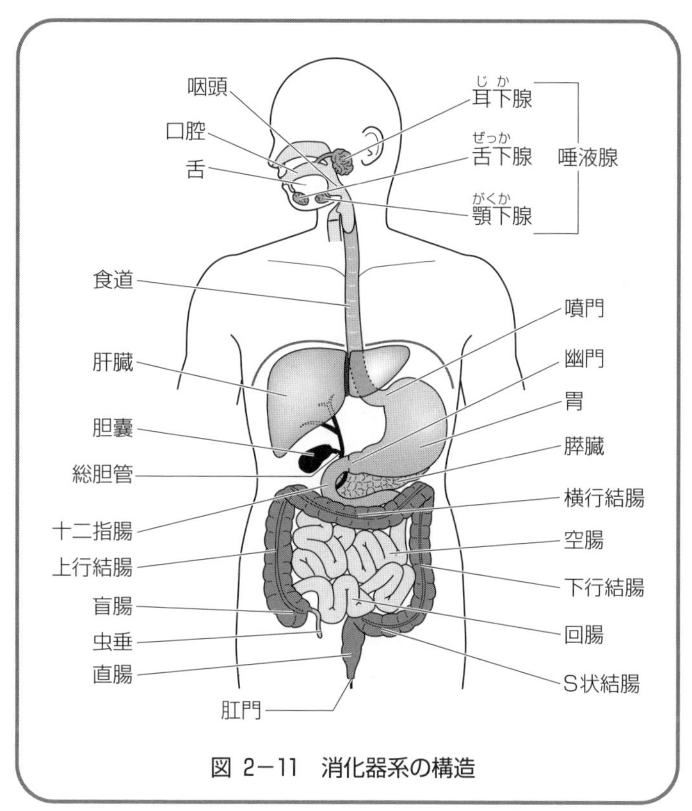

図 2－11　消化器系の構造

が必要となる疾患もあり，生まれつきの消化器系の構造異常である消化管閉鎖，胆道（たんどう）閉鎖症，先天性胆道拡張症，新生児期に腸が**壊死**（えし）してしまう壊死性腸炎，消化管の機能異常である胃食道逆流症（いしょくどうぎゃくりゅう），消化管の慢性的な炎症が生じるクローン病や潰瘍性大腸炎などがある。また，心理的なストレスが自律神経を介して消化管の機能に影響を与えることも多く，下痢や便秘を繰り返す過敏性腸症候群はその代表である。

壊　死
血流の減少，損傷などにより体の組織の一部が死滅すること。

1）先天性消化管閉鎖

生まれつき食道から肛門までのどこかで消化管が閉塞している状態を先天性消化管閉鎖という。先天性食道閉鎖症は食道が盲端（もうたん）となり閉鎖してしまう疾患である（図 2－12）。胎児期に気管と食道が分かれるときの異常により起こるため，気管と食道に瘻孔（ろうこう）が生じることが多い。出生直後から哺乳（ほにゅう）が困難であり，唾液や胃液が瘻孔から気管内へ流入して肺炎を起こすおそれがあるため早期に手術が必要である。手術により哺乳や食事が可能になるが，後に述べる胃食道逆流症が出現することもあり，注意が必要である。鎖肛（さこう）は生まれつき肛門が閉鎖している状態であり，出生児の約数千人に 1 人の割合で発症する。排便ができないため出生後すぐに手術が必要であるが，閉鎖している部位が皮膚から離れている場合にはまず人工肛門を造設し，成長を待って肛門をつくる根治手術

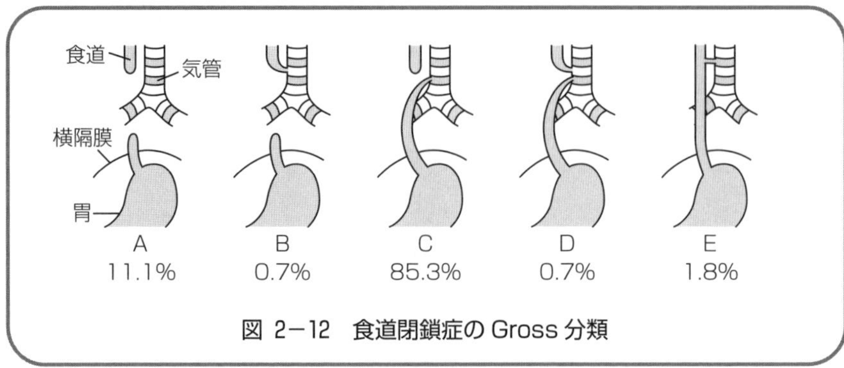

図 2−12　食道閉鎖症の Gross 分類

を行う。

2）壊死性腸炎

腸への血液の流れが障害され，細菌の感染などが加わって，腸が壊死してしまう疾患である。生まれてから30日以内の新生児，特に**出生時の体重**が1,500g未満の新生児に起こる。広い範囲の腸が壊死したり，腸に孔があいてしまったりした場合には壊死した腸を取り除く手術が必要となる。生命を救うことも困難な疾患であるが，生存できた場合でも残った腸が短くなり，特殊な栄養剤の使用や高カロリーの点滴〔**中心静脈栄養**（total parenteral nutrition：TPN）〕が長期間必要になることが多い。

出生時の体重
2,500g 未満を低出生体重児，1,500g 未満を極低出生体重児，1,000g 未満を超低出生体重児という。

中心静脈栄養（TPN）
高カロリーの輸液は濃度が濃いため，血流の多い太い血管に投与する必要がある。

3）胆道閉鎖症，先天性胆道拡張症

肝臓でつくられた胆汁は胆管（たんかん）を通って十二指腸に分泌され脂肪の消化・吸収を助けているが，この胆管が生まれつき，もしくは生後間もなく閉鎖してしまう疾患が胆道閉鎖症である（図2−13）。胆汁が分泌されていれば便が黄色となるが，胆道閉鎖症では白っぽい便となる。母子健康手帳に便の色の見本がある

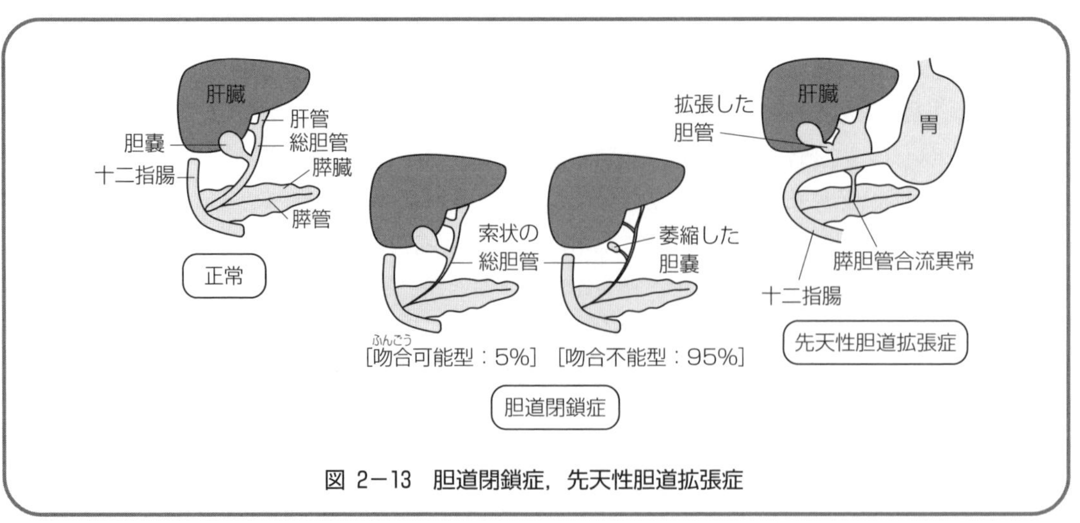

図 2−13　胆道閉鎖症，先天性胆道拡張症

のでこれを参考にする。放置したままだと**肝硬変**となるため，早期（生後2か月以内）に手術が必要である。肝硬変になってしまった場合には**肝移植**が必要となる。先天性胆道拡張症は生まれつき胆管と膵臓から膵液が分泌される膵管の合流異常があり，胆汁の流れが悪くなり胆管が拡張する疾患である（図2-13）。胆汁と膵液が混ざり合って胆管や膵管を傷つけるため胆管炎や膵炎を起こし，発熱や腹痛を繰り返す。手術による治療が行われる。

肝硬変
肝臓の細胞が死滅し，繊維組織に置き換わって肝臓が固く変化した状態。

肝移植
生きた人から肝臓の一部を移植する生体肝移植と脳死患者から移植する脳死肝移植がある。

4）胃食道逆流症

食道と胃の接合部には下部食道括約筋や**横隔膜**の働きにより胃の内容物が食道に逆流することを防止する仕組みがある。この仕組みがうまく働かず胃の内容物が逆流し，胃液（胃酸）により食道に炎症を起こしたり（逆流性食道炎），逆流した胃の内容物を気管に吸い込んで気管支炎や肺炎を起こしたりする状態を胃食道逆流症という（図2-14）。乳児や高齢者に多いが，重度の**脳性まひ**児では側弯や筋緊張が強いことなどが合わさり，高率に胃食道逆流症を認める。食事後に上体を起こしておくなどの体位療法や胃酸分泌抑制剤の内服，重症の場合には外科的な治療を行う。

横隔膜
胸腔と腹腔の境目にある膜状の筋肉で，呼吸運動に関わる。

脳性まひ
胎児期から新生児期に受けた脳の損傷による運動障害。

5）クローン病，潰瘍性大腸炎

クローン病・潰瘍性大腸炎は消化管の粘膜に慢性炎症を起こす原因不明の炎症性腸疾患である。小児では成人に比較して少なく，多くは10歳以上の発病である。下痢，血便，腹痛が主症状で，慢性的な炎症や栄養障害から体重減少，成長障害を認めることもある。薬物療法が治療の中心であるが，腸管の負担を減らすために**成分栄養療法**も行われる。腸管に孔があいた場合，重症例には外科手術も行われる。

成分栄養療法
たんぱく質がアミノ酸にまで分解された状態の栄養剤で消化の負担が非常に少ない。

6）過敏性腸症候群

腸管に明らかな病気はないのに腹痛や下痢，便秘を繰り返す腸の機能的な疾患であり，成人では約10%，小学生から高校生で1～9%と頻度が高い。ストレスや不安が自律神経を介して腸管の運動異常を引き起こすと考えられてお

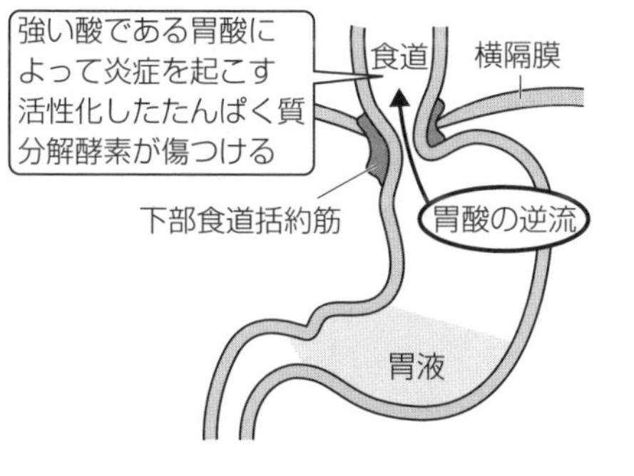

図 2−14　胃食道逆流症

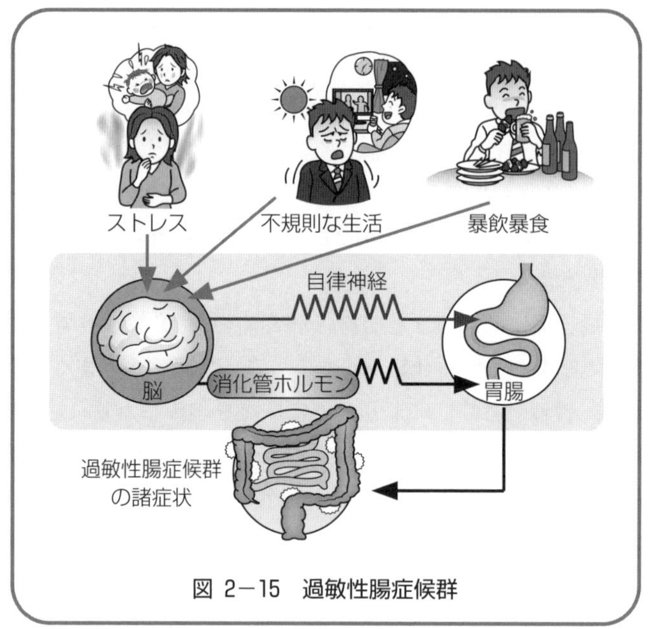

図 2－15　過敏性腸症候群

り，その結果として生じる腹痛や下痢，便秘がさらに不安を強め症状が悪くなるという悪循環となることが多い（図 2－15）。食生活や睡眠リズムの改善などの生活指導，薬物治療などが行われるが，家族や学校の先生などが児の腹痛の原因を理解し，安心してトイレに行ける環境をつくるだけでも症状が改善することがある。

(3) 学校生活での注意点

消化器に関わるさまざまな疾患があるが，消化・吸収に問題があり食事療法を行っている場合には学校での給食に配慮が必要となる。重度の消化管の障害のため，腸管を利用することができない場合には高カロリーの輸液を心臓近く

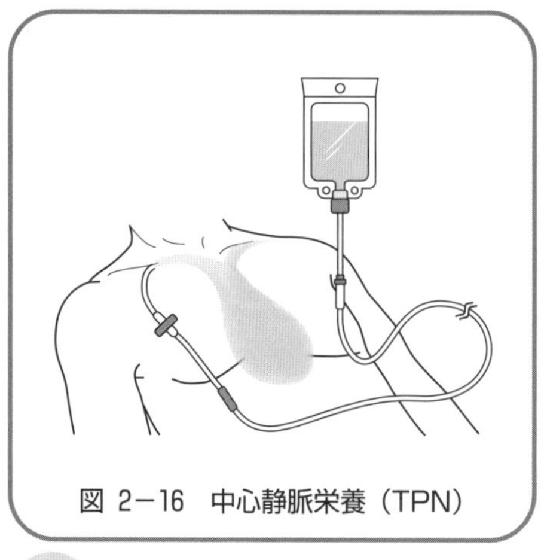
図 2－16　中心静脈栄養（TPN）

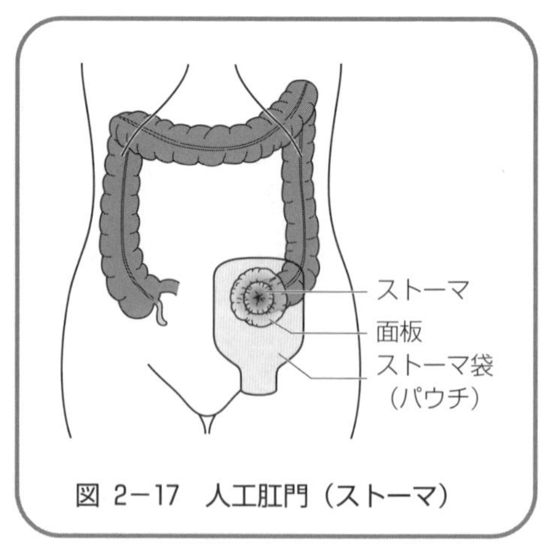

図 2－17　人工肛門（ストーマ）

の大血管にカテーテルを留置して投与する中心静脈栄養（TPN，図 2−16）を行っていたり，鎖肛などのため人工肛門（ストーマ，図 2−17）が造設されていたりする場合には学校での TPN の管理やストーマの処理，体育などの運動時の配慮に関して養護教諭，看護師を含めて対応を検討する必要がある。また，小児は身体的疾患がなくとも学校や家庭生活の状況，友人関係などのストレスや不安によって腹痛を訴えることもあることを知っておくことも大切である。

5　血液・腫瘍性疾患

(1) 造血器系の構造と役割

血液は赤血球，白血球，血小板という細胞成分と，血漿という液体成分に分けられ，血液細胞は骨髄で生成される（図 2−18）。赤血球は酸素を各組織へ運搬する役割を果たすために，内部に酸素と結合しやすいヘモグロビンというたんぱく質を大量に含んでいる。ヘモグロビンは鉄を含む色素性たんぱく質であり，赤血球の赤色の主体となっている。なお赤血球は成熟過程で核が消失して

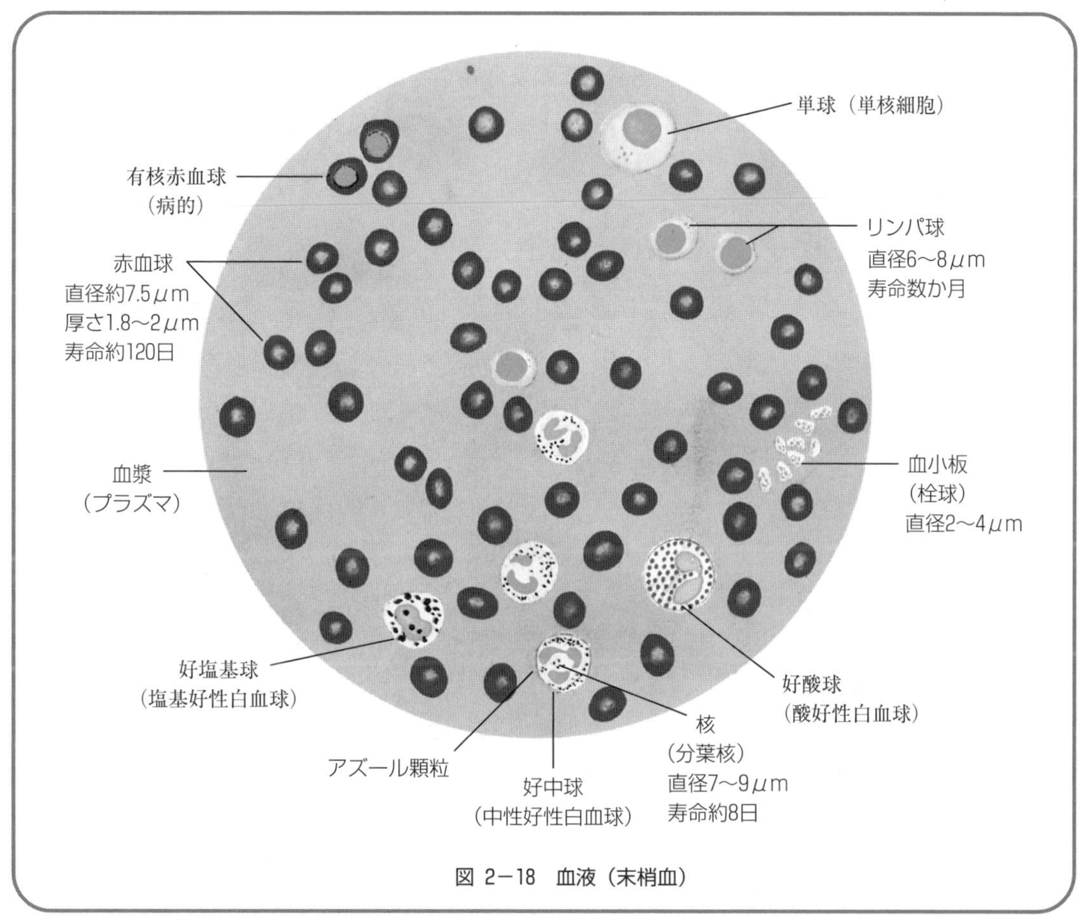

図 2−18　血液（末梢血）

いるため分裂や腫瘍化はきたさない。

白血球は免疫を担う中心的な細胞であり，好中球，好酸球，好塩基球，単球という骨髄系幹細胞から分化するものと，リンパ系幹細胞から分化するリンパ球に分類され，リンパ球はさらにＴ細胞，Ｂ細胞，**NK（ナチュラルキラー）細胞**に分類される。白血球は分裂増殖が盛んなため腫瘍化の危険性がある。

NK(ナチュラルキラー)細胞
リンパ球の中でも有害な細胞をすばやく破壊する機能に優れた細胞。Ｔ細胞にも有害細胞を破壊するタイプの細胞があるが，有害認識の過程に時間がかかる。

(2) 腫瘍とは

細胞が分裂・増殖を必要とする臓器・組織は数多く存在するが，いずれも適切な制御下で均衡を逸脱することなく機能を発揮するよう調節されている。腫瘍細胞はこのような制御から逸脱し，必要な組織を形成することなく増殖し続ける細胞である。悪性腫瘍とは増殖スピードが速く，他の組織へ浸食（浸潤）し形態的・機能的な破壊を引き起こす性質の腫瘍細胞である。また血管やリンパ管に侵入し，血液やリンパ液に混じって遠隔の臓器・組織へと転移し，そこでも増殖する。このように悪性腫瘍は発生した局所から周囲の組織，遠隔の臓器まで破壊的な増殖をし続けて個体の生命維持までおびやかすことを特徴とする。

ここでは腫瘍以外の代表的血液疾患と子どもに比較的高頻度にみられる腫瘍性疾患をあげる。無秩序な細胞増殖をきたす疾患が腫瘍（新生物）であるが，増大のみを主症状とする良性に対して，悪性は転移や浸潤という性質を持ちながら組織侵襲的に増殖し生命をおびやかすことが特徴である。

(3) 子どもの血液・腫瘍性疾患

1）鉄欠乏性貧血

ヘモグロビンの組成のひとつである鉄が不足することによる貧血である。子どもの鉄欠乏性貧血には年齢的に２つの好発時期がある。第１は乳児期から幼児期早期である。乳児期後期の母乳中の鉄含有量は減少傾向であり，離乳期の食事の鉄分は比較的少ない。第２の好発時期は思春期で女性に多い。月経出血と栄養の偏りが要因である。いずれの時期も身体の鉄需要量に供給が追いつかない状態である。治療は鉄剤の内服と食事療法による鉄の摂取である。

2）血友病

血友病は，**血液凝固因子**の先天的欠乏による血液凝固障害，出血傾向をきたす疾患である。症状は皮下出血，口腔内出血，関節内出血などの出血症状である。治療は不足している血液凝固因子を注射薬によって定期的に補充することであり，通常生涯にわたって必要となる。

血液凝固因子
血液の凝固機能が発現するために必要な物質を血液凝固因子という。第Ⅰ因子から第Ⅻ因子まで存在する。

3）白血病

子どもの悪性腫瘍で最も高頻度にみられるもので，白血球に分化する途上の細胞が悪性化した疾患である。機能が未熟な白血病細胞が異常増殖を繰り返すことにより正常な血球成分が減少し，貧血や免疫機能低下，止血・凝固機能異常を呈しやすい。

① **急性リンパ性白血病**：子どもの白血病の70％を占め，リンパ球への分化途上の白血球の悪性化である。症状は多彩であるが顔色（がんしょく）不良や貧血，出血傾向が比較的多い。抗がん剤による入院治療が必要になる。また骨髄移植や造血幹細胞移植などの移植治療が必要になることもある。治療法の進歩により長期生存率は70％に達しているが，抗がん剤の副作用として嘔気，消化管障害，脱毛，易（い）感染性などを高頻度に合併する。治療には長期の入院が必要になり，患児への心理的ケアや学習の遅れなどに対する配慮も重要である。

② **急性骨髄性白血病**：急性リンパ性白血病についで高頻度の白血病である。骨髄球に分化途上の細胞の悪性化による。臨床症状はリンパ性に似る。同じく抗がん剤治療が必要になるが，生存率はリンパ性よりもやや低い。

4）悪性リンパ腫

リンパ組織に存在するリンパ球が悪性化した疾患である。表在性のリンパ節腫脹で発症することが多い。細胞の種類からホジキンリンパ腫と非ホジキンリンパ腫に大別される。抗がん剤や放射線治療が行われ，長期生存率はおおよそ70％以上を示す。

5）脳腫瘍

脳腫瘍は子どもの悪性腫瘍で白血病についで多い。白血病より治療成績が悪く死亡原因としては最も多い。頭蓋腔内は閉鎖空間のため，腫瘍の増大に伴う頭蓋内圧亢進により嘔吐，頭痛などの症状を呈する。また発生部位もさまざまであり，まひ，**複視**，斜視など脳の局所に応じた症状を呈することがある。グリオーマ，髄膜腫などの組織学的性質と，手術ができる部位かどうかにより予後が左右される。

複　視
複視とは両眼視による像が完全には一致せず，対象が二重に見える状態を指す。

6）小児の固形腫瘍

脳腫瘍以外の子どもの固形悪性腫瘍は**胎生期の細胞**由来のものが多い。

胎生期の細胞
妊娠中の身体分化の途上に出現する細胞。通常，出生後にはみられない。

① **神経芽腫（がしゅ）**：胎児期発生段階の組織である神経堤（てい）由来の悪性腫瘍である。小児固形腫瘍としては脳腫瘍についで多い。腹部腫瘤として気づかれることが多く，外科的手術，化学療法，放射線療法が行われる。

② **肝芽腫**：子どもの肝臓原発悪性腫瘍の大半を占める疾患である。肝臓付近の上腹部腫瘤で発見されることが多い。外科的手術が治療の中心であるが化学療法も用いられる。比較的予後は良好である。

③ **網膜芽細胞腫**：先天性の遺伝子異常によって乳幼児に発生する網膜（もうまく）の悪性腫瘍である。両眼性，片眼性のどちらもあり，瞳孔（どうこう）が光ってみえる白色瞳孔を特徴とする。生命予後を最重要視した治療を行うが，視機能や眼球の温存の可能性も考慮して治療が検討される。

(4) 学校生活での注意点

白血病を中心とした子どもの悪性腫瘍の特徴は長期の入院治療が必要となる点である。そのため病弱児特別支援学級などの院内学級における学びの場の確保が重要である。入院中でも治療の副作用や病勢により吐き気，倦怠感，免疫力低下などの症状が起こりやすく，しばしば授業を休まざるをえなくなる。治療段階や病勢についての情報を医療スタッフや本人・家族と共有し，身体的・心理的状況への理解と受容的態度で子どものセルフケアをサポートする姿勢が望ましい。

長期の入院や落ち着かない身体状況は学習面の遅れを招きやすく，退院後の復学困難の一因にもなりうる。病室や自宅から外に出られない状況のときにも訪問学習を利用したりICTを活用した遠隔授業を実施するなど，状況に合わせた学習保障を検討することにより学習離脱とその二次的影響を最小限にする必要がある。

6　内分泌・代謝疾患

(1) 内分泌・代謝系の構造と役割

人間の生命を維持し，生体の恒常性（正常な機能を維持すること）を保つのに必要な体の機構を内分泌系といい，**内分泌作用**を示す物質を**ホルモン**と呼ぶ。主な内分泌臓器として脳下垂体（のうかすいたい）からは骨の成長に関わる成長ホルモン，甲状腺（こうじょうせん）を刺激する甲状腺刺激ホルモン，卵巣（らんそう）や精巣（せいそう）に働き二次性徴（せいちょう）に関わる性腺（せいせん）刺激（しげき）ホルモン，腎臓での水分吸収を促す抗利尿（こうりにょう）ホルモン（バソプレシン）など，甲状腺からは糖や脂質代謝を促進する甲状腺ホルモン，膵臓からは糖や脂質の代謝に関わる**インスリン**，副腎からは代謝，抗炎症などさまざまな働きを持つ副腎皮質（ふくじんひしつ）ホルモンなどが分泌される（図2－19）。

内分泌作用
内分泌臓器でつくられたホルモンが別の臓器の細胞に影響を与えること。

ホルモン
現在，ヒトの体では100種類以上のホルモンが見つかっている。

インスリン
血糖値を下げるホルモンはヒトではインスリンのみである。

食物に含まれる栄養素は消化・吸収され，筋肉や臓器を構成する成分となったり，必要なエネルギーとして使われたりするが，このような体の中で起こる一連の化学変化を代謝と呼ぶ。この代謝には酵素というたんぱく質が関与している。炭水化物は唾液中の消化酵素アミラーゼにより**麦芽糖**（ばくがとう）やデキストリンに分解され，さらに小腸から分泌されるα－グルコシダーゼによりブドウ糖（グルコース）などの単糖類（たんとうるい）に分解され，吸収される。ブドウ糖はさらにさまざまな酵素により**ATP**というエネルギー源生成に利用される（図2－20）。たんぱく質，脂質，ビタミンなども数多くの酵素が関与して体を構成する成分の合成やエネルギー生成に利用される。

麦芽糖
マルトースともいう。グルコースが２つ結合した二糖類。

ATP
アデノシン三リン酸のことで，アデノシン二リン酸（ADP）に分解されてエネルギーを放出する。

(2) 小児の内分泌・代謝疾患

小児の内分泌疾患には，ホルモンの分泌量や作用に異常が生じてホルモンの

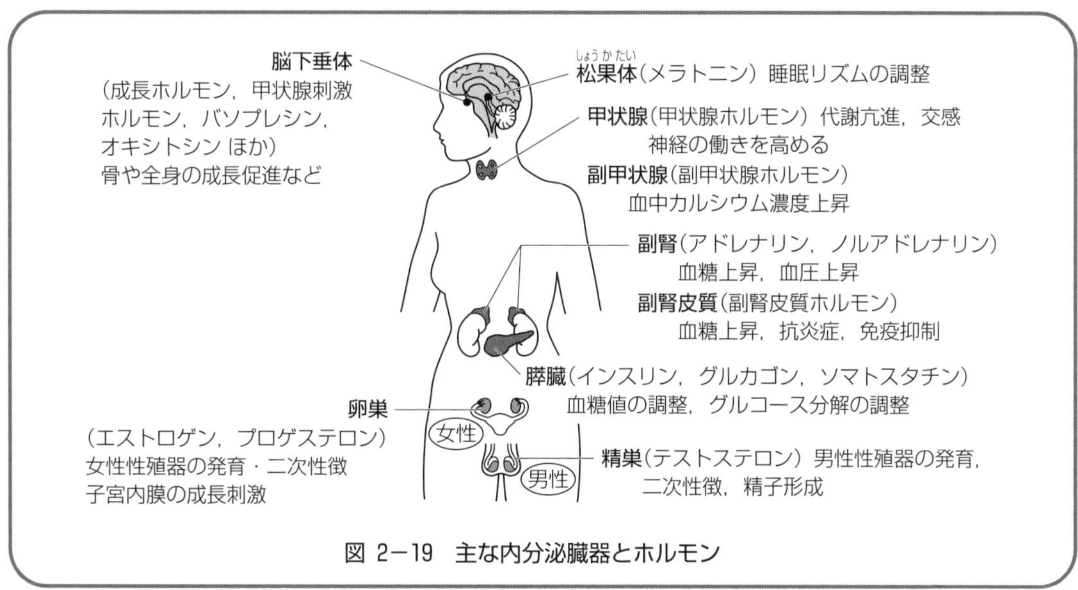

図 2−19　主な内分泌臓器とホルモン

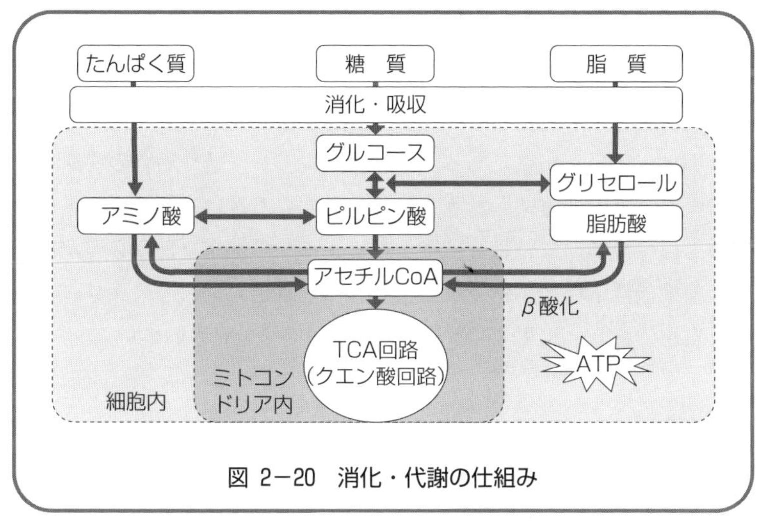

図 2−20　消化・代謝の仕組み

作用が高まる甲状腺機能亢進症や思春期早発症，作用が低下する成長ホルモン分泌不全性低身長症，先天性甲状腺機能低下症，糖尿病などがある。また，代謝疾患として生まれつき糖や脂質，たんぱく質などの代謝酵素の機能が低下，もしくは欠損している先天性代謝異常症がある。

1）甲状腺機能亢進症

甲状腺ホルモンが増加して代謝が亢進し，動悸や発汗，体重減少，情緒不安定などが生じる疾患である。甲状腺を刺激してホルモン分泌を増加させる**自己抗体**がつくられてしまうことが原因のバセドウ病が多い。甲状腺の働きを抑える薬物療法を行う。

自己抗体
自己の細胞や組織に対して産生された抗体（免疫物質）のこと。

2）思春期早発症

通常，女児では10歳ころから，男児では12歳ころから二次性徴が始まるが，早期より下垂体から性腺刺激ホルモンが分泌されてしまうことにより早く（女児では7歳6か月未満の乳房発育，10歳6か月未満での初経，男児では9歳未満での精巣増大，10歳未満での陰毛発生）二次性徴が始まってしまう疾患である。女児に多いが原因がはっきりしないことが多い。男児では**脳腫瘍**が原因のことがあり注意が必要である。二次性徴が早く始まると一時的には身長が高くなるが，身長の伸びが止まるのも早くなり，最終的に低身長となる。性腺刺激ホルモンの働きを抑える薬剤の皮下注射を行う。

脳腫瘍
小児がんの中では白血病の次に多い。

3）成長ホルモン分泌不全性低身長症

骨の成長を促す成長ホルモンの分泌が低下し，低身長となる疾患である。日本人成長曲線を用いて，平均より**2標準偏差下**（−2SD）の曲線よりも下に位置する場合に低身長と判断される（図2−21）。他の低身長となる疾患を除外したうえで，成長ホルモン分泌刺激試験を行い，成長ホルモン分泌が低下していることが確認された場合に診断される。成長ホルモンを皮下注射することで補充する。

2標準偏差下
2標準偏差（2SD）下より下の身長とは低いほう約2.3％の身長のことである。

4）先天性甲状腺機能低下症

生まれつき甲状腺が欠損していたり，働きが弱かったりして甲状腺ホルモンの分泌が不足している疾患である。甲状腺ホルモンは糖や脂質の代謝を促進するだけでなく，脳の発達にも影響し，乳幼児期の不足は知的発達障害を引き起こすため，出生後早期に発見して甲状腺ホルモンの補充を行う必要がある。先天性甲状腺機能低下症は出生後早期に行われる新生児マス・スクリーニングに含まれる疾患であり，出生4,000人に1人の頻度で発見されている。

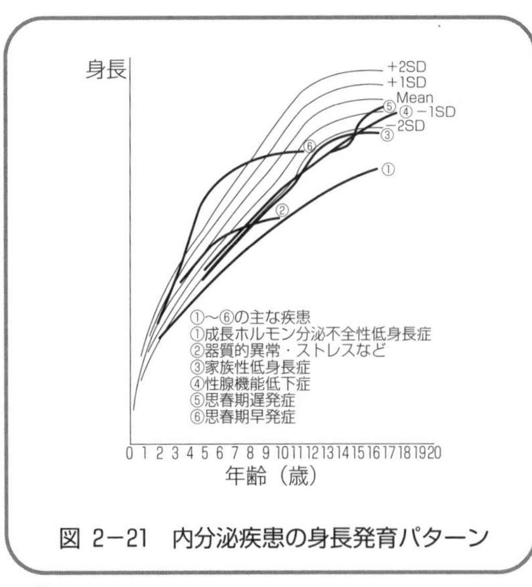

図 2−21　内分泌疾患の身長発育パターン

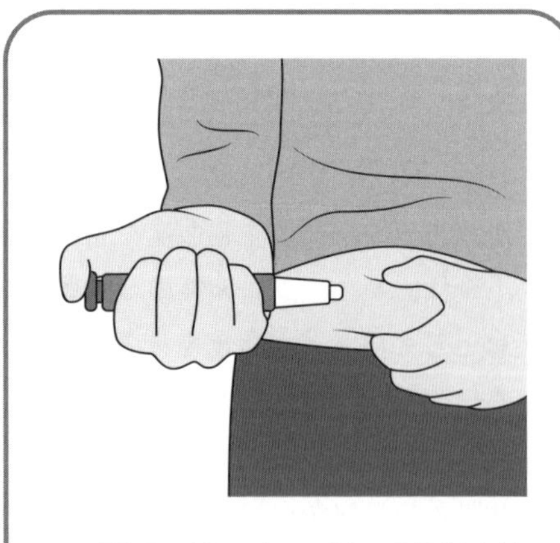
図 2−22　インスリンの注射方法
注射部位を消毒し，皮膚を軽くつまみ，直角に針を刺す。

5）糖尿病

糖尿病はブドウ糖を筋肉や脳などの細胞に取り込み，エネルギーとして利用したり栄養源として蓄えることを促すインスリンの分泌・作用が低下する疾患である。その結果，ブドウ糖がうまく利用できず血液中のブドウ糖（血糖）値が高くなってしまう。血糖値が高いままの状態が続くと全身の血管が障害され，細い血管の障害（**網膜**（もうまく）**症，腎症，神経障害**），太い血管の障害（動脈硬化（こうか），脳梗塞，心筋梗塞）を引き起こす。自己免疫により膵臓のインスリン分泌細胞が破壊される1型糖尿病と，肥満や運動不足によりインスリンの働きが低下する2型糖尿病に分けられる。1型糖尿病は15歳以下の小児に多く，2型糖尿病は40歳以上の成人に多い。1型糖尿病では肥満や運動不足と関係なくインスリンの分泌が低下して高血糖となるため，インスリンを補充することが必須である。インスリン補充は皮下注射で行われることが多く，1日に数回の補充が必要であるため学校での補充が必要になる場合がある（図2−22）。また運動をした後や食事摂取が不十分であった場合に**低血糖**となることもあり，注意が必要である。低血糖に気づいたらすぐに糖分（グルコース製剤など）の補給を行う。

6）先天性代謝異常症

先天性代謝異常症は生まれつき糖や脂質，たんぱく質などの代謝酵素の機能が低下，もしくは欠損することにより異常な代謝産物が体内に蓄積されたり，必要なものが欠乏したりする疾患である。先天性代謝異常症には100種類以上あるが（表2−3），個々の疾患は数万から数十万人に1人と非常にまれである。

網膜症
眼底にある網膜が剥離したり，出血したりして視力障害，失明の原因になる。

腎　症
腎臓の血管がつまり，血液をろ過して尿を作ることができなくなる腎不全の原因となる。

神経障害
神経に酸素や栄養を送る血管がつまり，手足のしびれや感覚まひが起こる。

低血糖
低血糖になると冷や汗をかき，顔色が青白くなって，ひどくなると意識がなくなる。

表 2−3　先天代謝異常の分類

分　類	異常を示す主な代謝産物	代表的な疾患
1. アミノ酸代謝異常症	アミノ酸	フェニルケトン尿症，メープルシロップ尿症，ホモシスチン尿症など
2. 有機酸代謝異常症	有機酸	メチルマロン酸血症，プロピオン酸血症，イソ吉草酸血症など
3. 脂肪酸代謝異常症	脂肪酸	中鎖アシル-CoA脱水素酵素(MCAD)欠損症，CPT欠損症など
4. 糖質代謝異常症	グリコーゲン，ガラクトースなど	糖原病，ガラクトース血症など
5. ムコ多糖症	ムコ多糖類	ハーラー症候群，ハンター症候群，モルキオ病など
6. 脂質蓄積症（リピドーシス）	リン脂質，糖脂質など	ゴーシェ病，ニーマンピック病，ファブリー病，I-cell病など
7. 脂質代謝異常症	コレステロール，カイロミクロン，中性脂肪，極長鎖脂肪酸など	家族性脂質代謝異常症，ペルオキシソーム病など
8. 金属代謝異常症	銅など	ウィルソン病，メンケス病など
9. 核酸代謝異常症	プリン，ピリミジン，尿酸など	レッシュ・ナイハン症候群，アデノシンデアミナーゼ欠損症など

表 2−4　新生児マス・スクリーニングの対象疾患（2020 年度現在）

脂肪酸代謝異常
中鎖アシル CoA 脱水素酵素（MCAD）欠損症
極長鎖アシル CoA 脱水素酵素（VLCAD）欠損症
三頭酵素（TFP）欠損症
カルニチンパルミトイルトランスフェラーゼ-Ⅰ（CPT1）欠損症
カルニチンパルミトイルトランスフェラーゼ-Ⅱ（CPT2）欠損症
有機酸代謝異常
メチルマロン酸血症
プロピオン酸血症
イソ吉草酸血症
メチルクロトニルグリシン尿症
ヒドロキシメチルグルタル酸（HMG）血症
複合カルボキシラーゼ欠損症
グルタル酸血症Ⅰ型
アミノ酸代謝異常
フェニルケトン尿症
メープルシロップ尿症
ホモシスチン尿症
シトルリン血症Ⅰ型
アルギニノコハク酸尿症
糖質代謝異常症
ガラクトース血症
内分泌疾患
先天性甲状腺機能低下症
先天性副腎過形成症

酵素をつくるための遺伝子の異常が原因である。症状は疾患によりさまざまであるが，成長障害，知的発達障害，肝腫大，骨格異常が多く，治療されない場合には生命に関わることも多い。治療は**食事療法**，酵素補充療法などであるが，現時点で治療法のない疾患も多い。先天性代謝異常症の中には早期の治療により症状を改善させることのできる疾患もあるため，日本では生後５日前後に血液検査を行う新生児マス・スクリーニング（表２−４）が行われている。

食事療法
新生児期から食事療法が必要な場合には治療用の特殊ミルクを使用する。

（3）学校生活での注意点

内分泌疾患のためホルモン補充療法が行われている児は，原則としてホルモン補充を毎日行う必要がある。ホルモン補充は薬を内服する場合と皮下注射で行われる場合があり，特に学校で注射による補充が必要な場合には，だれが（本人，保護者，看護師など），どこで行うのかを検討する必要がある。また，ホルモン補充療法が行われている場合には，かぜをひいたときなどに体調不良となりやすいため，体調管理には十分気をつける。先天性代謝異常症は個々の疾患の頻度が非常にまれであるため，同一地域に同じ疾患の児がいないことがほとんどであり，その疾患の状態を保護者や主治医などを通して把握することが重要になる。

7　腎臓疾患

（1）腎臓の構造と役割

腎臓は腰のやや上の高さに左右一対ずつ位置するソラマメ状の臓器で（図2－23），その主たる役割は尿をつくることである。腎臓は大動脈から大量に血液の供給を受け，その血液をろ過することにより1日に約150～200Lに及ぶ原尿を生成している。原尿はその99%が腎臓内で再吸収されながら残りの約1%が尿として体外に排泄される。

腎臓が尿をつくる目的は**アンモニア**などの有害な老廃物を体外に排出することである。アンモニアは水によく溶ける物質であるため，尿に溶かして排出することが合理的である。尿を生成する過程は先に述べたように，大量の血液をろ過して原尿をつくり，その後人体に必要な水分と成分を再吸収するという手順を取る。その過程において，生体のバランスを維持するために最適な水分と**電解質**の調節を行うことも腎臓の重要な機能となっている。

尿の生成，水分･電解質の調節以外の腎臓の役割としては，「血圧の調節」「骨の代謝」「赤血球の成熟」を担っているため，腎臓の病気のときにはその役割の異常が起こることがある。

アンモニア
摂取した窒素化合物の処理の過程でアンモニアが発生する。アンモニアが過剰に蓄積すると意識障害などの症状が出現する。

電解質
体内にはナトリウムイオンなど，溶解すると電荷を帯びる物質が存在している。このような物質を電解質という。

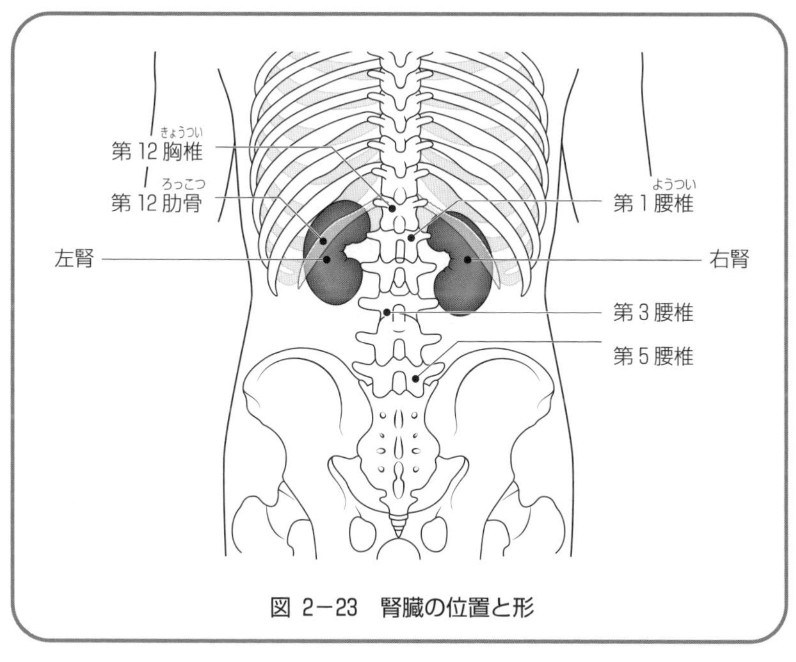

図2－23　腎臓の位置と形

(2) 子どもの腎臓の疾患

腎臓の疾患は大きく，「腎臓の機能が低下する病態」と「腎臓から大量のたんぱくが失われる状態」とに分けられる。

1) 慢性腎不全

腎臓の機能が慢性的に低下した状態が慢性腎不全である。腎不全の病態は先に述べた腎臓の機能と対応させると理解しやすい（表2−5）。

慢性腎不全はひとつの疾患というよりも慢性の経過で進行した結果の病態であり，子どもの腎不全には子どもならではの原因が存在する。

2) 尿路感染症

膀　胱
左右の腎臓でつくられた尿を集め，一時的に貯留しながら適切な排尿量を調整する臓器。

腎臓，腎臓から尿を輸送する尿管，尿管から輸送された尿を貯留する**膀胱**(ぼうこう)，膀胱から排尿するための輸送路である尿道を合わせて尿路という。尿路に微生物の感染症を起こした状態が尿路感染症である。主たる尿路感染症の原因微生物は尿道から侵入する大腸菌である。尿道や膀胱の感染症では発熱にまで至らないことがほとんどであるが，腎臓にまで進展すると高熱や嘔吐が出現する。腎臓に及ぶ尿路感染症を反復すると徐々に腎不全に陥りやすくなるため注意が必要である。特に生まれつき膀胱から尿管を通じて尿が腎臓に逆流しやすい状態（膀胱尿管逆流）がある子どもはリスクが高い。

3) 慢性腎炎

腎臓の尿を生成する組織に長期間炎症が続いている状態が慢性腎炎である。慢性腎炎があると徐々に腎臓の組織が破壊されていくため，長期の経過により慢性腎不全に進展することがある。炎症の原因は自分の免疫機能が自分の腎臓組織を攻撃してしまう「自己免疫疾患」という病態が主体である。そのため治療としては炎症を抑えるステロイド剤や，**免疫抑制剤**という免疫機能を抑える薬物を使用する。腎不全に近づくまでは症状が乏しく，学校検尿などの尿検査の機会に尿潜血（肉眼ではわからない血液の混入）から発見に至ることが多い。

免疫抑制剤
有害な非自己に対抗する免疫機能を抑制する薬剤。自己免疫の軽減に使用されるが感染症に弱くなるため注意が必要である。

4) ネフローゼ症候群

本来尿からたんぱくが漏れ出ることはない。しかし何らかの原因により血液中のたんぱくが尿から漏れ出て大量に体外に排出され，血中濃度が低下する疾患がネフローゼ症候群である。血液中のたんぱくが低下すると血管の中に水分を引き留めておくことができなくなるため，血管外の組織に余分な水分が貯留

表 2−5　腎臓の機能と慢性腎不全時の病態

腎臓の機能	慢性腎不全時の病態
尿を生成する	尿の生成の低下
水分・電解質の調節	浮腫（むくみ），電解質の異常
血圧の調節	血圧異常（高血圧）
骨の代謝	骨折しやすい
赤血球の成熟	貧血

する浮腫（むくみ）が起こる。子どものネフローゼ症候群のほとんどが明らかな原因が見つからないタイプであり，治療にはステロイド剤が使用される。

(3) 学校生活での注意点

1）運動面の注意事項

腎臓の機能が低下している子どもは運動が負担になる場合がある。そこで腎臓疾患のある子どもの主治医に「学校生活管理指導表」にどの程度の運動までならば可能かを記入してもらう必要がある。現在の指導表は 2011 年に改定されたもので，学校の運動を「軽い運動」「中等度の運動」「強い運動」に分けてどの活動まで参加が可能かの指標を示すことを目的としている。現在の指導表は学年別に運動がかなり具体的に例示されているので学校生活に活用しやすくなっている。

2）食事面の注意事項

腎不全などの病態によっては食事制限が必要になることがある。具体的にはたんぱく質の制限が必要になることがあり，必要があれば病院で受けている栄養・食事指導の内容に沿った給食内容の調整を図る。

3）感染症への注意事項

腎臓疾患の治療のためにステロイド剤や免疫抑制剤を使用している場合は感

コラム　透析療法と腎移植

基本的に慢性腎不全は不可逆的（もとに戻らない）病態である。したがって根本的な治療法は存在しないため，以下に紹介する「人工透析療法」か「腎移植」が必要になることがある。

- **人工透析療法**：腎臓の代わりに人工的な装置で水分と老廃物の除去を行う治療法。血液を体外に送り出してろ過する「血液透析」（図左）と，自分自身の腹膜を使用してろ過する「腹膜透析」（図右）がある。
- **腎移植**：他人の腎臓を手術的につなげる治療法。進行した慢性腎不全の唯一の根本治療である。他者の臓器を攻撃しないために免疫抑制剤による治療が必要になる。

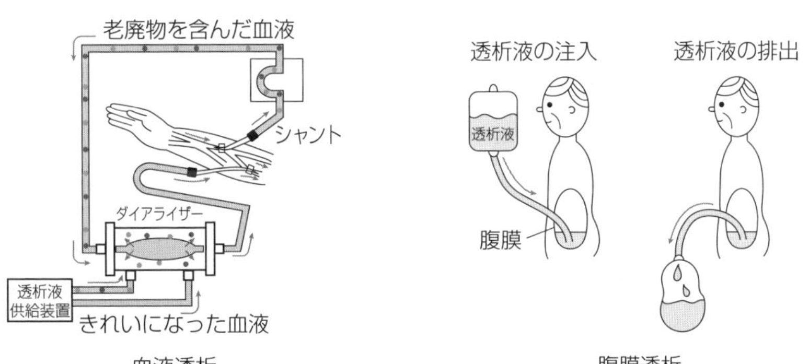

血液透析　　腹膜透析

染症への抵抗力が低下している可能性がある。また免疫抑制下では感染症にかかりやすいだけでなく，かかった場合は重症になりやすいため，よりいっそうの注意を要する。また，ネフローゼ症候群の治療中はたんぱく尿が軽快しても，感染症を契機に再発することがあるため，感染者の隔離，手洗い，うがい，マスクの着用などの感染対策を講ずる必要がある。

4）骨折や出血に対する注意事項

腎不全時には骨の代謝が障害されるため，通常よりも骨折しやすい状態になることがある。またステロイド剤の長期使用時にも骨折しやすい状態になることがあるため，けがを伴いやすい運動や課題活動，自由時間等に気をつける。血液が凝固することを防ぐ薬剤の内服をしている場合にも出血時に通常よりも止血しにくく，大量出血になることがあるため，けがや刃物の扱いに注意する。

8　免疫・膠原病的疾患

（こうげん）

（1）免疫系の働き

免疫疾患の中心は免疫不全とアレルギー，自己免疫疾患であり，ここではアレルギー以外の疾患を取り上げる。免疫は本来，微生物や腫瘍などの有害な非自己から身体を守るシステムである。免疫不全とはその免疫機能に障害をきたした状態であり，先に述べたアレルギーとは過敏性に基づく有害な過剰反応，自己免疫疾患とは非自己だけでなく自己組織を攻撃してしまう病態である。

1）先天性免疫不全症候群

原発性免疫不全症候群ともいう。免疫システムに先天的な遺伝子異常を認める疾患が主体である。免疫システムは大きく，①細胞性免疫（T細胞系と呼ばれ，細胞が直接外敵や異物を攻撃するシステム）と，②液性免疫（B細胞系と呼ばれ，B細胞が産生する抗体というたんぱく質が外敵や異物を攻撃するシステム），という2つのシステムから成り立っている。

① **重症複合免疫不全症**：細胞性免疫，液性免疫の両者とも先天性に機能が欠損している疾患。感染症に対してきわめて抵抗力が弱く，無治療ならば2歳までに死亡する。**造血幹細胞移植**の適応であり可能なかぎり早期に実施する。

造血幹細胞移植
正常な血液を産生できない状態に対して新しい正常な造血幹細胞を移植して適切な造血を回復する治療法。

② **液性免疫の不全**：B細胞の欠損や抗体の実態物質であるガンマグロブリンの産生障害，IgA欠損症などが該当する。必要な管理・治療はガンマグロブリンの補充をしながら感染症に注意することである。

2）若年性特発性関節炎

16歳未満で発症し，6週間以上持続する原因不明の関節炎である。以前は若年性関節リウマチと呼ばれていた。診断にあたっては，特に全身型については敗血症のような重症感染症や悪性腫瘍を否定することが必要である。治療は免疫を抑制する薬剤が中心となる。

① **全身型関節炎**：2 週間以上持続する発熱を伴う。それに，

a）リウマトイド疹と呼ばれる紅斑

b）全身のリンパ節の腫れ

c）肝臓もしくは脾臓が大きくなる

d）**心膜炎**などの膜組織の炎症

の特徴を1つ以上認めることで診断する。

② **少関節炎**：関節の炎症が1～4か所に限定している。

③ **多関節炎**：5か所以上の関節炎を認める。

心膜炎
心臓を包んでいる膜の一種が心膜であり，そこに炎症が起こった状態が心膜炎である。

3）全身性エリテマトーデス

自己抗体が産生され，全身の臓器において組織と反応し**免疫複合体**を形成することにより炎症が生じる病態である。代表的な症状は，両頬部の紅斑，光線過敏，口腔潰瘍，関節炎，腎臓障害，神経障害，貧血，白血球減少などである。検査上は免疫に関するたんぱく質である補体の低下や抗核抗体をはじめとした自己抗体を認める。治療はステロイド剤の通常量もしくはパルス療法と呼ばれる大量療法で軽快させ，その後免疫抑制剤などを併用する方法が一般的である。

免疫複合体
免疫反応の結果に生じる化合物の複合した物質。自己免疫の反応で生じた複合体は時に有害な作用を引き起こす。

4）小児皮膚筋炎，小児多発性筋炎

全身の筋肉に炎症をきたし，それにより筋力低下を認める小児疾患の総称である。血液検査において**筋肉由来の酵素**の上昇から筋炎の存在を疑い，最終的には筋肉の組織そのものの病的構造を調べる**筋生検**（きんせいけん）により診断する。治療はステロイド剤が第一選択である。間質（かんしつ）性肺炎，腎障害，消化管障害など皮膚や筋肉以外の全身症状もしばしば認められる。

筋肉由来の酵素
筋肉の細胞には筋肉に必要な酵素が存在する。細胞が壊れると酵素が血液中に漏れ出る。

筋生検
生体の一部を取り出し，病的構造の解析である病理検査を行う検査を生検と呼ぶ。筋肉を取り出して調べるのが筋生検である。

9 神経疾患

（1）神経系の構造と役割

神経系は脳・脊髄からなる中枢神経と，これらに続く**脳神経**・脊髄神経からなる末梢神経に分類される（図2−24）。**脳**は外界からの情報を認知するとともに知性・感情・意思などのさまざまな精神活動や，それに伴う行動を支配する。また自律神経（交感神経・副交感神経）や内分泌系を介して呼吸運動や心拍・血圧の調整など生命維持をコントロールする中枢でもある。脳の**運動野**（うんどうや）の神経細胞（上位運動ニューロン）から出た神経線維は延髄（えんずい）で反対側に交叉し，脊髄の前角（ぜんかく）細胞で新たな神経細胞（下位運動ニューロン）に連結し，末梢神経として筋肉へ信号を伝える。皮膚や粘膜の痛覚や温度覚といった感覚情報は感覚神経に伝わり，脊髄を通って上行し，途中で新たな神経細胞に連結するとともに反対側に交叉して脳の**感覚野**（かんかくや）に信号を伝える。

脳神経
嗅神経，視神経など12対ある。

脳
大脳（前頭葉，頭頂葉，後頭葉，側頭葉），間脳，脳幹，小脳から構成される。

運動野
前頭葉にある随意運動の中枢。ここから信号が伝わり骨格筋を動かす。

感覚野
頭頂葉にある体性感覚の中枢。温度覚，痛覚，触覚，振動覚などが伝わる。

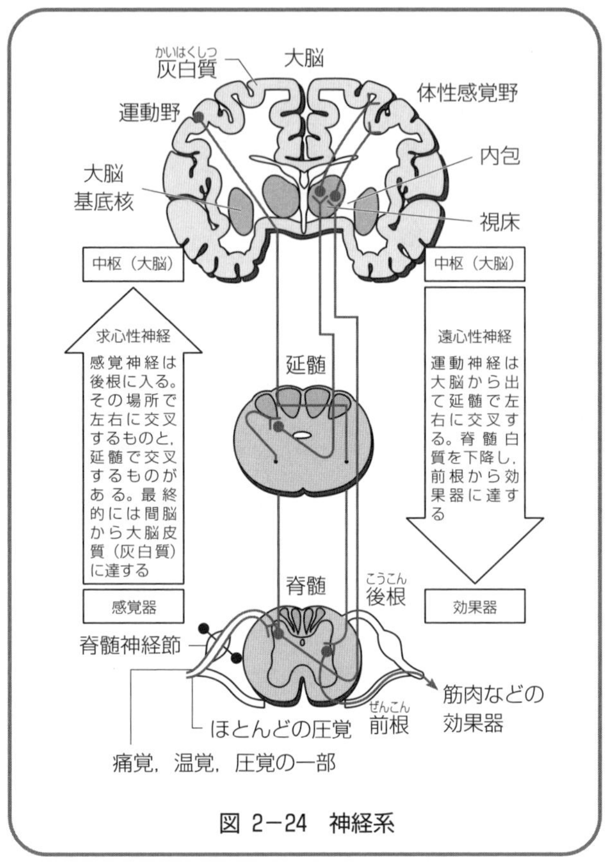

図 2−24　神経系

(2) 小児の神経疾患

小児の神経疾患には，胎児期の脳の形成異常である滑脳症や，脳脊髄液の流れが障害される水頭症，神経細胞の機能異常により起こるてんかん，胎児期から新生児期の脳の低酸素や血流障害によって生じる脳性まひ，脳を含めた体のあちこちに結節性病変が生じる結節性硬化症，脳の血管の閉塞により生じるもやもや病，脊髄神経の障害である脊髄性筋萎縮症，脳の感染症である急性脳炎や髄膜炎などがある。

1）滑脳症

胎児期に脳が形成されるときの障害で起こる**大脳皮質形成異常**のひとつで，脳の溝が形成されず平滑な脳表面となる疾患である。重篤な脳機能障害が起こり，重度の知的障害，運動障害とてんかん発作を認める。根本的な治療はなく，てんかんなどの合併症に対して薬物療法などの対症療法を行う。

大脳皮質形成異常
限局性皮質形成異常，片側巨脳（へんそくきょのう）症，滑脳症，異所性灰白質，多小脳回（たしょうのうかい）などがある。

2）水頭症

脳脊髄液の循環障害により脳脊髄液が脳室内に貯留し，その結果進行性に脳室拡大を起こす疾患である（図 2−25）。脳の構造異常，脳出血や脳腫瘍などにより脳脊髄液の通り道が閉塞してしまうことが原因となる。脳室内に脳脊髄液

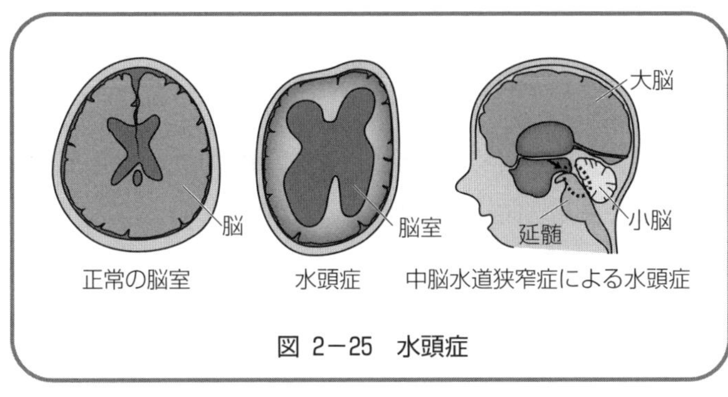

図 2－25　水頭症

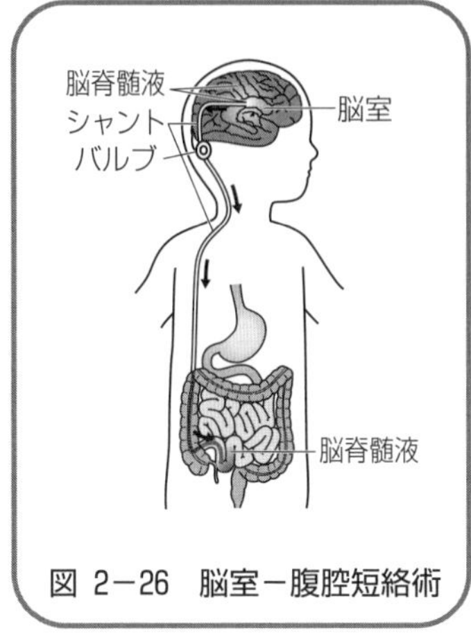

図 2－26　脳室－腹腔短絡術

が貯留するため頭囲が拡大し，頭蓋内(とうがいない)の圧力が高まるため頭痛や嘔吐などが出現する。脳室内に貯留した脳脊髄液を排出するシャント手術を行う。脳から腹腔(ふくくう)までチューブを通す脳室－腹腔短絡術（V-P シャント術）がよく行われる（図 2－26）。

3）てんかん

てんかんは大脳の神経細胞が過剰に興奮するために，脳の症状（発作）が繰り返し起こるものである。てんかんの患者は人口の約 1％であり，生後から 3 歳までと学童期に特に起こりやすく，多くが 20 歳までに発症する。大脳皮質形成異常や低酸素などの脳障害，脳炎や髄膜炎，頭部外傷など脳に傷害が起こる疾患がてんかんの原因となるが，原因のはっきりしない場合も多い。発作は脳全体が異常興奮する**全般発作**や脳の一部分が興奮して起こる**焦点発作（部分発作）**がある。発作型により全身けいれんとなったり意識消失したりと，さまざまな症状となる。治療は薬物療法が中心であり，約 80％の患者は治療によりてんかん発作は消失する。数年間の治療により内服治療を中止できる例もある。てんかん発作が治療により抑制されていれば日常生活に特に制限はない。通常の体育や運動クラブの参加も，またプールでの水泳も通常の監視体制があれば参加して問題ない。ただし，入浴中にてんかん発作が起こり意識がなくなると溺れてしまう可能性があるため，一人での入浴には注意が必要である。寝不足，過労や薬の飲み忘れは発作の誘発因子となるため，確実な服薬や規則正しい生活を守ってもらう必要がある。

全般発作
強直間代（きょうちょくかんだい）発作，欠神（けっしん）発作，ミオクロニー発作，脱力発作など。

焦点発作（部分発作）
意識のある運動症状，視覚や聴覚の異常など，意識障害を伴う発作などがある。

4）脳性まひ

脳性まひは胎児期から新生児期（生後 4 週以内）に起こった脳障害による運動障害である。1 つの疾患ではなく，大脳皮質形成異常や出産時の低酸素，頭蓋内出血，中枢神経の感染症などさまざまな原因から生じた脳障害による運動障害の総称である。脳障害の程度，範囲によって運動障害のほかに知的障害や視覚・聴覚障害なども合併しやすい。運動障害のタイプとして，筋緊張が亢進する痙直（けいちょく）型，四肢をくねらせるような**不随意運動**が生じるアテトーゼ型，体のバランスが障害される失調型などがある。根本的な治療はなく，運動障害の改善や**関節拘縮**（こうしゅく）の予防のため**理学療法**や**作業療法**を行う。**嚥下障害**や呼吸障害も合併しやすく，**経管栄養**や**気管切開**，人工呼吸器の使用などさまざまな対応が必要になることがある。

不随意運動
自分の意志とは関係なく体が勝手に動いてしまう運動。

関節拘縮
関節を包む，関節包や筋肉，腱などが萎縮・変成して関節の動きが制限される状態。

理学療法
障害などによって運動機能が低下した人に行われる運動，温熱などの治療法。

作業療法
応用動作能力または社会適応能力の回復を図るため，障害のある人に手芸や工芸などの作業を行わせる治療及び指導・援助のこと。

嚥下障害
外部から水分や食物を口に取り込み，咽頭と食道を経て胃へ送り込む運動を嚥下という。食べ物や飲み物を飲み込めない，飲み込むことができてもむせてしまう状態が嚥下障害である。

経管栄養
p. 168 参照。

気管切開
p. 169 参照。

5）結節性硬化症

結節性硬化症は皮膚，神経系，腎，肺，骨などいろいろなところに過誤腫と呼ばれる良性の腫瘍ができる疾患である（図２−27）。人口１万から数万人に１人の割合で発症する。*TSC1*，もしくは *TSC2* 遺伝子の異常によって起こる。脳の過誤腫により知的障害，発達障害（自閉症など），てんかんを合併する。肺や腎臓にできる腫瘍に対して治療が必要になることもある。根本的な治療法はない。

6）もやもや病

もやもや病は脳の血管の一部が閉塞し，脳の血流不足から一時的な手足のまひ，意識障害を生じる疾患である。脳の血流不足を補うために新たにつくられた脳内の血管（もやもや血管）が特徴である。原因は不明であるが，人口 10 万人あたり，６〜10 人の患者がいると推定されている。激しい呼吸，深呼吸により脳内の二酸化炭素濃度が低下して脳血管が収縮しさらに血流不足になることがあるため，激しい運動，楽器などの演奏を控える必要がある場合がある。症状が強い場合には脳の血流を増やすバイパス手術を行う。治療後，症状が消失すれば生活制限はなくなる。

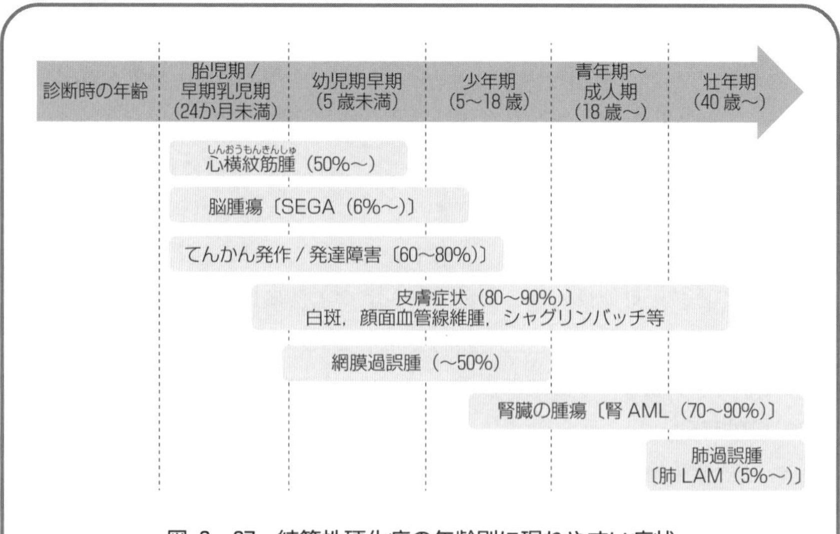

図 2−27　結節性硬化症の年齢別に現れやすい症状
SEGA：上衣下巨細胞性星細胞腫（じょういかきょさいぼうせいせいさいぼうしゅ），腎 AML：腎血管筋脂肪腫，肺 LAM：肺リンパ脈管筋腫症

表 2−6　脊髄性筋萎縮症

型	病　名	発症年齢	最高到達運動機能
Ⅰ　重症型	ウェルドニッヒ・ホフマン病	0～6か月	座位不可能
Ⅱ　中間型	デュボビッツ病	6か月～1歳6か月	座位まで
Ⅲ　軽症型	クーゲルベルグ・ウェランダー病	1歳6か月～20歳	歩行まで
Ⅳ　成人型		20歳以降	正常運動機能

7）脊髄性筋萎縮症

脊髄前角細胞の障害により骨格筋への神経伝達が消失し，筋力低下，筋萎縮をきたす疾患である（表2−6）。小児期に発症するⅠ型：重症型（ウェルドニッヒ・ホフマン病），Ⅱ型：中間型（デュボビッツ病），Ⅲ型：軽症型（クーゲルベルグ・ウェランダー病）と，成人期に発症するⅣ型に分類される。重症型であるⅠ型では多くが出生時より，少なくとも6か月までに発症し，ほとんど体を動かすことができず哺乳困難，呼吸障害のため経管栄養，人工呼吸器が必要となる。中間型のⅡ型では生後6か月から1歳6か月ころに発症し，座位は可能となるが支えなしに立ったり，歩いたりすることはできない。軽症型のⅢ型は1歳6か月以降に発症し，歩行可能となった後に転びやすくなり，少しずつ歩けなくなるという症状が出現する。どの型も少しずつ筋力低下が進行していく。理学療法や経管栄養，人工呼吸器の使用などの対症療法が中心であるが，近年，脊髄性筋萎縮症で低下しているSMAたんぱく質を増加させる薬剤（ヌシネルセン）や，遺伝子治療薬が開発されている。

8）急性脳炎，細菌性髄膜炎

病原微生物による中枢神経の感染症であり，脳に直接病原微生物が侵入した場合，もしくは感染による免疫反応で脳に炎症を起こした場合を急性脳炎という。発熱のほかに意識障害，けいれん，嘔吐などの症状が出現し，死亡率も高く，てんかんや知的障害，発達障害などの後遺症も残しやすい。原因として単純ヘルペスウイルス，**エンテロウイルス**，インフルエンザウイルスなどがある。病原微生物が脳の表面のくも膜や軟膜に侵入した場合を髄膜炎といい，そのうち原因が細菌であるものを細菌性髄膜炎，ウイルスであるものをウイルス性髄膜炎という。発熱，頭痛，嘔吐などが出現するがウイルス性髄膜炎の多くは1～2週間で治癒し，後遺症を残すことは少ない。乳児から幼児の細菌性髄膜炎は**インフルエンザ桿菌**（かんきん）や肺炎球菌が原因となることが多く，死亡する場合や，てんかんや知的障害，発達障害，聴力障害などの後遺症を残すこともある。インフルエンザ桿菌や肺炎球菌に対するワクチンの普及に伴い，発生が減少している。

エンテロウイルス
手足口病（てあしくちびょう）や夏かぜを引き起こすウイルス。

インフルエンザ桿菌
インフルエンザ患者から発見されたが，後にインフルエンザの原因菌ではないことがわかった。

（3）学校生活での注意点

神経疾患はそれぞれの疾患で運動障害の程度，知的障害の程度がさまざまである。神経疾患の中でも脊髄より末梢の神経が原因で生じる疾患の場合（脊髄性筋萎縮症など），運動障害が中心で知的発達は正常であることが多い。一方，脳の障害が生じる疾患では運動障害に知的障害，発達障害を合併することが多い。さらにてんかんや嚥下障害，呼吸障害，排尿・排便障害，視覚障害，聴覚障害などさまざまな合併症も併せ持っていることがあり，対応に難渋することも多い。個々の児において運動能力，知的能力をできるかぎり正確に評価し，その児に適した教育内容を選択する必要がある。また，疾患により成長とともに運動機能や知的機能が向上するタイプ，逆に低下するタイプがあり，将来の運動機能（指は動かせるのか，歩行が可能となるのか，寝たきりの状態となるのかなど）や知的機能（ことばが話せるようになるのかなど）を見据えた教育を考えていくことが望まれる。また，てんかん発作への対応，経管栄養や気管切開，人工呼吸器の使用や導尿など**医療的ケア**を必要とすることも多いが，管理の不安から児の運動や活動を過度に制限することがないように保護者や主治医との連携のうえ，積極的に運動や活動を行い児の発達を促すことが大切である。

医療的ケア
p. 166 参照。

10　整形外科的疾患など

(1) 運動器の構造と役割

ヒトが活動するうえで必要な体の動きを担う部分を運動器といい，骨，関節，骨格筋から構成される。全身の骨は約 200 個あり，頭蓋骨や胸郭（胸骨と肋骨）のように脳や肺，心臓を守る働きや**脊柱**（背骨）のように体を支える働きをしている。骨と骨は関節で動きを保ちながら連結されている。関節はつながりを保つため周囲が関節包や靱帯で補強されており，また関節を滑らかに動かすために骨と骨が接触する部位には表面が滑らかな関節軟骨で覆われている（図２−28）。関節の動きは，関節を挟んで骨に付着した筋肉の収縮によりつくり出される。

脊　柱
7つの頸椎（けいつい），12 の胸椎（きょうつい），5つの腰椎（ようつい），仙骨，尾骨（びこつ）から構成される。

長い骨は骨の両端部にある成長軟骨板の部分で骨の成長が促され，女子で 14 〜 15 歳，男子で 16 〜 17 歳ころに成長軟骨版がすべて骨に置き換わり骨の成長が終了する（図２−29）。

(2) 小児の運動器疾患

小児の運動器疾患には，骨や軟骨の形成や成長に異常がある骨形成不全症や軟骨無形成症，脊柱が左右に曲がった状態となる側弯症，生まれつき股関節の形成が未熟で股関節が脱臼する先天性股関節脱臼，関節の動きが制限される関節拘縮，脊椎とその中を通る脊髄神経の形成不全により起こる二分脊椎，生まれつき筋肉の構造に異常があり筋力が低下する筋ジストロフィーや先天性ミオパチーなどがある。

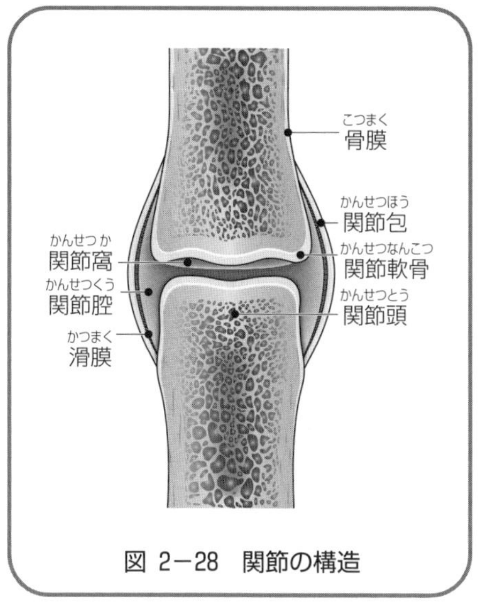

図 2－28　関節の構造

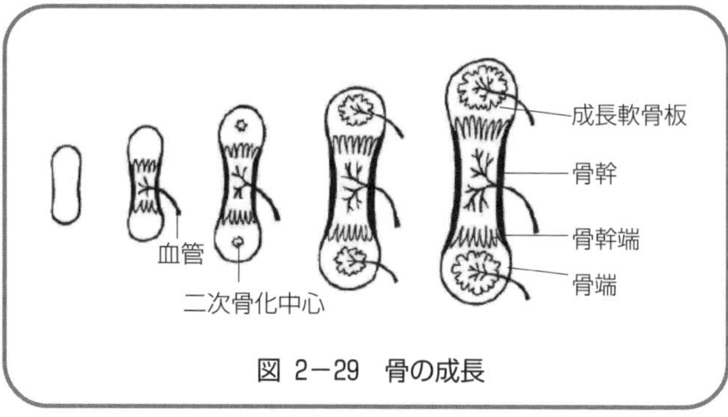

図 2－29　骨の成長

1）骨形成不全症

骨を形成する成分であるⅠ型コラーゲンの異常により起こり，骨がもろく骨折しやすい易骨折性，骨の成長障害による低身長や四肢短縮，胸郭の変形による呼吸障害から人工呼吸器の使用が必要となる場合もある。骨折の繰り返しなどにより歩行困難となることが多い。根本的な治療法はなく，**骨密度**の低下を予防する治療薬の投与を行う。

骨密度
骨の強さの指標で，骨にエックス線を当てて測定する。

2）軟骨無形成症

四肢の骨のように長い骨（長管骨）を成長させる成長軟骨の異常により四肢短縮，低身長（成人身長は男性で約 130cm，女性で約 125cm）となる疾患である。頭蓋骨の成長は障害されにくいため，頭部に比べ四肢が非常に短い特徴的な体型となる（図 2－30）。歩行など運動発達に軽度の遅れがみられることがあるが，歩行は可能となり，知的発達は正常範囲であることが多い。平均余命も正常とされている。根本的な治療法はない。

3）側弯症

脊柱が左右に曲がった状態となる疾患である（図 2－31）。原因がはっきりしない特発性側弯症が約 80％で，10 歳以上の女児に多い。その他，生まれつき脊椎の一部に変形がある場合や神経や筋肉の疾患により筋力が低下している場合に起こりやすい（図 2－32）。軽度の場合には外見上の問題のみであるが，重度となると腰痛や肩こり，さらに脊柱の変形に伴って胸郭の変形が強くなり，**肺活量**の減少など呼吸障害を起こすこともある。装具により進行を予防することが治療の中心であるが，変形が高度となった場合には手術で変形を矯正する方法も行われる。早期発見のために，神経・筋疾患などがあって側弯の起こり

肺活量
息を最大限に吸い込んだ後に吐き出せる空気量。

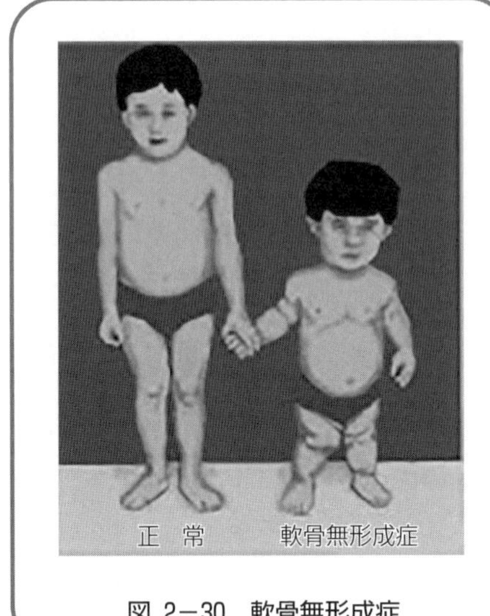

図 2−30　軟骨無形成症

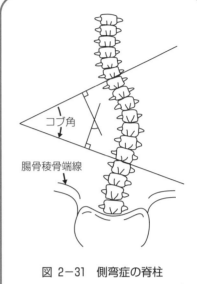

コブ角
腸骨稜骨端線

図 2−31　側弯症の脊柱

脊柱の弯曲の指標となる角度をコブ角といい，一般的に 20° を超えた場合に装具療法などの対象となる。

やすい児の場合には定期的に側弯の進行のチェックを行う。2016 年からは学校健康診断で側弯のチェックが行われるようになった（図 2−32）。

4）先天性股関節脱臼（発育性股関節形成不全）

股関節をつくっている骨盤の臼蓋という部分の形成が未熟であったり，関節包が緩かったり，出生後に下肢を伸ばした姿勢でおむつをしたりといった原因から股関節のずれが生じた状態である。放置した場合には股関節の変形が出現し，歩行時の痛みにより歩行困難となる。乳幼児健康診査により発見し，早期に補装具（**リーメンビューゲル**，図 2−33）による治療をすることが望ましい。

リーメンビューゲル
先天性股関節脱臼では，患児の足を固定し治療するリーメンビューゲル装具を使用する。歩行を始めた後では整復率が下がることが多いため，一般的に生後間もなくから数か月で使用する。リーメンビューゲルは革の鐙（あぶみ）を意味するドイツ語。

5）関節拘縮

関節拘縮は，関節を取りまく皮膚，筋肉，関節包，靱帯などの組織の伸縮性や柔軟性が低下することにより関節の動く範囲（可動域）が制限される状態である。生まれつき関節周囲の組織の伸縮性が低下している場合もあるが，原因の多くは関節を長期間動かさないことによる。そのため運動障害が生じる神経疾患や運動器疾患では動きの少ない関節が拘縮しやすい。いったん関節の可動域が制限されてしまうと，もとの状態に戻すことは困難であり，長期間の理学療法や手術などが必要となる。関節拘縮は歩行や食事，更衣などの日常生活動作に大きく影響するため関節を大きく動かす活動や理学療法などで関節拘縮を予防することが重要である。

6）二分脊椎

二分脊椎は胎児期の脊柱と脊髄の形成不全で，本来脊柱の中にあるべき脊髄

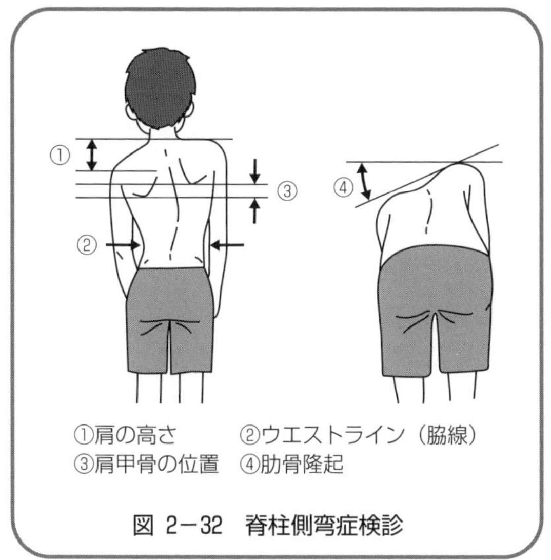

図 2−32　脊柱側弯症検診

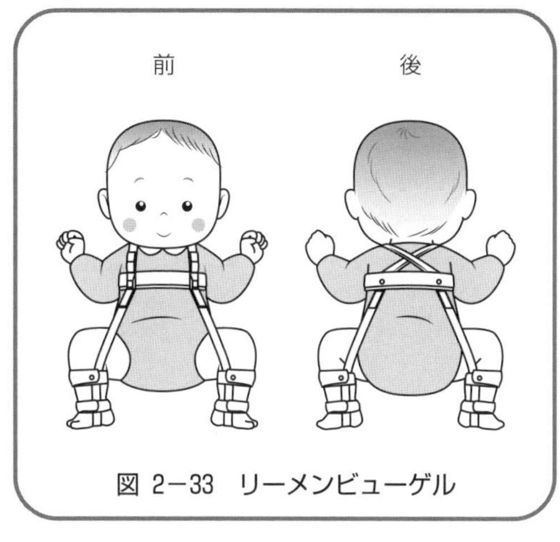

図 2−33　リーメンビューゲル

が背中側に飛び出してしまった（脊髄髄膜瘤）状態となる。出生後すぐに飛び出た脊髄髄膜瘤に対する手術を行うが，脊髄髄膜瘤ができた場所より下方の神経に障害が残る場合が多い。その結果，下肢の運動や感覚の障害，排尿・排便障害が生じる。車いすの使用や歩行のための装具などを使用したり，自立排尿が困難のため**導尿**を行ったりすることがある。ときに軽度の知的障害を合併するが多くは知的能力は正常範囲内である。

導　尿
尿道口からカテーテルを挿入して人工的に排尿させる方法。

7）筋ジストロフィー

筋肉の構造や機能に関わるたんぱく質の異常により，筋線維が徐々に破壊され，筋力が低下していく疾患である。さまざまなタイプがあるが，デュシェンヌ型筋ジストロフィーは筋線維細胞を構成する**ジストロフィンたんぱく**の異常により起こり，X 連鎖劣性遺伝形式を取るため男性のみに発症する（図 2−34）。3 歳ころより筋力低下が進行し，多くが 10 歳ころまでに歩行不能となる。さらに嚥下障害により経管栄養，呼吸筋力低下により人工呼吸器の使用などが必要になる。根本的な治療法はないが，現在遺伝子治療の治験が進められている。

ジストロフィンたんぱく
筋線維と細胞膜などをつないでいるたんぱくで減少すると筋線維が壊れやすくなる。

8）先天性ミオパチー

筋肉の構造や機能に関わるたんぱく質の異常により，新生児期，乳児期から筋力低下，筋緊張低下を認める疾患である。さまざまなタイプがあり，重症度にも大きな差がある。重症例では出生時から呼吸筋力低下があり人工呼吸器を使用しなければ生存できない場合もあるが，歩行の遅れ，走ることが極端に遅いことで気づかれる軽症例もある。知的能力も低下しているものから正常なものまでさまざまである。根本的な治療法はなく，筋力・筋緊張低下により生じる関節拘縮，側弯症の予防のための理学療法や呼吸障害に対しての人工呼吸器

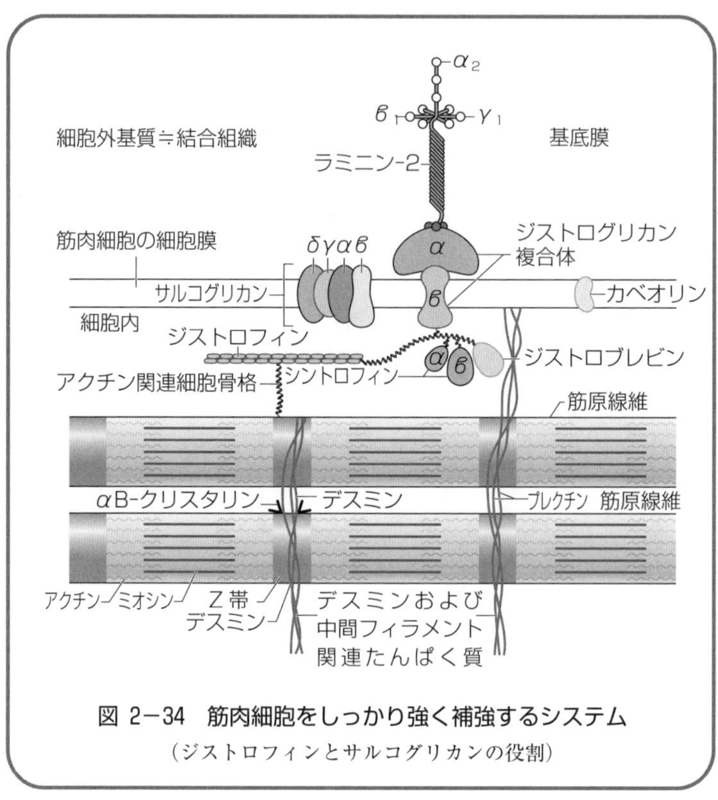

図 2－34　筋肉細胞をしっかり強く補強するシステム
（ジストロフィンとサルコグリカンの役割）

の使用，嚥下困難に対する経管栄養など，その児の状況に応じた対応が必要となる。

(3) 学校生活での注意点

運動器の疾患により運動障害があっても，適度な運動は子どもの発達において重要であるため，保護者や主治医との連携のうえ，可能な範囲で積極的に運動や活動を行うことが大切である。疾患により運動障害の程度が違うが，知的能力もさまざまである。体を全く動かすことができず，発声もできない場合であっても，視覚・聴覚や知的能力は正常である場合もあり，その児に適した教育内容を選択する必要がある。また，疾患により成長とともに運動機能が向上するタイプ，逆に低下するタイプがあり，将来の運動機能（指は動かせるのか，歩行が可能となるのか，それとも寝たきりの状態となるのかなど）を見据えた教育を考えていくことが望まれる。

11　発達障害，児童精神科的疾患

（1）発達障害とは

発達障害を字義通り解釈すると，知的発達の障害や運動発達の障害も含まれる概念であり，実際に以前はその解釈で使用されてきた。一方で，明らかな知的発達の遅れを伴わないながらも，「対人関係や社会性の困難」「多動と衝動性があり注意・集中に困難」「読み書きなど特定の学習に対する困難」という特徴が顕著にみられる人への認知と支援に対する社会的関心が高まっていった。

この流れのうえで2004年12月に「発達障害者支援法」が国会で成立し，2005年4月から施行されるに至り，正式な障害種として明文化された。ここで使用された「発達障害」という語が先に述べた3つの特徴を受け，当時の語用で，「広汎性発達障害」「注意欠陥多動性障害」「学習障害」を指す用語として定義されたため，以後「発達障害」という語がこれらの障害とそれに近似した特性を指す概念として使用されている。なお，文部科学省が2012年に行った調査では，通常学級に所属する児童生徒の約6.5%に発達障害特性がみられると報告されている。

1）自閉症スペクトラム障害（autism spectrum disorder：ASD，自閉スペクトラム症）

1943年に**カナー**（Kanner）が11例の子どもの報告をして以来，自閉症という語が一般的に用いられてきた。そこで典型例とされたのは，対人的コミュニケーションの障害と情動的・限局的行動，興味の限定やこだわり，感覚刺激への特異性などで特徴づけられるグループであった。自閉症研究者であったウイング（Wing）は，カナーと同時期に**アスペルガー**（Asperger）によって，典型的自閉症よりも程度が比較的軽度である子どもたちの報告がされていることに注目し，そのようなグループをアスペルガー症候群と呼んだ。

ウイングが自閉症圏の特徴として重要視した3つの特徴（3つ組）は，「社会性・対人関係の障害」「言語・コミュニケーションの障害」「想像力の障害」であり，知的障害を伴わない子どもにも適応しうる概念として浸透していった。1980年に公表されたアメリカ精神医学会が作成した診断基準**DSM-Ⅲ**では，カナーが報告した典型例を「自閉性障害」とし，その周辺の比較的軽度の自閉症的傾向のある広いグループを包括して「広汎性発達障害」と定義した。

2013年に改定され公表されたDSM-5では広汎性発達障害という包括名称や高機能自閉症の1タイプであるアスペルガー障害という用語はなくなり，「自閉症スペクトラム障害」という用語でまとめられるに至った。この「スペクトラム」という用語は，重度で典型的な自閉症の人から比較的軽症，定型発達者まで，分布は連続的で明確な境界線を引けないということを意味している（図2－35）。なお，DSM-5の日本語版が2014年に出版された際に，障害の「害」

カナー（Kanner）
アメリカの児童精神科医。自閉症児について学術的にまとめた初めての論文を発表した。

アスペルガー（Asperger）
オーストリアの小児科医。カナーの報告よりも比較的軽症なケースを報告したが，原著がドイツ語であったため発表当時は認知が広がらなかった。

DSM
Diagnosis and Statistical Manual of mental disordersの略。

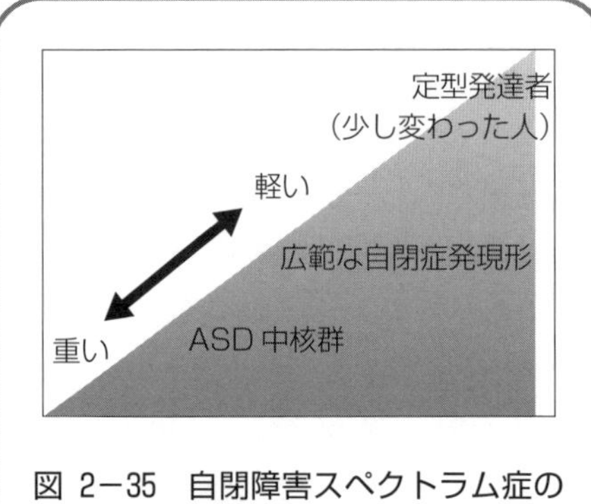

図 2−35　自閉障害スペクトラム症の概念イメージ

出典）高貝　就：DSM-5 対応 神経発達障害のすべて ASD の新たな概念 から，日本評論社，2014 より一部改変。

の字の使用に関する議論から「自閉スペクトラム症」という名称も併記されるようになった。あくまで日本国内の事情によるものであり，英語表記とその略称は autism spectrum disorder（ASD）のままである。

自閉症スペクトラム障害の生物学的原因は単一の遺伝子で説明できるものではなく，多彩な背景が存在することが推測されている。診断基準改訂の影響もあり自閉症スペクトラム障害の正確な有病率や男女比は算出が難しいが，男性の比率が高いことは定説である。実際の診断は，社会性や対人的なコミュニケーションの欠如について，及び行動，興味，活動の限定的で反復的な様式に関して一定以上の具体的特徴を示すことでなされる。またスクリーニングや支援の実際に生かすための**補助的評価ツール**も実際の臨床で利用されている。

自閉症スペクトラム障害の根本的な治療法はいまだに存在しないが，早期からの療育的・教育的介入が重要視されている。**応用行動分析**や **TEACCH** を代表とする構造化教育，ソーシャルスキルトレーニングなどにより生活適応力を育てることに主眼が置かれる。また，行動的な問題が強いケースやてんかんなどの合併症がみられる際には薬物療法が併用されることがある。

補助的評価ツール
PARS，ADI-R，AQ，CARS などが利用されている。保護者などへの調査で評価するものや本人に介入して評価するものがある。

応用行動分析
行動の改善や修正を目的として行動の前後関係などを分析する手法。

TEACCH
アメリカのノースカロライナ州で開始された自閉症児者を生涯支援するプログラム。

2）注意欠如・多動性障害（attention deficit hyperactivity disorder：ADHD，注意欠如・多動症）

行動の抑制が困難な子どもの報告は 20 世紀前半からみられていたが，20 世紀後半には微細脳障害（minimal brain dysfunction：MBD）と呼ばれていた概念の中に現在の ADHD に該当する特徴が多く含まれていた。診断基準 DSM-Ⅳでは多動，衝動性，不注意で特徴づけられる児童期の行動障害として「注意欠陥 / 多動性障害」が記載されている。DSM- Ⅳにおける ADHD の位置づけは「通常，児童青年期に診断される」グループの中の「行動障害」の一型として**反抗挑戦性障害**（ODD），**行為障害**（CD）と並列して記載されていた。2013

反抗挑戦性障害
長期間持続する拒絶的，反抗的，挑戦的な行動・態度。

行為障害
非行や触法行為レベルの行動問題が続く状態。

年に出版されたDSM-5で「神経発達障害」というカテゴリーが初めて導入されるとADHDはそのひとつに正式に分類され，発達障害の一型という位置づけが確立された。

ADHDの診断は，不注意の項目と多動性及び衝動性の項目双方において，6か月以上にわたり一定個数以上の具体的な症状がみられることでなされる。DSM-Ⅳでは症状の確認が少なくとも7歳以前よりみられていることが条件であったが，DSM-5ではそれが12歳以前に引き上げられた。また，17歳以上を診断する際には別の個数条件を設定する，学校だけではなく職場や仕事における困難の記載が増える，そもそも「児童期及び青年期で初めてみられる」というカテゴリーが廃止されたこと自体が，児童期を過ぎてから診断されるケースへの対応を柔軟にしたといえよう。診断自体はDSM-5のマニュアルが用いられるが，支援や介入の際の参考にするために知能テストやADHD用の評価ツールがしばしば利用されている。

ADHDの生物学的原因についてはASD同様，単一の遺伝子異常では説明が困難である。主たる病態としては「行動の抑制系・**実行機能**の障害」や「**報酬系**の障害」があると推測されており，中枢神経におけるドーパミン神経系の関連が注目されている。これらのシステムの関与はADHD治療薬の作用部位とも関係が深いとされる。

実行機能
遂行機能ともいう。目的のある一連の行動を成し遂げるのに必要な機能。

報酬系
快適な刺激を受けたときに働く脳のシステム。ドーパミンが関与する。ADHD，依存症，うつ病などがこのシステムの機能異常を伴うという説がある。

ADHDの根本治療は存在しないが，行動改善を図るための薬物療法の有効性が認められている。現在わが国で使用されている治療薬は以下の4種類である。

① **コンサータ®**：わが国で最初にADHDへの適応が承認された治療薬である。当初6歳以上の小児に適応承認され，後に18歳以上に適応が拡大された。1日1回朝に内服し，夕方ころに効果が切れることが特徴である。食欲低下などの副作用が問題になることがあり，所定の研修を受けた医師，医療機関，薬剤師のみ取り扱うことができる。

② **ストラテラ®**：コンサータ®に続いて承認を受けた治療薬で，2009年に発売された。当初は小児に対する適応のみであったが後に18歳以上に適応拡大されたのはコンサータ®と同様である。1日2回，朝夕内服を基本としており，1日を通した効果が期待されている。コンサータ®のような取り扱いに関する規制は設けられていない。

③ **インチュニブ®**：わが国で3番目に承認された治療薬で，2017年に発売された。当初は小児に対する適応のみであったが，後に18歳以上に適応拡大された。1日1回内服であり作用は一日中持続する。眠気の副作用があるため注意を要する。

④ **ビバンセ®**：2019年12月に発売された，日本国内では最も新しい薬剤である。原則6歳以上の小児への適応であるが，条件を満たした18歳以上の患者にも投与可能である。コンサータ®同様，所定の研修を受けた医

師，医療機関，薬剤師のみ取り扱うことができる。

診療ガイドライン
科学的根拠に基づいて診療方法などに対する推奨を示した文章。従う義務がある規範ではないが，作成された疾患の診療には広く参考にされている。

ADHD の**診療ガイドライン**では治療薬の使用順序に関して特に細かな規定は定められていないが，1 剤を初期治療量から開始し，必要があれば増量する，またそれでも効果が不十分である場合に別の薬剤への変更へと進むことが推奨されている。またコントロールが難しい例によっては複数の薬剤による治療も行われるが，副作用には十分な注意が求められている。

薬物治療は根本治療ではなく，非薬物的な行動療法やソーシャルスキルの訓練，学習支援など教育・療育的介入や環境調整が重要である。適切な支援がなされない場合に反抗挑戦症や素行症のような行動障害の悪化などの二次障害へ進展するリスクが高まるという報告がある。本人の自尊感情，自己効力感を育てるような周囲の支援が肝要である。

3）学習障害（learning disability：LD，限局性学習症）

知的発達や視覚・聴覚の障害がなく，環境にも特別な問題がないにもかかわらず，読み書きや計算といった特定の学習・脳機能領域の困難が顕著である状態が学習障害である。そのような特徴から脳の一部の領域もしくはシステムの異常が推測されており，DSM-5 では限局性学習症と記載されている。

DSM-5 では他の発達障害同様に 6 か月以上にわたり学習や学業に関する困難が持続することにより診断するとしている。その項目は読字に関する困難，書字に関する困難，数字や数学に関する困難が主体である。学習障害はその性質上，教育的対応がきわめて重要であるため，文部科学省が教育的な定義を定めており，「読む」「書く」「計算する（算数）」だけでなく，「聞く」「話す」「推論する」という能力の困難さも含めている。こういった子どもの特性に応じて「個別のニーズに対応した学び」が推奨されている。

WISC-Ⅳ
ウェクスラー（Wechsler）が開発した子どもを対象とした知能検査の第 4 版。知能指数（IQ）やさまざまな知能領域の評価数値が算出される。

診断に関しては学習上の困難さの主訴に加えた参考情報を得るために **WISC-Ⅳ**のような知能検査が利用されている。実際に医学的診断を求めて医療機関を受診するとはかぎらず，学校で認識され個別の教育的支援につながることが必要不可欠である。以下に代表的な病態（困難）をあげる。

① **読字障害（ディスレクシア）**：本来的な意味は読字の障害を指しているが，読字の障害がある場合のほとんどに書字の障害も合併するため，両者を合わせた概念として用いられることもある。特に発達障害としての読字障害を「発達性ディスレクシア」と呼ぶことがある。音韻の認識や処理に関する障害が推測されており，一般的な知能検査に加えて読みや書きに関する評価を加えて判断・介入することが一般的である。

② **算数障害**：DSM-5 では数の概念，数値やそれを用いた計算，数学的な推論能力などの特異的な困難さを指すとされている。知能一般に低下がみられないにもかかわらずそれらの特徴を顕著に示す場合に判断される。本人の特性に応じた合理的配慮の提供により，学びや生活を支援することが

求められる。

(2) 発達障害以外の児童精神科的疾患

① **摂食障害**：従来的な拒食症と過食症を合わせた概念であるが，実際には一人で両方の病態を経験することも多い。体型や体重に関する認識の異常が推測されており，思春期の女性の発症が多いとされている。

② **チック症**：目的のないまばたき，顔しかめ，首振りなどの運動が不随意に素早く不規則に繰り返される運動チックと，意図しない音やことばが突然繰り返し発せられる音声チックがあり，1年以上にわたり運動チックと音声チックの両方がみられる場合はトゥレット症候群と診断される。

③ **夜尿症（やにょう）**：5歳以上で週2回以上の夜尿が3か月以上持続する場合に夜尿症と呼ばれる。心身や情緒との関連がしばしば話題にされるが，実際は夜間尿量に関するホルモン異常や泌尿器科的な異常の有無を否定することが肝要である。

④ **睡眠関連障害**：不眠症や睡眠不足，睡眠リズムの異常，睡眠時に随伴する行動・運動の異常，睡眠時無呼吸などがある。子どもの健やかな睡眠生活の確保は学習などの日中活動に与える影響がきわめて大きい。

演習課題

1. 典型的な医療の流れではない流れの医療とはどのような状況があるか想像してみよう。
2. 過去に医療機関を利用したときに行った作業，検査，接したスタッフなどで該当した事項があったかどうか振り返ってみよう。
3. 専門的業務に専門職が設定されているメリットとデメリットを説明してみよう。
4. 子どもが学校で気管支喘息発作を起こしたときを想定して，事前にどのような準備が必要か説明してみよう。
5. 食物アレルギーのある子どもが学校生活のどのような場面で注意が必要か想像してみよう。
6. エピペン®の使用法を練習しておくべき学校教職員の立場の例をあげてみよう。
7. 子どものがんは成人とどのような違いがあるか考えてみよう。
8. 長期間によって学習にどのような影響が表れる可能性があるか想像してみよう。
9. 副作用が強い治療が続くことによる子どもの学習や心理面への影響について例をあげてみよう。
10. ネフローゼ症候群の子どもが学校生活を送る際に気をつけることは何か想像してみよう。
11. 人工透析治療中の子どもを受け入れる際に学校としてチェックすべきことをあげてみよう。
12. 免疫不全状態の子どもに影響を与える可能性がある学校の活動をあげてみよう。
13. 自閉症スペクトラム障害の子どもが学校で経験する可能性がある困難について，活動場面ごとに想像してみよう。
14. 注意欠如・多動症の子どもが薬物療法をする際にどのような立場の人が評価に協力すべきか説明してみよう。

15. 書字に関する限局的（特異的）な困難さがある子どもが合理的配慮として要請する可能性がある支援ツールにはどのようなものがあるか考えてみよう。

引用文献

1）美田誠二：得意になる解剖生理，照林社，2015.
2）佐知　勉：ナースの小児科学，中外医学社，2015.
3）松岡瑠美子・森　克彦・安藤正彦：先天性心血管疾患の疫学調査，日本小児循環器学会雑誌，**19**（6），pp. 606-621，2003.
4）学校心臓健診の実際．日本学校保健会，2013.

参考文献

1・病気の子どもの理解のために－心臓病－（平成 22 年度刊行）．全国特別支援学校病弱教育校長会，2010.
2・坂井建雄・河原克雅：人体の正常構造と機能 1 呼吸器，日本医事新報社，2012.
・浅野みどり・坂本龍雄：第 5 章 免疫疾患・アレルギー疾患・リウマチ性疾患と看護，小児臨床看護各論 小児看護学②，医学書院，2015.
・今井孝成：食物アレルギー，小児科診療ガイドライン―最新の診療指針第 3 版（五十嵐　隆編），総合医学社，2016.
・MylanEPD：EPIPEN® エピペンサイト 教職員・保育士・救急救命士のためのページ https://www.epipen.jp/teacher/index.html（最終閲覧：2021 年 6 月 30 日）
3・美田誠二：得意になる解剖生理，照林社，2015.
・佐知　勉：ナースの小児科学，中外医学社，2015.
・日本小児心身医学会：小児心身医学会ガイドライン集，南江堂，2015.
・日本小児外科学会：小児外科で治療する病気　http://www.jsps.or.jp/disease-to-treat（最終閲覧：2021 年 6 月 30 日）
4・佐藤達夫：からだの地図帳 資料編 血液，講談社，2013.
・鴨下重彦・柳澤正義：こどもの病気の地図帳 小児がん，講談社，2002.
5・美田誠二：得意になる解剖生理，照林社，2015.
・佐知　勉：ナースの小児科学，中外医学社，2015.
・日本内分泌学会：内分泌の病気 http:/www.j-endo.jp/modules/patient/index.php?content_id=4（最終閲覧：2021 年 6 月 30 日）
・先天性代謝異常症のこどもを守る会：先天性代謝異常症とは http://hidamari-tanpopo.main.jp/inborn-error-of-metabolism.html（最終閲覧:2021 年 6 月 30 日）
6・佐藤達夫：からだの地図帳 腎臓，講談社，2013.
・日本腎臓学会・他：腎不全 治療選択とその実際（2017 年版），2017. https://jsn.or.jp/jsn_new/iryou/kaiin/free/primers/pdf/2017jinfuzen.pdf（最終閲覧：2021 年 6 月 30 日）
8・美田誠二：得意になる解剖生理，照林社，2015.
・佐知　勉：ナースの小児科学，中外医学社，2015.
9・美田誠二：得意になる解剖生理，照林社，2015.
・佐知　勉：ナースの小児科学，中外医学社，2015.
・日本筋ジストロフィー協会 http://www.jmda.or.jp/（最終閲覧:2021 年 6 月 30 日）
10・日本精神神経学会：DSM-5 精神疾患の分類と診断の手引き，医学書院，2014.
・高貝　就：DSM-5 対応 神経発達障害のすべて ASD の新たな概念から，日本評論社，2014.

2　心理学的基礎知識

1　子ども自らの病気・障害の受けとめ

子ども，特に年少の子どもにとって「病気」は「症状」そのものである。さらに年少の子どもにとっては，「症状」のひとつである「**活性の低下**」が，すなわち「病気」である。例えば，どのような子どもでもかかるであろう「かぜ」の場合，病名を告げ，「お熱がある」といっても，体の活性に影響がないかぎり，子どもは遊び続けるであろう。いよいよ床につくのは，頭痛，吐き気，疲労など，直接的な症状が子どもを襲ったときである。

活性の低下
元気がなくなること。年少の子どもは多少の熱や痛みがあっても，興味が尽きないかぎり遊び続ける。

ところで筆者は，35年近く大学で「病弱児」に関わる授業をしているが，この35年間で大きく変化したことがある。それは受講生にとっての最初の「病気」の記憶が徐々に年長になっていくことである。つまり「あなたの最初の病気の記憶は？」と受講生に聞いた場合，30年くらい前は幼稚園，あるいはそれ以前からの記憶を持っている者がほとんどであったのに対し，最近では小学校以降の記憶が最初であるという例が圧倒的に多い。これは受講生の記憶力の問題ではない。小児に対する治療の変化がもたらしたものである。筆者と同じ50～60歳代の読者ならわかると思うが，小さいころの病気はすなわち注射であった。かぜをひき，大泣きしながら小児科に行き，小さい子どもの目からはひどく太く見える注射を打ち，帰りがけにお菓子や玩具を買ってもらった……という経験を持っている方も多いであろう。ただ，1970年代に入り**大腿四頭筋拘縮症**（だいたいしとうきん）が多発し，それが小児への筋肉，皮下注射を原因とするものが多いことがわかるにつれ，かぜなどの病気の場合，小児への注射や侵襲的な治療は少なくなり，ほとんどが薬物療法に移行していった。これにより，軽微な病気に「注射の痛み」という記憶が随伴することがなくなり，一般的なライフイベントの記憶と同様になっていったと思われる。

大腿四頭筋拘縮症
大腿四頭筋短縮症ともいわれる。かぜなどで通院している子どもに，必要のない抗生物質やビタミン剤などを注射することを頻繁に繰り返すことにより，下肢の筋肉の短縮が生じ歩行に障害が出るもの。1973年に山梨で多発し，社会問題となった。

「痛み」は最も原初的な内部感覚のひとつであろう。年少小児にとっては病気であれ外傷であれ，身体の変調を訴えるために最初に使われることばである。

図2－36は小畑（2013）による，「症状」に関わるボキャブラリーの発達の様相である。図を簡易化するために「頭が痛い」「おつむが痛い」などは「頭痛」に，「おなか痛い」「ぽんぽん痛い」などは「腹痛」に集約してある。

これを見てもわかるように，**痛覚**は3歳児でもほぼ100％が獲得しており，3～4歳児にかけて，切り傷のような表層的な痛覚から，腹痛といった身体内部の痛覚の表現ができるように発達している。

痛　覚
痛みの理解と除去は病児のQOL（生活の質）を保つためにも大切なものであるが，そのメカニズムはまだ完全に解明されていない。記憶など，心理的要素が絡む痛みも多い。

ただし疾病は，それが深刻なものであるほど症状は微少であり，なおかつ，深部感覚として現れるものが多い傾向にある。図２−36 で設定した，「疲れ」や「めまい」などは，小学校入学期においても完全とはいえない。周囲の大人の観察や，何らかの異変に気づいたときは誘導（例：「どうしたの？」→「なんかちょっと変なの」）が必要になってこよう。

さらには，病気は人を選ばない。図２−37 は，小畑（2019）による定型発達児（4 〜 6 歳）と知的障害のない ASD 児（4 〜 12 歳）の症状の訴えを出現頻度をもとに**ワードマッピング**し，比較したものであるが，ASD 児が体調の異変を「痛い」と「言う」ことで表現しているのに対し，定型発達児の場合は，具体的な部位，様子，対処を多彩なことばで表現している。この調査対象となった ASD 児には知的障害はないが，知的障害のある子どもの場合，成人しても体調や症状を的確に表現することができず，問診などでは十分な情報を得ることができない場合も多い。以降の節では基本的に疾病以外には知的障害など，ほかの障害はない子どもについて述べてゆくが，障害の有無のみならず，子どもの多様性にも配慮をする必要があろう。

ワードマッピング
ことばの出現頻度をもとにマッピングしたもの。輪郭が大きく，さまざまなことばが出るほど表現が多彩であることを示す。

さて，以上は身体的な疾患であったが，精神的な疾患の場合はどうであろうか。これについて，小児を対象とした研究は見当たらない。それも当然であり，成人になっても，例えば**社会不安障害**（social anxiety disorder：SAD）の場合「人前で話ができない」「吐き気がする」「立っていられない」「会食ができない」などの症状に対して，最初に自ら精神的疾患を疑う人はきわめて少ないであろう。多くは，性格などの心理的傾向や，消化器系の疾患を疑うのが常である。うつ病や適応障害にしても「なにかやる気が出ない」「人と会うのが面倒くさい」といった症状をうつの前駆症状，あるいは症状とすぐにとらえる人は少ないであろう。ドリンク剤やビタミン剤，睡眠導入剤などが大量消費され

社会不安障害
対人場面で生じる。異常な不安ないしは恐怖を感じ，嘔吐，振戦（震え），過呼吸などの身体症状を伴うことがある。

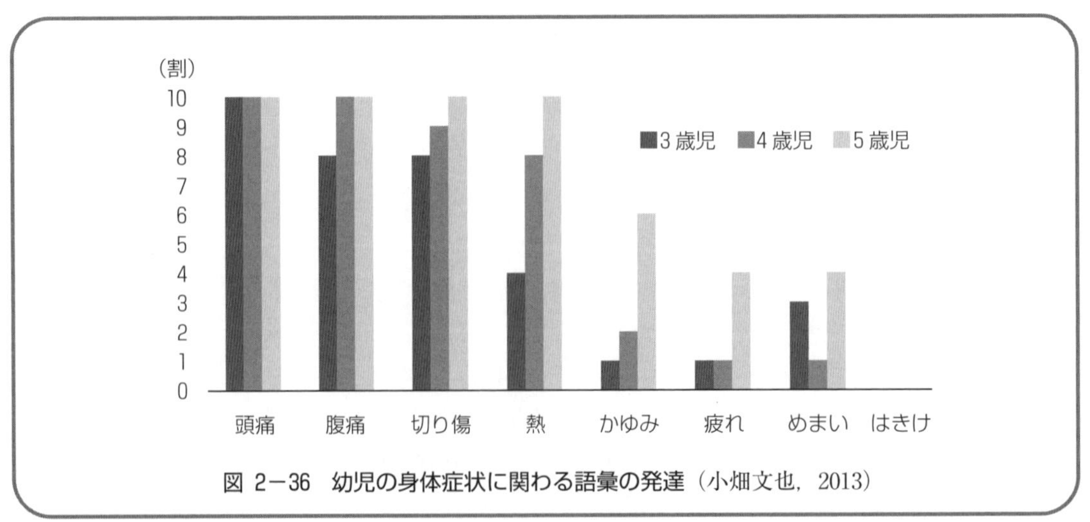

図 2−36　幼児の身体症状に関わる語彙の発達（小畑文也，2013）

定型発達児　　　　ASD 児

図 2－37　定型発達児と ASD 児の症状表現の違い（小畑文也，2019）

ている現状がこれを物語っている。まして，小児の場合，身体症状や精神症状を精神疾患と結びつけることは皆無であろう。SAD やうつ，適応障害などは，小児においても罹患する可能性がある疾患である。当然のことながら，彼らはこれらによって生じた自己の変化を正しく成人に伝えることはできない。説明のできない苛立ちや不安を，多動や暴力，時には不登校という「行動」によって表現することが多いように思われる。

2　子どもが病気になったとき（病気・障害の理解と受けとめ）

何か突発的なこと，特に悪いことが起きたときに私たちは必ず考える。「どうしてこんなことになってしまったのだろうか？」と。ことの原因が不明な場合，私たちは不安になり，時にはパニックに陥ることもある。こうした状況を避けるために，そのロジックに多少の無理があっても，何らかの原因を設定し，心理的にある程度の安定を得る。

子どもも大人と同じように，自身の体調の不良や，痛みを感じたときに不安の低減や解消のために，その原因を特定しようとする。ただし，子ども，特に年少の子どもの場合，論理的思考は不可能である。したがって，大人とは異なる形での理由づけ，原因探しを行う。図 2－38 は，筆者による病因理解の発達の様相である。次の節ではこの段階を中心として，乳幼児期から学童期の病気のとらえ方の特徴を述べてみたい。

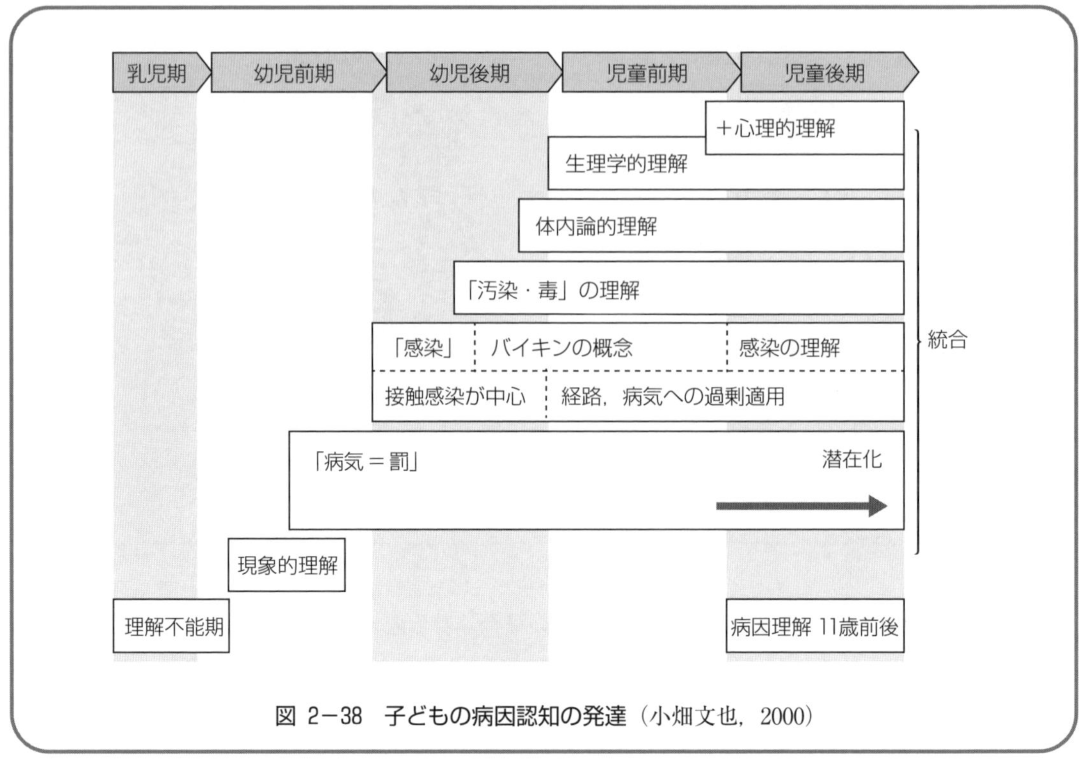

図 2－38　子どもの病因認知の発達（小畑文也，2000）

3　病気の子どもの乳幼児・学童期の心理的特徴

生後１年の乳児期では，情緒も未発達であり「病気（症状）」は全く理解のできない事象である。原初期において，それは「興奮」をもたらし，情緒の分化に伴い「不快」へと変化していく。これらは啼泣（ていきゅう）（泣くこと）という形で周囲の大人に異変を知らせるシグナルとなる。

幼児期になり，ある程度の言語理解が可能になり，ある事物の具体的操作が可能になると，自分にもたらされた症状の原因は，自己以外の形のあるものに向く。この最初の段階が「現象的理解（フェノメニズム）」である。現象的理解は，不快な症状を自覚した場合，時間的・距離的に近く，その子どもの記憶に残った事象を原因とみなすもので，例えば，症状が出る前にテレビを見ていたら，「テレビ（あるいは，見ていたキャラクター）が病気にした」になるし，庭の木の下をくぐって帰ったことが印象に残っていたら，「あの木が病気にした」になる（ただしこの場合も病気＝症状である）。

しかし実際のところ，現象的理解では一時的に納得はできても，結局は説明の困難な症状がほとんどである。

幼児期も中・後期になってその思考の特色である「**自己中心性**」が薄まると，その原因を自らの「行為」に帰するようになる。最も初期の段階では，論理的

自己中心性
ピアジェ（Piaget）のいう自己中心思考を指す。乳幼児期に特徴的な思考様式で，自分と他人，主観的事実と客観的事実が区別できず同一視してしまうこと。エゴイズムとは異なる。

な因果関係ではなく，「病気（症状）」を自分の行ったことへの「罰」としてとらえるようになる。つまり，「悪いことをすれば病気になる」「親のいうことをきかないと病気になる」「嘘をつくと病気になる」などである。慢性疾患児の場合，一般に自己評価が低くなり，自己概念も含めて定型発達児と比較すると，異質な発達をすることが指摘されている。この点について幼児を対象とした研究はみられないが，状況によってはよりストレートな自己否定が生じることも考えられる。看護や保育の場では慎重な対応が求められよう。

さて，この「症気」＝罰という**シェーマ**では，例えば，熱があるのに親のいうことをきかずに遊び回った結果，自覚できる不快な症状にみまわれたなどの，ごく一部の因果関係は説明できるものの，子どもを取り巻くおおよその事象の説明としては不十分であることは明らかである。いじめっ子は自分よりむしろ元気であるし，嘘をついても自分の状況は変化しない。子どもの中では徐々に説明力を失っていくが，注意すべきは，先の現象的理解も含め，「病気」＝「罰」という概念は，潜在化しつつも，私たちの心に残存するということである。新型コロナウイルス感染症流行時に話題になった感染者への行きすぎたバッシングは，後述する「感染」の過剰適用とも相まって，私たちの中にある，原初的・潜在的な病因認知の現れともいってよいであろう。

シェーマ
認識の枠組み。外界に働きかけ，シェーマへの同化・調節により認識を高めていく。

3～4歳ころになると，子どもは，単なる追いかけっこから，鬼ごっこのようなルールを伴う遊びをするようになる。鬼ごっこは，自分についた「穢れ」を他人にうつすことで，自分は穢れから逃れることができるというのが一般的なルールであるが，このルールを理解できる子どもは，「感染」の概念を理解するようになっている。この概念により，予防や保健についても理解することになるため，有用な概念ではあるが，病気の子どもにとっては諸刃の刃でもある。「感染」の概念を獲得したといっても，初期の段階ではきわめて未成熟なものである。例えば「すべての病気はうつる」「見るとうつる，話すとうつる」など，過剰適用と過剰解釈が普通である。こうした傾向は病気の子どもの周囲の友人などからの言動を通して，病気の子どもに大きな心理的ダメージを与え，さらには，その後の対人関係の構築の問題や，行動問題に結びつくことも往々にしてみられる。感染の初期には，ウイルスや細菌が病気を介在する「バイキン」として登場することがあり，それらは悪魔のような姿に擬人化されることが多い。これは，病気が治癒し，仲間集団に復帰するときに大きな障壁となる。大人からの説明はあっても，病気の子どもは，たとえ治癒していたとしても周囲の子どもにとっては脅威であり近寄りがたく，時には排除すべき存在ともなる。病気が季節性感冒のように一般的で多くの子どもも経験しているものなら，この傾向はほとんどないが，有病率が低く，なおかつ可視性の高い（例えば皮膚疾患）病気の場合，この傾向は顕著に現れる。病気の子どもは仲間から排斥されることが多くなり，対人関係に大きな問題を抱えながら成長することになる。

ただし「感染」の概念も加齢とともに徐々に正確になっていく。「すべての病気は感染するものではないこと」「見ただけでは感染しないこと」という原初的なものから「感染する病気としない病気があること」「感染する病気もさまざまな感染の特色，感染経路があること」など，さらに複雑な感染のメカニズムを理解することが可能になる。こうした発達段階を無視して病気の子どもの復学支援を進めることはできない。

その他，汚いものや毒物を体内に入れると「病気」になる，という「汚染」（コンタミネーション）などの知識を獲得しながら，11歳前後になると，大人と近い知識を身につけることが可能になる。このころには，病気に関わる大人の説明も，子どもなりには理解できるようになる。つまりは**ヘルスリテラシー**の一応の完成である。また，ほぼ同時期に，「病気」には体の病気と心の病気があることに気がつくようになり，「健康」が，心と体の安定のうえに形成されていることを知るようになる。

ヘルスリテラシー
健康に関わる情報を正しく理解することを指す。

病気の子どもの場合は，こうしたネガティブな意味を持つ「病気」を内包しているため，その心理はさらに複雑になる。自分の「病気」に関する知識は，医療者や保護者から，わかりやすく説明されていることが多いので，一般の子どもに比べると，より正確であることが多いが，自分の病気を中心とした周囲の変化には敏感になることも多い。基本的に病気や障害は，家族などの周囲を巻き込む。自分のために仕事を辞めた母親，仕事の帰りが早くなった父親に対しての罪悪感。また，**きょうだい**には，健康体であることや家族と一緒に過ごせることに対して，羨望（せんぼう）やひがみが中心になりながらも，彼らがさまざまな制限の中にいることに思い至る子どもは，一口ではいえない複雑な感情を持つ。つまり，子どもの病気は，それが重篤な場合は家族システムの障害をもたらすといってよい。したがって，家族の変化や心理的な安定についても，注意を払う必要がある。

きょうだい
病気や障害のある子どもの兄弟姉妹を「きょうだい」と呼ぶ。

4　病気の子どもの思春期・青年期の心理的特徴

さて，11歳前後に子どもは病気などに対して正しい理解を持ち始めるとしたが，これはまた新たな問題を生み出す。つまり，子ども自身が自分の病気を正確に知ることになる。手がかりは，子どもの回りにたくさんある。点滴や普段飲んでいる薬の形状・色から，名称，記号番号，実際に出ている症状など，インターネットの検索欄に書き込めば，病名のみならず，病状の進行，場合によっては致死率まで，即座に情報を入手できる。脅威に関する「情報収集」は私たちにとっても有効な**対処方略（コーピング）**であるため，必ずといってよいほど行われるものである。筆者が過去に対応した高校生は，自分の病気の致

対処方略（コーピング）
不安や脅威に直面したとき，人がとるすべての心理的・行動的反応。

死率まで，自作の公式で導き出していた。これが本人にとって安心できる情報ならよいが，さらに不安を増す情報に当たることも少なくはない。こういった情報収集を制限することは，さらに不安を高めることにもなるため，周囲の大人も同じように情報収集しながら，病気の子どもが注目しやすい，ネガティブな情報に接したときのケアを，医療者とも連携しながら考えておく必要がある。

また，この時期は他者との比較，異性の存在などが大きな意味を持つ。病気の子どもは，誤解をおそれずにいうとすれば，健康状態にハンディを持った健常児であるため，一般の子どもと同じように，「なりたい自分」「将来の自分」に思いをはせることが多くなる。ただし，この「なりたい自分」「将来の自分」と「現実の自分」の間には，大きな隔たりがある。この「理想自己」と「現実自己」の隔たりは不適応を生み出す。さらに，「なりたい自分」「将来の自分」すなわち「理想自己」も不安定なものになりがちであり，進路の選択などで迷い，失敗するケースも少なくない。また，精神疾患などでは，「現実自己」と「理想自己」の混同や，「現実自己」の維持で精いっぱいで，先のことが考えられない場合もありうる。これらは不登校や引きこもりにつながっていく可能性が高い。

ここで思春期好発の精神疾患に話の中心を置く。病弱特別支援学校への在籍が多いものとして，摂食障害がある。さまざまなタイプがあり，過食・拒食を交互に繰り返す，もしくは拒食のみの「神経性やせ症（神経性食欲不振症）」や，過食のみの「神経性大食症（拒食症）」などがある。この疾患がテレビなどの画像を伴うマスメディアの発達で生まれたことは有名で，「なりたい（モデルみたいに美しい）自分」に「現実の（モデルのように美しくはない）自分」を近づけるための葛藤から発症するように思われるが，現実はそう単純なものではない。親子関係の不全，友人関係の不全も原因になりうる。また，最近はこれらの顕著な理由がなく，症状が出てくる場合も多い。筆者はかつて女性のアルコール依存症患者の心理特性を調査・研究したことがあるが，彼女らのほとんどに摂食障害の既往歴があった。アルコールにかぎらず多くの依存症の原因仮説となっているのが，カンツィアン（Khantzian，1985）の「自己治療仮説」である。これは，依存症者が苦痛（生きにくさ）を避けるため，自分で自分の落ち込んだ気分を直そうとするものであり，快楽のためではなく苦痛を避けるための行為が病的に日常化したとするものであるが，思春期好発の精神疾患の根本的な原因のひとつであるとも考えている。摂食障害の患者が将来必ず何らかの依存症になるというわけではないが，現に発症している場合，依存症と同じく，日常生活のうえで何らかの「生きにくさ」を感じていると思われる。また，その「生きにくさ」の根幹に発達障害が隠れていることもある。私たちが思春期にある子どもの心の問題に対応するときは，表出している問題だけではなく，その根本にある「生きにくさ」にも注意を払っていかねばならない。

そして従来，依存症は病弱児教育の範疇（はんちゅう）に入ることは少なかったが，虐待の次の問題として，近年，対象者として依存症そのもの，つまりは「サイバー依存（ネット依存）」や「ゲーム障害」が急増しつつあることにも目を向けておく必要がある。これはアフターコロナの問題，文部科学省の推進する GIGA スクール構想とも関与して大きな問題となる可能性を秘めている。

5　病気にかかったAYA世代の心理的特徴

AYA 世代
p. 29，161 参照。

一般に **AYA（アヤ）世代**とは，adolescent and young adult（思春期・若年成人）を指していう。思春期は前節と重なるので，ここでは若年成人を中心として述べる。

この世代の問題は小児がん患者，あるいは小児がん経験者に関連して語られることが多い。これは，小児がん患者，あるいは小児がん経験者に関わって病気の子どもの問題が浮き彫りになることが多いためである。

まずは，すでに義務教育ではなくなっている高校・大学が，長期入院や頻回の入退院を繰り返すことによって継続困難→休学・退学を余儀なくされることがあげられる。つまり社会における「居場所」の喪失と孤絶感である。病弱特別支援学校にも高等部は設置されているが，絶対数が少ないうえに，そのほとんどは精神疾患を対象としたものであり，学習の機会が担保されないばかりか，心の問題に対応する教員の支援もなくなる。人はおおよそすべてが，何らかの社会的組織に所属しているが，その中で，その所属・役割，「居場所」のなさは大きな不安となる。

また，この時期になると，自分の置かれた状況を相当正確に把握できるようになる。将来や自分の身体に対して，思春期ごろまでは，漠然とした不安であったのに対し，現実的な不安となり，さらに，就労や進学など，時が進むと差し迫った問題ともなる。また，それまではある程度は人に任せていた，日常生活の維持や病気のセルフケア，進路決定などに関して，すべてではないにせよ，自分が主体となって取り組む必要が出てくる。関わる対象も，年少時には年の近い子どもが中心であったものが，「社会」という漠然とした大きなものになっていく。特に病気で長期療養を続けていた子どもや，保護者の過保護・過干渉下で育った場合，「社会」はきわめて複雑で，大きなものになる。この時点で，健常な子どもとの社会性の違いが明確になることが多い。また，思春期のときに意識した他者との比較が，成長期に伴う体格の違い，学力の違いなどにより明確になる。当然のことであるが，これらは，病気の子どもに劣等感，それに伴う消極性をもたらすことになる。これらの問題が目に見えるものとして顕現化したときには，すでに改善がむずかしい問題になっており，また，学校などと離れることで，それらに対しての支援のリソースも少なくなっていく。また，すべてではないが，小児がんの場合，これらの問題に加え再発の不安や妊孕能（にんようのう）（自分で子どもをつくる能力）の問題が加わり，将来への展望を難しいものとし，さらなる不安をもたらしている。この時期，身体的な疾患の場合は適応障害や社会不安障害（SAD）などの精神疾患を併発しないように注意する必要がある。

また，精神的な疾患の場合，**統合失調症**，**双極（そうきょく）性障害**の発症時期になってくる。これらはより早期の発見と治療によって，患者と社会との距離を一定程度に保つことも不可能ではない。病気が軽度で，不安や，意欲減退，恐怖などがない場合，病識が欠如していることも多い。これについては，家族の気づきといまだに残る精神疾患へのスティグマ（汚辱，偏見）を克服することが肝要になる。

統合失調症
幻覚や妄想といった精神症状が長期間続く疾患。

双極性障害
以前は躁うつ病といわれていた。うつ期と，感情（喜怒哀楽）のコントロールがきかない躁期を繰り返す。

身体的な病気の部分で，「社会」とのつながりの難しさと重要性について述べたが，この「社会」の重さや厳しさに対する過剰な認知によって精神的疾患を引き起こすことがあり，大学などでは近年これによる休学・退学が増加している。精神疾患の場合，人間関係が友人関係中心から多様な人々によって構成された社会関係へ移行するときに，以前より「生きにくさ」を持っていた者が，適応障害，SAD，**回避性人格障害**などになることが多い。進学，就職から，教育実習，看護実習，介護実習等においても，これらの学生が認知する脅威と受けるストレスは，きわめて大きいことに留意しなければならない。

回避性人格障害
人との関わりを病的に回避する。不登校，引きこもりの根底にあることも多い。

演習課題

1. 子どもの病因認知と行動との関係について考えてみよう。
2. 病気の子どもの復学の障害になることを子どもの発達と合わせて考えてみよう。
3. 自己治療仮説に基づいて，思春期以降の子どもがかかりやすい精神疾患について考えてみよう。
4. 現に AYA 世代にある者が過去に大きな病気をした場合，どのような困難があるか，考えてみよう。

３ 医学的・心理学的介入

1 治療・介入総論と関連職種

(1) 治療・介入の位置づけ

医療機関による医療
基礎的事項は p. 36 参照。

医療機関による医療の実際の流れは，予診・問診→診察→診断→治療という順に進んでいくことが一般的であり，必要ならばそれぞれの段階に必要な情報を得るために医学的な検査が行われる。原則的に確定診断には至っていない「仮の診断」だとしても，診断に基づいた治療・介入が行われることが重要である。ただし，生命が脅かされた緊急状態の救急対応など，必ずしも診断を先にせず，救命を最優先させた対応が必要になることもある。また，治療や介入には，特別な対応をしない経過観察，薬物を用いた治療，処置や手術を施す治療，精神医学・臨床心理学的治療・介入，放射線治療などさまざまな方法が病態に応じて用いられている。この項では代表的な治療・介入や評価（検査）に関係する職種や方法について概説する。

(2) 治療・介入や検査に関連する医療職種

現在，治療・介入や検査などにおいて，複数の職種が連携・協働してあたる「チーム医療」という考え方が必須であり，ここでは医療に関連する職種について説明する。なお，「職種」には含めていないが，「患者（やその家族）も重要なチームの一員」であることはいうまでもない。

1) 医　師

業務独占
ある業務については一定の資格を有している者しか携わることができないこと。

医師法に規定されている国家資格であり医療上の主要な職種である。医師法には「医師でなければ医業（医行為）をしてはならない」という**業務独占**の規定がある。しかし，厳密な医行為や医業の定義は難しく，各医療段階に応じて他職種と協働しているのが実態である。

医師は診察・診断の主体的判断者であり，検査や治療・介入の方針決定や実際の実施主体となることも多い。患者というサービス利用者のニーズに対応するのが医療の目的であり，患者に対して必要十分な説明と同意（インフォームド・コンセント）を得たうえで方針を決定しなければならない。なお狭義の診療行為以外にも診断書の作成や保健・公衆衛生上の役割などを担っている。多くの医師が担当もしくは専門領域を持っており診療科や診療形態の違いに反映された分業体制に結びついている。

学校との関わりでは学校医という役職がある。学校保健安全法に定められている学校医の役割は学校の保健安全衛生に関する参画や健康診断の実施，感染症対策，児童生徒の健康相談などである。定期健康診断にかぎらない学校との連携が期待されている。

2）歯科医師

歯科医師も医師と同様の医療の主体となる国家資格である。歯科医師の担当領域はう歯（虫歯）や歯周病の診療，歯の矯正，歯科検診など「まちの歯医者さん」のイメージが一般的であろう。総合病院の診療科には「歯科・口腔外科」が開設されていることがあり，口腔や舌にできるがんなどもその診療対象である。さらに嚥下・咀嚼機能や口腔衛生に関する指導もその担当領域であり，全身疾患との関連も少なくない。他の診療科や職種と十分な連携を図ることが不可欠である。

学校医同様，学校保健安全法では学校歯科医を置くことが定められている。その役割は学校における歯科健康診断や歯科保健指導・教育である。保健・医療分野と教育分野が地域連携する際の重要な架け橋となる歯科医が積極的に関与する役職である。

3）薬剤師

薬剤師は薬剤師法によって規定されている国家資格であり，調剤や医薬品の供給その他薬事衛生をつかさどることにより公衆衛生の向上・増進に寄与し，国民の健康生活を確保することを使命としている。一般的には医師の処方箋（しょほうせん）に基づいた薬剤の調整である「調剤業務」が薬剤師の業務としてよく知られているが，実際の業務は多岐にわたる。

病院内では入院患者を中心とした注射薬の調整や使用に関して，病棟スタッフと協働して実施している。また患者自身に対して，投薬や医薬品管理に関する助言指導などを行うことも重要な役割となっており，その高い専門性が必要な業務から，薬剤師になるためには6年制の薬学部を卒業する必要がある。

医療機関内の業務だけでなく，医薬品開発や研究・情報提供，厚生労働省や地方自治体の保健行政など幅広い領域で活躍している。ちなみに，厚生労働省の職員である**麻薬取締官**にも多数の薬剤師資格を持つ職員が従事している。

麻薬取締官
麻薬等の薬物犯罪を取りしまることを業務としており，特別司法警察官の権限が与えられている。

教育分野に大きく関わる役職としては学校薬剤師がある。学校保健安全法上，学校薬剤師とは薬剤に関係する学校の保健・安全業務に従事する役割と定められている。特別支援学校，通常学校を問わず，児童生徒に必要な薬剤を学校が保管し与薬する機会は多い。子ども一人ひとりの服薬状況は非常に多様であり，主治医，かかりつけ薬剤師，学校薬剤師がそれぞれの立場から子どもの安全な学校生活を支援していく体制が重要である。

4）看護師

看護師は保健師助産師看護師法に定められている国家資格である。看護師の仕事は療養上の世話や診療の補助と定められており，多くの医療機関では職場で最多数の職種である。「療養上の世話」と「診療の補助」は食事，身体の保清，排泄介助・指導，診察や治療行為の実施上の補助など多岐にわたり，患者に最も身近に関わる職種である。看護師が行ってよい医療行為には法制度上はあいまいな点が多く，極論をいえば医師または歯科医師の指示・管理の下ですべての医療行為に関わる可能性がある。

このように看護師の活躍しうる業務範囲はきわめて広いため，近年は高度な専門的知識･技能を有する「専門看護師」「認定看護師」という制度が設定され，その担当領域における中心職種のひとつとして関わっている。さらに医療機関内にかぎらず地域医療や保健に関わる専門職員として広く従事している。

地域の中で学校も看護師が活躍する重要な機関である。そのひとつは，学校看護師として「**医療的ケア**」をはじめとした保健・医療業務に携わる役割である。主に特別支援学校で必要とされており，痰の吸引，経管栄養といった医療的ケアを学校内で実施している。近年は教員が一定の研修を受けることにより特定の児童生徒に対して一部の医療的ケアが実施できる制度となった。よりいっそう教員などの学校教職員との協働が重要となっている。

医療的ケア
p. 166 参照。

5）保健師，助産師

保健師の職務に関しては後述するため，ここでは助産師の業務について述べる。

保健師
p. 112 参照。

助産師は保健師助産師看護師法に定められている国家資格であり，助産に関する行為を行う職種とされている。助産に関する行為を行うことができるのは医師と助産師にかぎられており，妊娠，出産，産褥（さんじょく）期を通じた必要なケアや助言を行うことが中心的な業務である。以前わが国で「産婆（さんば）さん」と呼ばれていた職種に該当し，自己責任下での超音波検査を用いた妊婦健診，分娩介助，産後ケア，女性の性保健，新生児ケアまで担当することが可能である。

医療機関内では産婦人科（産科）において産科医とともに分娩や周産期医療に携わることが多いが，地域で**助産院**を開業することも可能である。また医療機関内にかぎらない女性や性に関連する保健指導業務を果たしていることも多い。

助産院
助産師が開業する分娩施設。医療者主体の管理ではなく，妊産褥婦中心のケアを行う。正常な妊産婦と新生児でないと扱うことができない。

6）臨床検査技師

医療機関で行われる検査には，患者の検体を分析する検体検査，患者の生理機能を直接測定する生理学的検査，構造的特徴を把握するための画像検査が存在する。臨床検査技師は臨床検査技師法に定められている国家資格であり，微生物検査，血液検査などの検体検査や心電図，**脳波**といった生理学的検査を行うことが中心的業務である。医療における検査は高度化･専門化が進んでおり，高度な専門性を有する臨床検査技師の活躍が必要不可欠となっている。実際に臨床検査に関して患者に説明したり，検査のオーダーを出す医師と検査の実施や結果に関して相談するという役割も担っている。

脳　波
脳の微弱電流を記録する検査。意識障害やてんかんの診療に利用される。

7）臨床工学技士

比較的新しい国家資格（1987年制定）であり，医療機器に関する専門性を有する医業業務者である。医療の高度化・専門化により人工呼吸器をはじめとした医療機器の進歩や増加も著しく，臨床工学技士という専門職の必要性が増した背景がある。扱う医療機器は人工呼吸器，人工透析の装置など多岐にわたるが，手術室や集中治療室，透析室など一般患者が少ない部署で働いていることも多い職種である。在宅や学校で医療機器を活用しながら地域生活を達成できるケースも増えており，主治医と連携して患者の医療機器に関する相談や助言を行うことも今後重要となっていくと考えられる。

8）診療放射線技師

医療には放射線を利用する機会が少なくなく，放射線を扱うことができる専門職種が欠かせない。診療放射線技師は放射線を用いた検査や治療に従事する国家資格であり，診療放射線技師法に規定されている。放射線は人体に有害な作用を及ぼす可能性がある電磁波であり，医師，歯科医師以外に診療上の放射線を扱うことができるのは診療放射線技師のみである。

医療機関内ではエックス線検査（レントゲン），CT，MRI検査などの画像検査部門の業務に従事していることが多いが，比較的大規模の医療機関では放射線を用いた治療に従事していることもある。なお，超音波検査やMRI検査など，放射線を使用しない検査は診療放射線技師，臨床検査技師ともに業務を担当することが可能である。臨床検査技師同様，オーダーする医師や検査を受ける患者とコミュニケーションを十分取りながら診療に貢献することが期待されている。

9）管理栄養士

管理栄養士は栄養士法で定められている国家資格であり，栄養の専門家として患者への治療的栄養指導，個人の状況に応じた食事や栄養指導，食事を提供する施設における栄養管理などを行う職種である。

医療機関内における管理栄養士の重要業務は，患者に対してその病気や身体状況に応じた適切な栄養・食事指導を行うことであり，その高い専門性から診療報酬を算定することもできる。医療機関以外でも地域の個人または集団のために自治体・民間を問わずさまざまな施設において健康増進に寄与する業務に携わっており，地域保健上も重要な役割を担っている。ちなみに学校においても栄養教諭，学校栄養職員として，子どもたちの給食の献立作成を中心とした栄養保健指導を行っている。

(3) 治療・介入の方法としての分類

診断がついた後には治療や介入方法を選択し，実行していくことになる。ここでは健康問題が生じた際に医療機関で実施される治療・介入方法の種類について紹介する。

1）内科的治療

外科的な手法を用いない治療方法の総称。内科という診療科で行われる治療という意味に限定しない。内科的治療の中にも薬物治療などいくつかの種類があるが，詳細は次節で説明する。

2）外科的治療

病変の切除など，手術やそれに準じた侵襲を加えて治療する方法の総称。外科という診療科で行われる治療という意味には限定しない。詳細は次節で説明する。

3）放射線治療

高エネルギーを伴う微粒子の流れや電磁波が放射線であり，その力を利用して腫瘍などの治療をする方法。

4）精神療法・心理療法

物理または化学的な方法ではなく，心理学的なアプローチで認知・行動などの精神に対して行う治療。サイコセラピーともいう。精神科医をはじめとして臨床心理士，**公認心理師**などの心理職種が担当する。

公認心理師
わが国で 2017 年に初めて定められた心理的業務を行うための国家資格。

5）リハビリテーション

個人の生活に適した状態に近づくために行う治療・介入の総称。病気やけがからの生活復帰という観点から実施されることが主体であるが，広義では発達や障害に関連した療育も含む概念である。

(4) 治療・介入の目的としての分類

1）根本治療

病気やけがの根治を目的にする治療の総称。腫瘍の切除や感染症に対する抗生物質治療など，最終的には疾病がない状態を目指している。

2）対症療法

根本治療のような疾患の根治が目的ではなく，痛みの除去や緩和など，症状を軽減し**生活の質**（quality of life：**QOL**）を改善させることが目的の治療。かぜの症状緩和治療，鎮痛剤による治療，精神や行動改善のための治療などの多くはこれにあたる。

生活の質（QOL）
一人ひとりの人生全体の質や社会的にみた生活の質のこと。

2　内科的治療と外科的治療

前項で述べたように，治療・介入には患者の状況によりさまざまな方法を取りうる。その中でも狭義の医療における主要な治療方法は内科的治療と外科的治療である。この項ではそれらの治療方法と担当する診療科について概説する。

（1）内科的治療

病変の切除など，手術やそれに準じた治療法が外科的治療法であり，外科的な治療法を用いない治療方法の総称を内科的治療という。内科という診療科で行う治療を意味しているのではない。内科的治療の主体は薬物治療であるが，広い意味で手術ではない治療である放射線治療，精神・心理療法などを含めるかどうかなど，厳密な定義が存在しているわけではない。また，積極的な介入をせず，自然経過で軽快・治癒を目指す経過観察法も，厳密には治療・介入法ではないが現実的に多く取られる方針である。

ここでは内科的治療の中心となる薬物治療について述べる。薬物は厳密にいえば治療だけに用いるわけではなく，検査のために使用する薬物もあれば環境の消毒などに用いる薬物もある。以下に薬物治療に関して，「薬剤の種類」と「薬剤投与法の種類」について解説する。

1）薬剤の種類

①　**病原微生物に対する薬剤**：感染症を引き起こす病原微生物は細菌や真菌（カビ）などの菌類と，菌のような細胞構造を持たず他の生体の細胞に寄生して増殖するウイルスに大別される。病原微生物に対する治療薬はこのような微生物の種類によって使い分ける必要がある。

抗生物質：細菌の感染症に対して使用される薬剤が抗生物質である。代表的な病原菌には肺炎球菌，インフルエンザ桿菌（インフルエンザウイルスではない），病原性大腸菌，マイコプラズマ菌などがあり，種類の違いや感染部位，重症度に応じて薬剤を選択する。なお，真菌（カビ）の感染に対しては抗真菌剤と呼ばれる薬剤を使用する。病原菌が抗生物質に対して耐性（耐える力）を獲得する可能性があるため，必要ではない抗生物質の使用は控えることが重要である。

抗ウイルス薬：上気道炎（かぜ）の原因微生物の８～９割はウイルスの感染症といわれている。ウイルス感染には基本的に抗生物質は無効であり，その大半は自己の免疫力で撃退するという方法でしか治療できない。しかし一部のウイルスにはその増殖を抑制するための抗ウイルス薬が用いられている。

・インフルエンザウイルス：タミフル®，リレンザ®，イナビル®，ゾフルーザ® などが発売されているが，毎年のように変異して流行するインフルエンザウイルスの薬剤耐性化が細菌感染同様，問題となっている。

・ヘルペスウイルス：口内炎や脳炎を引き起こす単純ヘルペスウイルス，水痘（みずぼうそう）や**帯状疱疹**（たいじょうほうしん）を引き起こす帯状疱疹ウイルスはヘルペスウイルスというグループに属しており，ヘルペスウイルス用の抗ウイルス薬が用いられる。

帯状疱疹
過去に水痘に罹患した人は体内にウイルスが潜伏する。そのウイルスが再び活性化し，増殖して水疱を認める状態が帯状疱疹である。神経の走行に一致した帯状に出現し，強い痛みを伴うことがある。

②　**解熱・鎮痛剤**：感染症などの炎症性の疾患や，けが・手術など痛みを伴

う際に必要となる。基本的に原因治療にはならないため対症療法薬である。しかし成人，子どもを問わず，痛みや高熱に伴う不快症状の軽減は根治療法ではなくとも重要である。なお，子どもに推奨される解熱・鎮痛剤はある程度限られており，アセトアミノフェン（カロナール®など），イブプロフェン（ブルフェン®）がよく使用されている。

③　**抗アレルギー薬**：アレルギー疾患は増加傾向であり，特に食物アレルギーの増加が著しい。それに伴ってアレルギー反応を抑制するための抗アレルギー薬はさまざまな疾患で広く用いられている。アレルギー性鼻炎，アレルギー性結膜炎（これらの原因が花粉へのアレルギーの場合は花粉症），アトピー性皮膚炎，食物アレルギー，気管支喘息，じんま疹など，長期管理用・急性症状用問わず頻用される。従来，眠気の副作用が報告されていたが，最近発売される薬剤は副作用が比較的軽いものが多くなっている。

④　**副腎皮質ステロイド剤**：いわゆる「ステロイド剤」と呼ばれる薬剤である。もともと副腎から分泌されるホルモンがステロイドであるが，炎症を抑制するなどの働きがあるため，過剰な炎症や免疫反応が起こる疾患を中心に広く用いられている。例えばアレルギー疾患ではアトピー性皮膚炎などの湿疹，気管支喘息の発作治療・予防，重症のじんま疹などである。さらに，**慢性関節リウマチ**に代表される，誤って自分の身体組織を免疫システムが攻撃してしまう「自己免疫疾患」の治療にも使用される。長期にわたる全身投与はさまざまな副作用が問題となることがあるため，「危険な薬剤」というイメージが先行しやすい薬剤でもあり，必要で有効な治療に結びつかない危険もある。担当医と効果や副作用について十分に相談することが望まれる。

慢性関節リウマチ
長期間続く関節の痛みや変形を呈する疾患。女性に多い。関節症状以外にも皮膚病変，発熱，心臓病変などを合併することがある。

⑤　**ステロイド剤以外のホルモン製剤**：各ホルモンの分泌異常に対して必要なホルモン製剤を投与するなどの使用法がある。子どもに対してよく使用されるものには，一定の基準を満たす低身長に対する成長ホルモン製剤，生まれつき甲状腺ホルモンが不足する疾患（クレチン症）に使用する甲状腺ホルモン製剤，第二次性徴の発現・進行が早すぎる際に進行を抑制するための薬剤などがある。また，子どもの糖尿病はインスリンというホルモンが不足するタイプが多く，インスリン製剤が使用される。

⑥　**精神や気分に作用する薬**：これには統合失調症の症状改善を目的とする抗精神病薬，うつ病や躁うつ病の治療に用いる抗うつ薬，神経症や不安症に用いる抗不安薬などがある。もともと抗精神病薬として開発され，後に自閉症の行動改善への適応も追加されたリスパダール®やエビリファイ®のような薬剤もある。また注意欠如・多動性障害（ADHD）の行動改善に使用される**コンサータ®**，**ストラテラ®**，**インチュニブ®**などは中枢神経刺激薬または抗 ADHD 薬というグループに属する。

コンサータ®，ストラテラ®，インチュニブ®
p. 77 参照。

⑦　**睡眠薬**：入眠や睡眠維持に困難がある不眠症に対する薬剤が最も多い。子どもに対して安易な睡眠薬使用は推奨されないが，一方で子どもならではの使用法として，じっとできない子どもが検査や簡単な処置をスムーズに受けるために眠らせる「鎮静」を目的とした薬剤も使用される。睡眠薬は日中の過剰な眠気で困らないようにコントロールする必要がある。

⑧　**抗てんかん薬**：脳に起因する発作症状としてけいれんや意識障害をきたす慢性疾患がてんかんである。発症は乳幼児から高齢者まで幅広く，発作を抑制するための抗てんかん薬を適切に使用する必要がある。発作やてんかんの疾患としてのタイプに基づき薬剤が選択される。眠気，発疹などの副作用がみられることがある。

⑨　**循環器・自律神経用作動薬**：心臓機能や**循環動態**を改善させる薬剤，高すぎる血圧を降下させる薬剤，心臓のリズムが不安定になる「不整脈」を改善させる薬剤などが含まれる。子どもは成人に比べ高血圧は少ないが，一部の腎臓疾患などで血圧降下薬や尿量を増やすための利尿薬が使用される。

循環動態
全身の血液が循環する状態。円滑に十分量の血液が循環しない状態を「循環動態が悪い」などと表現する。

⑩　**感冒・呼吸器症状用薬剤**：感冒（かぜ）症状の緩和のために咳を抑制する鎮咳（ちんがい）剤，痰を排出しやすくする去痰（きょたん）剤などが使用される。これらは基本的に対症療法薬である。また気道が狭くなり呼吸困難をきたす気管支喘息の症状を改善させるための気管支拡張薬も子どもに頻用される。

⑪　**消化管・消化器症状に使用する薬剤**：下痢症状を緩和する薬剤，便秘を改善させるための下剤や便秘薬などがこれにあたる。実際に消化器感染症で下痢をきたした際に強力な下痢止めは推奨されていない。また成人だけでなく子どもにも胃の不快症状は決して珍しくなく，胃薬が使用される。またウイルス性胃腸炎の際の嘔吐や抗がん剤治療の副作用の嘔吐に対して制吐（せいと）剤が使用されることがある。

⑫　**抗がん剤**：悪性腫瘍（がん）の治療法のひとつにがん細胞を抑制する薬物を使用することがある。このとき用いられる治療薬が抗がん剤であり，抗がん剤を用いた治療法を化学療法と呼ぶこともある。子どもに多い白血病では強力な抗がん剤治療が治療の中心であり，嘔吐，脱毛，感染に弱くなるなどの副作用で苦しむことも多く，その対策も治療上重要である。

2）薬剤投与法の種類

前項は薬剤の成分の違いに基づく対象疾患・症状の分類であったが，同じ成分の薬剤でも剤型や投与方法にさまざまな種類があり，目的により使い分けられる。

①　**経口投与**：最も一般的な薬剤投与法であり経口的に嚥下し，経消化管的に薬効を期待する方法である。錠剤，カプセル，粉末・細粒（こなぐすり），シロップなどがある。子どもは剤型や味によっては経口内服が難しい場合

があり工夫を要する。原則的に薬効が出現するまでに30分程度の経過が必要である。

② **局所適用**：人体の外表面に投与する方法であり，経肛門的に直腸内に投与する坐薬，皮膚や粘膜表面に塗布する軟膏等の塗布剤，点眼薬，点鼻薬などがある。全身投与ではないため一般的に全身副作用は少なく，患部に効率的に薬効を及ぼすことが特徴である。

③ **注　射**：血管内や筋肉内，皮下などに針を用いて直接注入する投与法である。内服薬同様，全身投与法であるが，一般的に内服が難しい際や，より重症な場合に必要になる。内服薬よりも短時間に十分量の薬剤を全身投与可能であるが，そのため作用・副作用の出現には特に注意しなければならない。子どもでもインスリンや成長ホルモン治療などでは在宅で注射薬を使用することもある。

(2) 外科的治療

原則的に手術やそれに準じた侵襲を加えながら行う治療方法を指す。がんや疾患による病変部を切除する，奇形や骨折などの形態異常を修復するなどが代表例である。人体への侵襲と痛みを伴うことが多く，局所麻酔（手術部位のみの痛み止め）や全身麻酔（深く眠らせる麻酔法）を必要に応じて選択することが多い。疾患に合わせて手術器具も進歩しており，内視鏡・腹腔鏡などのカメラを用いた手術，血管を通してカテーテルと呼ばれる細い管を到達させて行う手術，微細な手技を必要とする場合の顕微鏡下手術なども盛んに行われている。なお，成人では局所麻酔で行うような手術も，子どもではじっとできないことによる安全対策や手術時の恐怖感への対策として，原則全身麻酔で行うのが安全である。

(3) 内科・外科的治療と各診療科

非手術的治療である内科的治療と手術的治療である外科的治療という考え方はそのまま内科と外科という診療科の治療方法に即していた。しかし内科でも血管からのカテーテルや内視鏡を用いて物理的な治療をするようになった。また，耳鼻咽喉科や眼科といった臓器系統別の診療科は，「その臓器に関する外科的治療が行える科」という意味合いが強かったが，臓器別の専門性や薬物療法の進歩とともに，現在は「その臓器の疾患に関する専門科として内科的・外科的診療を行う科」という位置づけとなっている。今後も一つひとつの治療方法を「内科的・外科的」と厳密には分けられない傾向がますます強まる可能性がある。現在，医療機関で標榜されている代表的な科名とその専門領域について参考までに以下にあげておく。

① **内　科**：もともと全身的な訴えに対する総合診療と非手術的治療を担当

する主要な科であった。現在は専門分化が進んでおり，呼吸器内科，循環器内科，消化器内科，腎臓内科，神経内科などが標榜されている。

② **外　科**：内科に対して，全身・内部臓器の手術的診療を担当する科であり，現在は内科に対応する形で呼吸器外科，心臓血管外科，消化器外科，小児外科などに細分化される。なお，外科は以下にあげる臓器・系統別の診療科がその外科的治療を担当する科という歴史がある。

③ **泌尿器科**：腎臓の外科的診療や膀胱の内科的・外科的診療を担当する。子どもの泌尿器の生まれつきの異常や排尿異常について診療を行う場合もある。

④ **整形外科**：骨，筋肉，脊椎，脊髄のような運動器とそれに関係する神経に関する診療を担当する。子どもの運動器や肢体不自由児を専門的に診療する小児を専門とする整形外科医も重要である。

⑤ **脳神経外科**：脳出血や脳腫瘍など脳に関係する疾患の外科的診療を担当する。子どもの場合水頭症や脳腫瘍，もやもや病のような脳血管疾患を診る科として重要である。

⑥ **耳鼻咽喉科**：耳と鼻に加えて，のどや頭頸部に関する疾患を担当する。中耳炎，アレルギー性鼻炎などで子どもの患者を診ることもたいへん多い科である。

⑦ **眼　科**：目とその付属器に関する診療を担当する。子どもでは屈折異常や斜視，網膜芽細胞腫（もうまくがさいぼうしゅ）などの眼疾患を診る。

⑧ **皮膚科**：皮膚に関する内科的・外科的診療を担当する。子どもに関してはアトピー性皮膚炎などの湿疹性疾患，皮膚感染症などを診ることが多い。

⑨ **精神神経科**：精神・心理状態や行動，感情などの診療を担当する。一般的に外科的な診療は行われない。心療内科と標榜している科は精神神経科と対象を同じくしている場合が多い。子どもではある程度の年齢以上の精神障害や発達障害を診療する。

3　リハビリテーションと療育（PT，OT，ST とその仕事）

（1）リハビリテーションと療育

リハビリテーションとは，心身に障害を残した患者が心理・社会的に適応し，社会復帰するために施す医療のことである。リハビリテーションの目的は障害や疾病を克服することではなく，患者の日常生活における活動や動作の自立，介助量の軽減，社会参加の促進，QOL の向上を目指すものである。この考え方は生活モデルとも呼ばれ，2001 年に世界保健機関（WHO）で採択された**国際生活機能分類**（ICF）で表される。実践するには医療機関の中にとどまらず，

国際生活機能分類(ICF)
p. 33 図 1 － 9 参照。

生活の場における環境調整や地域での連携体制の構築も必要となる。これらを実現するために，医師をはじめさまざまな専門職種（理学療法士（PT），作業療法士（OT），言語聴覚士（ST），**義肢装具士**，看護師，**社会福祉士**，心理専門職など）が参加するチームを形成してサービスを提供する。

義肢装具士
国家資格のひとつで，医師の処方のもとに，義肢や装具（後述）の装着部位の採寸・採型，製作および身体への適合を行う者。

社会福祉士
社会福祉専門職の国家資格。ソーシャルワーカー。

子どもを対象としたリハビリテーションは，上述の目的に沿いながら，子どもの成長・発達に伴う日常の変化をつぶさに観察し，運動・認知機能，社会性，コミュニケーション能力などの発達獲得を促す役割がある。子どもの成長・発達に伴い，リハビリテーション上の課題も変化し，関わる領域も広がっていく。ライフステージにそった生活の場，支援，体や心の変化について，脳性まひの例を示す（図２－39）。単なる機能の向上だけでなく，自尊感情や自己決定能力を育みながら，子どものできることや得意なことに着目し，それを伸ばす支援を行う。また，子どもにとって楽しい活動や関わりは発達を促すことから，遊びを取り入れてモチベーションを維持し，子ども自身が自発的にリハビリテーションに取り組めるように工夫する。さらに，子どもにとっては家庭も重要な環境要因であることから，家族に対しても多面的な視点からていねいな支援を行う。

わが国におけるリハビリテーション医学の源流は，戦前に高木憲次（のりつぐ）が始めた療育にあるとされる[1)]。当時は肢体不自由児を対象としてとらえていたが，その後，対象は障害や慢性疾病のある子どものすべてに拡大され，学習や生活全般における支援，育児支援など幅広く提供されるようになった。発達促進の視点を持ち，教育とも深く連携して展開されるべきであるという考えから，子ど

	乳幼児期	学童期	思春期	成人期
生　活	家庭（両親，きょうだいなど）			家庭・入所施設・グループホーム
教育・就労	保育所・幼稚園 加配 療育園	小・中学校 特別支援学級・支援学校 児童デイ・放課後デイ・学童保育	高校・大学	一般就労 福祉就労
ひ　と	保健師・保育士 医師・療法士	教員・友人		友人・配偶者 ヘルパー
社会参加	遊び・お手伝い	園や学校行事・サークル	障害者スポーツ・趣味	
からだ	運動機能の維持・向上	実用的な代替手段	合併症の予防・対応	
こころ	自己肯定感　大人への信頼	安心できる家族・友人関係	生きがい	

図 2－39　ライフステージにそった支援と自立（脳性まひの例）

もを対象とする場合は「リハビリテーション」よりも「療育」という用語が用いられる場合が多い。

2012年に改正された児童福祉法では，療育の対象を障害のある子どもやその可能性のある子どもにまで広げて，身近な地域で支援を受けられるようにする「児童発達支援」として体系が再編され，個別の発達支援だけでなく，家族支援や地域社会への参加を行うことが明記された。児童発達支援センターと児童発達支援事業所が核となり，関係機関との連携により重層的なネットワークを構築する。また，2013年の学校教育法施行令の改正に伴い，インクルーシブ教育システムの構築が進められている。障害のある幼児児童生徒における学校生活への適応を図るために，理学療法士，作業療法士，言語聴覚士が特別支援学校や通常学級の巡回相談などに関わることが増えてきている。

(2) 理学療法士（physical therapist：PT）

理学療法及び理学療法士については，1965年に制定された「理学療法士及び作業療法士法」の第2条で定義されている。

理学療法では，座る・立つなどの姿勢保持やそれらの姿勢変換，はう・歩くなどの移動能力の自立に向けた運動機能評価と運動療法，物理療法，装具療法などを行う。運動療法としては，基本動作訓練，**関節可動域**訓練，筋力増強訓練，持久性や協調性の改善・向上などがある。基本動作とは日常生活活動に必要な姿勢や動作のことで，具体的な訓練としては寝返り，座位，立ち上がりなどの起居動作訓練，ベッドから車いすに乗り移るなどの移乗動作訓練，歩く，走るなどの移動動作訓練がある。最近では，糖尿病や高血圧，**脂質異常症**などの**生活習慣病**の改善や予防，心臓リハビリテーション，呼吸リハビリテーションなど内科疾患に対する運動療法も積極的に行われている。物理療法では，光線・水・電気・温熱などの物理的因子を応用する。装具療法では，補装具の適合・調整や装具訓練を行う。補装具とは，身体に直接装着して機能を補完する義肢や装具，姿勢保持を補助する座位保持装置，移動を補助する歩行器や車いすなどのことである（図2－40）。近年，運動をアシストするロボット型の装具も取り入れられるようになってきた。

子どもに対しては，脳性まひなど肢体不自由に伴う運動障害が理学療法の主な対象となる。運動療法，装具療法，プールなどを使用した物理療法などが行われる。その際，姿勢・運動の発達過程（図2－41）[2]や姿勢反射・原始反射の発達に伴う変化に応じて子どもの活動を支援する。近年では，早産児に対するNICU入院中からのケア，協調的な運動機能の問題を併せ持つ発達障害児や医療的ケアを必要とする重症障害児などに対する理学療法の必要性が高まっている。また，運動器の問題や生活習慣病に対して学校医と連携したり，運動処方や予防プログラムを提供したりするなど学校保健への関わりも増えてきている。

関節可動域
関節が動く範囲。構成要素（骨，筋肉，靭帯，腱など）の異常で動く範囲が狭まると動作が制限される。

脂質異常症
血液中に含まれるコレステロール，中性脂肪などの脂質の値が基準値から外れた状態。以前は高脂血症ともいわれていた。

生活習慣病
不規則な食生活や食べすぎ，運動不足などの生活習慣が原因で起こる病気の総称。

NICU
neonatal intensive care unit
新生児集中治療室。早産などによる低体重児や治療の必要な新生児を受け入れ，専門医療を24時間体制で行う。

(a) 短下肢装具

(b) 座位保持装置

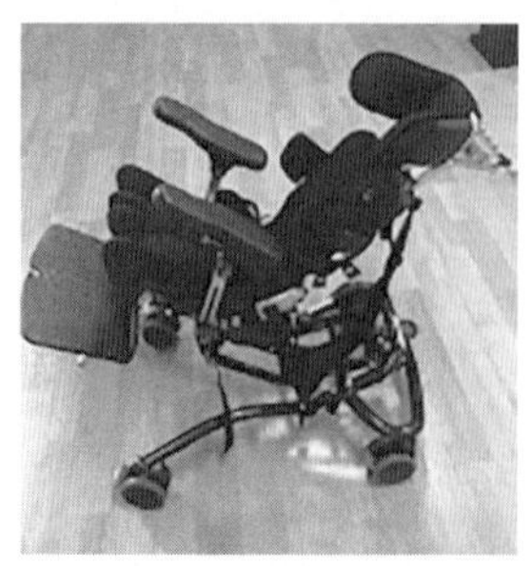

(c) 歩行器

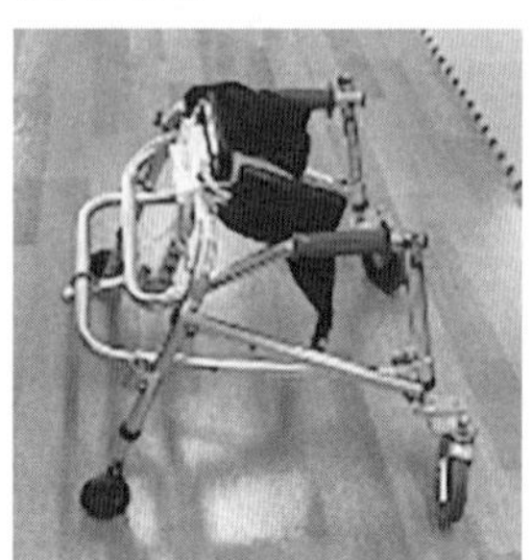

図 2−40　補装具の例

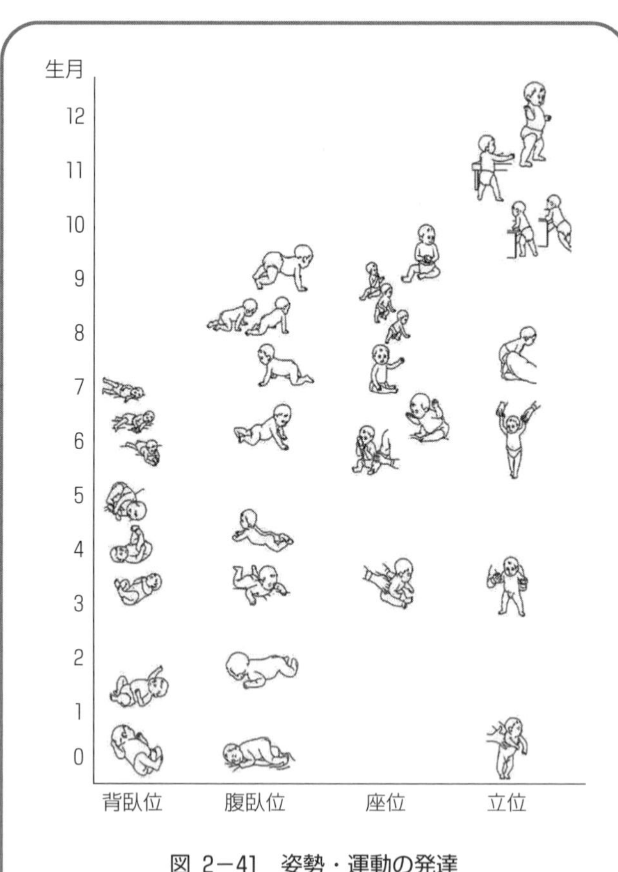

図 2−41　姿勢・運動の発達

出典）大城昌平：乳児期．脳性麻痺ハンドブック（第２版）（穐山富太郎・大城昌平・川口幸義編），医歯薬出版，pp. 121-126, 2015.

(3) 作業療法士（occupational therapist：OT）

作業療法及び作業療法士については，前述の「理学療法士及び作業療法士法」

表 2−7　手の機能の発達

新生児	把握反射
3～4か月	両手を顔の前で合わせる
4～5か月	物に手を伸ばしてつかむ
6～7か月	手で足をつかむ，左右手の物を持ちかえる
9～10か月	親指と人さし指でボーロなどをつまむ
1歳6か月ごろ	積木を2個積む，おもちゃの車を走らせる
3歳ごろ	積木を4個積む，まねて○を描く
5歳ごろ	ボタンのとめはずしができる，まねて□を描く

の第2条で定義されている。

作業とは，食事，着替え，入浴など日常生活で行う身の回りの動作，遊びや余暇活動，学業や職業に関連する活動を指す。作業療法では，患者に応じた適切な作業・活動を通じて患者が主体的に生活を営めるようにすることを目標とする。作業療法には，機能的訓練，日常生活動作訓練，心理･精神的作業療法，職業前評価・訓練，家屋改造などの環境調整がある。機能的訓練には，上肢を中心とした関節可動域訓練や筋力増強訓練，**巧緻（こうち）性訓練**，**利き手交換**，装具療法などが含まれる。

巧緻性訓練
指先を使った細かな動作を訓練すること。

利き手交換
病気やけがなどで利き手の機能が失われた際，その役割をもう一方の非利き手に担わせるよう訓練すること。

子どもに対する作業療法では，年齢や発達段階に応じて遊びや日常生活動作を訓練に取り入れる。適切なおもちゃを選択することで，子どもが楽しみながら日常生活動作に必要な巧緻運動や知覚・認知機能の獲得，眼と手の運動の協応，コミュニケーションなど社会的な関わりを育むことが可能となる。参考として手の機能の発達を表2−7に示す。近年，学校において活動する作業療法士も増加している。障害特性に応じた学校での環境整備や自助具の提案，学習支援などニーズは高い。また，発達障害のある子どもに対する治療においても作業療法は重要な役割を果たしている。

(4) 言語聴覚士 (speech language hearing therapist：ST)

言語聴覚士については，1997年に制定された「言語聴覚士法」の第2条で定義され，第42条で業務の範囲が定められている。

言語聴覚療法の対象となるのは，音声，言語，聴覚といったコミュニケーション面の困難さである。話し手からの言語メッセージが聞き手に理解されるまでの一連の流れは，ことばの鎖と呼ばれている（図2−42）[2,3]。図で示した過程のうち，どの段階に障害があるか，その特性はどのようなものかといった評価を行ったうえで治療を開始する。言語聴覚療法には，機能的言語訓練，非言語的コミュニケーション訓練，心理的アプローチ，環境調整などがある。機能的言語訓練は発話，聴覚的理解，書字，**読解**など言語機能の各側面に対する働きかけを行う。非言語的コミュニケーション訓練は，ジェスチャー，**コミュ**

読　解
単語や文章などを読んでその意味を理解すること。

コミュニケーションボード
文字やイラストなどをボード上に並べ，指で差しながら意思疎通を図るツール。

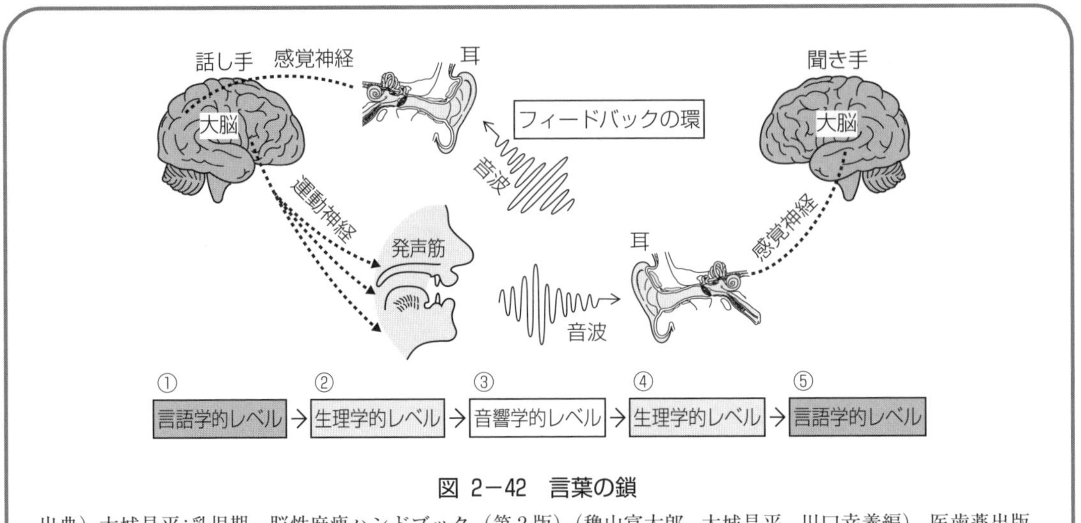

図 2−42　言葉の鎖

出典）大城昌平：乳児期．脳性麻痺ハンドブック（第2版）（穐山富太郎，大城昌平，川口幸義編），医歯薬出版，pp. 121-126，2015.

ニケーションボード，意思伝達装置などの言語機能の代替手段の獲得訓練を行う。近年では，デジタル機器にダウンロードできるさまざまなアプリケーションが開発されて活用されている。

子どもの言語聴覚療法においては，まずは大人とのやりとりが基本となる。特に幼児期は親・養育者の関わり方が重要であるため，療育場面では本人の訓練に合わせて親・養育者への指導を行う。子どもへの関わり方の一例として，**インリアルアプローチ**における基本姿勢（表2−8）と具体的な関わり方（表2−9）を示す[4]。発声や発語が困難な場合は，代替コミュニケーション方法を検討する。小児期に使用される身振り言語としてマカトン法などがある。マカトン法は子どもでも模倣しやすいように工夫されており，視覚シンボルも併せて使用する方法である。代替ツールとしては成人と同様にさまざまな福祉用具やデジタル機器が使用されている。発達障害に対しては，さまざまな治療理論を用いたアプローチや，**発達性読み書き障害**のように文字言語に対するアプローチなどを行う。

インリアルアプローチ
インリアル（INREAL）はinter reactive learning and communicationの略で，相互的反応によって学習コミュニケーションを促進するための支援。

発達性読み書き障害
知能が正常であるにもかかわらず読み書きの力が同学年の子どもより低い状態。

音声をつくる器官は，呼吸をしたり食物を摂取したりする器官でもある。言語聴覚療法ではコミュニケーション面だけではなく，摂食嚥下機能についても対象とする。訓練には，食物を使わない基礎訓練と食物を使う摂食訓練がある。子どもの訓練においては，摂食時の姿勢設定や食事形態の調整など環境を調整し，それぞれの機能レベルや発達段階に応じた指導を行う。

表 2-8 大人の関わりの基本姿勢としての SOUL

Silence （静かに見守る）	子どもが場面に慣れ，自分から行動が始められるまで静かに見守る
Observation （よく観察する）	何を考え，何をしているのかよく観察する コミュニケーション能力，情緒，社会性，認知，運動などについて能力や状態を観察する
Understanding （深く理解する）	観察し，感じたことから，子どものコミュニケーションの問題について理解し，何が援助できるか考える
Listening （耳を傾ける）	子どもの言葉やそれ以外のサインに十分，耳を傾ける

出典）竹田契一・里見恵子（編著）：インリアル・アプローチ：子どもとの豊かなコミュニケーションを築く，日本文化科学社，p. 13，1994.

表 2-9 インリアルアプローチによる具体的な関わり方

ミラリング	子どもの行動をそのまままねる
モニタリング	子どもの音声や言葉をそのまままねる
パラレル・トーク	子どもの行動や気持ちを言語化する
セルフ・トーク	大人自身の行動や気持ちを言語化する
リフレクティング	子どもの言い誤りを正しく言い直して聞かせる
エキスパンション	子どもの言葉を意味的・文法的に広げて返す
モデリング	子どもに新しい言葉のモデルを示す

出典）竹田契一・里見恵子（編著）：インリアル・アプローチ：子どもとの豊かなコミュニケーションを築く，日本文化科学社，p. 15，1994.

4 臨床心理学的アプローチ

(1) 心理職における臨床心理士と公認心理師について

子どもの心理的問題への臨床心理学的アプローチを考えるとき，該当する専門職としては**臨床心理士**がある。ほかにも学会などが認証する民間の専門資格は数多くあるが，臨床心理士は今までの実績を踏まえた，有資格者数の多い専門資格といえよう（2021 年 4 月 1 日現在で 3 万 8,397 名）。2001 年から始まった文部科学省の「スクールカウンセラー活用事業補助」では，スクールカウンセラーの約 9 割が臨床心理士であり，発達障害支援や特別支援教育にも身近な専門職のひとつとなっている。

心理的支援の必要性については，先述したスクールカウンセラー制度の実施に加えて，1995 年の阪神・淡路大震災や 2011 年の東日本大震災などの自然災害への被災者支援〔心的外傷（**トラウマ**）被害への対応〕が求められた背景がある。昨今では，犯罪被害者支援，子育て支援，発達障害支援，就労支援，エイズカウンセリング支援等々の幅広い領域での心理支援が求められるようになった。

臨床心理士
公益財団法人日本臨床心理士資格認定協会が認証する臨床心理職の専門家。資格取得後は 5 年ごとの資格更新が求められる。

トラウマ
もともとは体の傷を意味するギリシャ語であったが，オーストリアの医師・心理学者のフロイト（Sigmund Freud, 1856 ～ 1939）が心的外傷の意味で使い始めた。

なお，2015 年 9 月には公認心理師法案が参議院で成立し，わが国で初めての心理職の国家資格が誕生した。心理職の国家資格は国民や心理職従事者が長年待望してきたものであり，2017 年 9 月には公認心理師法が施行され，2018 年 9 月に第 1 回公認心理師試験が実施された。2021 年 4 月 1 日現在では，3 回の試験を通して 4 万 3,720 人の合格者が輩出され，教育，医療・保健，福祉その他の諸領域にまたがる汎用資格として，国民の福祉と心の健康増進に貢献することが期待されている。

(2) 臨床心理士の援助の方法

臨床心理士の援助方法については，一般社団法人日本臨床心理士会[5] や公益財団法人日本臨床心理士資格認定協会[6] のホームページに詳しいので，そちらを援用しながら説明したい。

臨床心理士は臨床心理学など心理学の知識や諸技法を生かした援助技法を用いる。おおまかな分類としては，心理アセスメント，心理面接，臨床心理的地域援助，研究活動の 4 つである（図 2－43）。

クライエント
臨床心理学的アプローチにおいては，相談者や利用者のことをクライエントと呼ぶことが多い。英語（client）で依頼人のこと。日本語では来談者と訳される。

投影法
あいまいで多様な認識が可能な刺激を提示し，その刺激へのイメージをことばにすることによって，個人の内面や性格特性などを測定する検査法。インクのしみ図版を提示するロールシャッハテストなど。

1）心理アセスメント

心理アセスメントは心理査定とも呼ばれ，**クライエント**の心理的課題などを心理面接や心理検査などを用いて明らかにして，自己理解や心理支援に役立てるものである。心理検査には知能検査，発達検査，性格検査などの検査対象があり，質問法，**投影法**，作業検査法などの検査手法を用いたものがある。

2）心理面接

心理面接（図 2－44）は，心理カウンセリングや心理療法といわれ，クライエントの状態や課題に応じたさまざまな臨床心理学的アプローチを用いて，心理的課題の解決や問題の軽減を支援するものである。詳細は後述するが，主だったアプローチの概要を以下に説明する。

図 2－43　臨床心理士の主な援助方法

図 2－44　心理面接場面

① **心理カウンセリング**：主に言語的な対話を通して，クライエントの問題解決を図るアプローチである。

② **遊戯療法**：主に小学生ぐらいまでの子どもを対象として，プレイルーム（遊戯療法室）での遊びを通してクライエントの問題解決を図るもの。

③ **箱庭療法**：砂の入った箱の中に玩具を置いて，クライエントが自己表現をする中で**自己治癒力**を引き出し，人格変容を促すもの。

自己治癒力
自然治癒力とも呼ばれる。人間を含む生物が生まれながら持っている，けがや病気を治す力や機能を指すことば。

④ **芸術療法**：主に非言語的な自己表現（絵画や造形など）を用いて，目に見えない心的内容を形にして自己理解を促し，問題解決への糸口を見いだすもの。

⑤ **夢分析**：クライエントの夢を用いて，連想した内容から自己理解を促すもの。夢占いと誤解されることも多いが，明確に区別される。

⑥ **精神分析的心理療法**：心の中に無意識の領域の存在を仮定し，クライエントの言葉による自己表現に援助者が同行し，自己理解を深めていくアプローチ。

⑦ **来談者中心療法**：共感的な理解や傾聴（非指示的対話）を重視するアプローチ。クライエント自らが気づき，成長していくことを目的とする。

⑧ **行動療法**：主に行動の修正（不適切な反応の修正）を目的としたアプローチ。心理的問題の解決は主な目的としないことに特徴がある。

⑨ **認知行動療法**：非適応的な認知と行動の修正を目的としたアプローチ。行動療法の発展形であり，認知の変化によって行動の改善を目指すもの。

⑩ **家族療法**：相互的に影響を与え合っているひとつのシステムを家族と考え，その家族を心理相談の対象とするアプローチ。

⑪ **臨床動作法**：動作を通して心理的問題を改善するアプローチ。ことばではなく，動作を主に面接の媒体とすることに特徴がある。

⑫ **集団療法**：10人ほどの小グループを対象として，参加メンバーの言語的対話を通して行われるアプローチ。同様の問題を抱えた人たちで行うことが多い。

⑬ **発達障害児の療育・訓練**：保護者に対処法を説明したり，子どもに指導するアプローチ。発達的問題，生活上の問題行動，社会性の改善などを図る。

最近は**カウンセリング**のことばを日常生活のいろいろな場面で見聞きする機会が増えた。カウンセリングと心理療法の用語を同じように扱う立場もあるが，区別する立場もある。野島（1999）[7]によると，前者は比較的問題が軽い人や健常な人を対象とするが，後者は比較的重い人や病気の人を対象とする，などとしている。なお，心理療法はpsychotherapyの訳語であるが，医療関係者は精神療法という訳語を使うことがある。

カウンセリング
最近はさまざまな対人援助職の対話場面や，商品販売やサービス提供の場面でもカウンセリングのことばが使われることが増えてきた。

3）臨床心理的地域援助

臨床心理的地域援助は，対象をクライエント個人とするだけでなく，地域の住民や学校・職場などに所属する人々（コミュニティ）に働きかけて，地域住民の被害の支援や心の健康の回復や増進を目的としたアプローチである。これらの**コンサルテーション**活動は，個人のプライバシーに配慮しながら，コミュニティ全体を考えた情報の整理や環境の調整を行う活動であり，心理的知見などの情報の提供や提言をする活動も含まれる。

コンサルテーション
臨床心理士などが，クライエントを援助しようとアプローチを図る人（コンサルティ）の後ろ盾となり，間接的に支援すること。

(3) 臨床心理学的アプローチの特徴

臨床心理学は心理学の中でも比較的歴史の浅い学問であるが，その対象領域や活動の場は広く，医療・保健，教育，福祉，大学・研究所，司法・法務・警察，産業・労働，私設心理相談などをあげることができる。また，近接領域としての**精神医学**との結びつきが強く，分かち難く結びついていることにも特徴がある。

精神医学
さまざまな精神障害に関する診断，予防，治療，研究を行う，医学の一分野。精神障害の分類には，アメリカ精神医学会の「精神障害の診断と統計マニュアル」（DSM）や世界保健機関の「国際疾病分類」(ICD) などがある。

精神科医であり，臨床心理士でもある成田（2006）[8] は，医療モデルが「人間を独自性を持つ個人としてよりは一個の生物体さらには一つの機械とみなし，病気をその一部分の故障とみなして，その故障した部分を修理したり取り換えたりすることで治療する」人間観や治療観を持っていることを指摘する。一方で臨床心理学には，「一人ひとりの個別性，全体性，歴史，関係性，病がその人に対して持つ意味など」に関心を払うところにその本質があると指摘している。例えば，アルコール依存症者に関わるとき，医療では主に肝臓というひとつの臓器の障害を特定して治療することに専念するが，患者が何ゆえにアルコール依存となったのかを，患者の生育歴や人格，家族関係などに遡って探求することは少ないであろう。患者は肝機能が回復すると退院し，しばらくすると再び飲酒が始まって肝障害を呈して入院する場合もあるが，再び肝臓の修復を受ければ退院する。この繰り返しの中で，取り返しのつかない致命的な肝臓の病気となってしまう場合も少なくない。成田（2001）[9] は，「患者の歴史，人格，そして病いの持つ意味を，一般論でなく，ほかならぬその人において探求し理解する」ことに，臨床心理学的アプローチの専門性があることを指摘し

コラム　カウンセリングと心理療法

カウンセリングと心理療法には，人間観や発達論，目標などが異なるさまざまな方法がある。また，カウンセリングと心理療法の関係については，両者を同じ概念として扱う立場，心理療法にカウンセリングを含める立場，あるいはカウンセリングに心理療法を含める立場もあり，明確に区別されているわけではないことが多い。

ている。

このことは，発達障害児者への臨床心理学的アプローチにもつながるものである。発達障害を抱えるクライエントのその人らしさ，その人の独自性に向き合う中で，発達障害の問題や課題にどう向き合っていくのかを，クライエントやその家族，関係者とともに，臨床心理学的な援助方法を用いて考えていくところに，臨床心理学的アプローチの特徴がある。

5　医療機関・地域で子どもの健康に関わる職種

医療機関や地域において，子どもの健康を支援するために多くの専門職者が活動している。そして，その専門職者は，子どもの**アドボケイト**として，子どもにとっての最善の利益を目指しながら，子どもの健康と健やかな成長・発達を支援している。ここでは，主に医療機関で活動する専門職と地域で活動する専門職に大別し，その役割と概要を説明する。

アドボケイト
代弁者，権利の擁護者。詳細はコラム参照。

(1) 医療機関で子どもの健康に関わる職種

1) 小児看護専門看護師

小児看護専門看護師は，日本看護協会により認められる認定資格である。2002年に誕生し，2020年には279名が登録[10]されている。認定審査を受けるためには，日本の看護師免許を有していることのほかに，所定の大学院教育課程を修了していること，5年以上の実務経験などが必要である。小児看護専門看護師は，「子どもたちが健やかに成長・発達していけるように療養生活を支援し，他の医療スタッフと連携して水準の高い看護を提供する」[11]という役割が期待されている。そのため，活動の場は，高度な医療が提供される子ども専門病院や大学病院などの病院だけではなく，地域の総合病院，診療所，障害児支援施設など幅広い。近年，子どもを取り巻く医療・社会状況は刻々と変化し，子どもと家族にとって，時に厳しい局面を迎えていることから，子どもの看護

コラム　アドボケイト（adovocate）とは

1994年に日本が批准した子どもの権利条約において，子どもには大きく分けて，①生きる権利，②育つ権利，③守られる権利，④参加する権利，という4つの権利が保障されている[13]。しかし，子ども自身が自らその権利を行使することには限界がある。そこで，子どもに関わる専門職者は，アドボケイト（代弁者・擁護者）として子どもの最善の利益を考え，子どもの権利を行使することが期待されており，かつ，自らがアドボケイトとして存在することを決して忘れてはならない。

を専門とする小児看護専門看護師が担う役割は大きいといえよう。

2）医療保育専門士

医療保育専門士は，2007 年に創設された日本医療保育学会の認定資格であり，資格を認定されるためには，日本の保育士資格を有していることのほかに，病院や医療型の障害児支援施設などでの保育経験が必要である。医療保育は，「医療を要する子どもとその家族を対象として，子どもを医療の主体と捉え，専門的な保育を通じて，本人と家族の QOL の向上を目指す」[12] ことを目的としており，医療と密接な場において保育を行う点や乳幼児だけではなく学童期以降の子どもも支援の対象としている点が通常の保育所における保育とは異なる。主な活動としては，入院している子どもへの生活支援，遊びの提供，院内プレイルームの管理や小児病棟の壁面装飾，節分や夏祭りなど季節の行事の計画，家族への子育て支援などが行われている。本来，子どもに病気や障害があり入院していたとしても，その場に応じたその子らしい生活を送ることが実現し，子どもに寄り添った成長・発達への支援が期待される。しかし，医療を必要とする子どもにおいては，治療が生活の中心になり遊びや学習の機会を奪われる機会が多いことから，医療保育専門士はその機会を保障する中心的役割を担っているといえる。

3）チャイルドライフスペシャリスト

チャイルドライフスペシャリスト（child life specialist：CLS）は，米国で誕生した子どもの発達と心理の専門家であり，入院している子どものストレスや不安への援助，またそれらに立ち向かうための援助，子どもの発達援助など活動は多岐に及ぶ[14]。特に医療機関において期待されている役割は，遊びの援助と**プレパレーション**，**ディストラクション**である。子どもにとって遊びは生活であり，コミュニケーションであり，成長・発達には欠くことができないものである（図２−45，46）。しかし，入院することで遊びは著しく制約され，医療処置や不慣れな入院環境の中でストレスや不安が生じるとともに，成長・発達に遅れが生じる危険性をはらんでいる。そこで，チャイルドライフスペシャリストは，年齢や状況に合った遊びを提供し，ストレスや不安の軽減を図る役割を担っている[14]。また，入院や治療の場面において，子どもの力を最大限に発揮し経験を肯定的にとらえる機会にできるよう，プレパレーションやディストラクションを行う役割がある。病気や処置について子どもとともに考え，その子どもなりにこれから起きるであろう出来事に立ち向かう準備を促し，主体的に向き合うことができるためのアプローチが行われる。そのために，子どもと家族との信頼関係の構築，子どもの認知発達や体のアセスメント，子どもが理解できることばや内容・方法を用いた説明，痛みの非薬物的緩和などが行われる。

プレパレーション
認知発達段階に応じた方法で説明を行い，子どもの対処能力を引き出すこと。

ディストラクション
気を紛らわせて不安や痛みを緩和すること。

図 2−45　プレパレーションで活用できる木製の模型（手術室と病室）
ぷれぱらウッド　手術セット（堀内ウッドクラフト）

図 2−46　プレパレーション人形（プレパちゃん）
監修：田中恭子（国立研究開発法人国立成育医療研究センターこころの診療部児童・思春期リエゾン診療科）
製造・販売：㈱内藤デザイン研究所

4）子ども療養支援士

子ども療養支援士は，米国のチャイルドライフスペシャリストに相当する日本で誕生した専門職であり，日本の文化や社会状況に沿って教育・養成され，活躍している[15)]。子ども療養支援士には，子ども療養支援協会が開催する養成課程を修了し一定以上の基準に到達した者が認定される。活動内容はチャイルドライフスペシャリストと同様であるが，2011 年から養成が始まったばかりであることから，その知名度は十分であるとはいい難いが，今後のさらなる活躍に期待が高まっている。

5）医療ソーシャルワーカー

医療ソーシャルワーカー（MSW）は，病院や保健医療機関において社会福祉の立場から問題解決を図り，社会復帰を促進する役割を担う専門職である[16)]。ただし，必ずしも社会福祉士などの国家資格を有する必要はなく，大学などで社会福祉系の教育を受けた者が現場で活躍している場合もある。しかし，その役割は「療養中の心理的・社会的問題の解決・調整援助，退院援助，社会復帰援助，受療援助，経済的問題の解決・調整援助，地域活動」[16)] と多岐にわたり，かつ重要な役割を担っている。具体的には，入院中から退院後の生活を見すえた関連機関との調整・情報交換や支援のコーディネートなど，子どもと家族の生活に密着した地域と病院の窓口といえよう。また，医療ソーシャルワーカーは，子どもの支援だけではなく，子どもから高齢者まで幅広い患者・家族を対象としており，医療と福祉の架け橋としての役割は大きい。

(2) 地域で活動する子どもの健康に関わる職種

1) 保健師

保健師とは，日本の看護師免許と保健師免許を有し保健指導に従事する者をいう。活動の場は，保健所や保健センターなどの行政機関のほかに企業や児童相談所，学校などがあり，さらには国際協力も担うなどその場に応じた健康管理・健康増進活動を展開している。

2019 年における日本の合計特殊出生率は 1.36 に低下し，出生数は 86 万 5,239 人と調査開始以来最少であることから，少子高齢化に変化はない状況にある一方で，児童相談所が虐待相談に対応した数は，2019 年には 19 万 3,780 件と年々急増している。つまり，地域における子育て支援の課題は山積しているといえよう。このような中で，地域の母子保健（親子保健）活動の中心的役割を担うのが保健師である。保健師は，母子保健法に基づき未熟児の自宅に訪問して情報提供や育児指導，育児不安への対処に努めたり，さらに，1 歳 6 か月児と 3 歳児には保健センターなどで乳幼児健康診査を行い，子どもの成長・発達の確認と疾患や障害の早期発見に努めている。一方，地域で生活する重度の障害のある子どもに対しては，療育相談に応じるなど，健康な子どもも病気や障害のある子どもも地域でともに生活できるよう支援しており，保健師の担う役割は大きい。

2) 学校における医療的ケアのための看護師

学校における看護師の配置は，肢体不自由のある子どもの学校に配置されたのが始まりである。近年，医療的ケア（痰の吸引，経管栄養など）の必要な子どもの増加に伴い，文部科学省は「切れ目のない支援体制構築に向けた特別支援教育の充実」[19] において，看護師を配置するための事業を掲げており，今後も拡充が期待されている。一方で，医療機関ではない教育の現場に配置された看護師は，子どもの教育支援，発達支援の役割を担うことを意識しなければならない。

3) 相談支援専門員

相談支援専門員とは，障害児者に対する相談支援を実践するソーシャルワークの専門職であり，本人や家族の意思，人格を尊重し，地域生活の実現に向けた支援を行う者をいう[20]。相談支援専門員になるためには，実務経験のほかに指定された研修を修了することが必要である。相談支援専門員は，学校などの教育現場との連携や子どもの通院する医療機関との連携，子どもの成長・発達に合わせた支援計画の検討など，子どもの成長・発達を熟知したうえで支援することが重要である。

演習課題

1. 医師や歯科医師，薬剤師以外の医療職種がどのように学校と連携した活動が可能か考えてみよう。
2. 子どもが医療機関で受けている治療の目的を知ることが，学校生活を送るうえで重要となる理由を説明してみよう。
3. 子どもが定期的に受けている検査のことを具体的に知っておくことのメリットをあげてみよう。
4. 学校や教室内で扱う可能性がある薬剤にはどのようなものがあるか，用途や状況ごとにあげてみよう。
5. 複数の診療科を定期的に受診している子どもについて学校として気をつけることを説明してみよう。
6. 教員が診療内容を具体的に理解することが子どもの心理面にどのようなメリットを生むか想像してみよう。

引用文献

1）高木憲次：療育の根本理念．肢体不自由児のための療育 創刊号，7-11，1951.
2）大城昌平：乳児期．脳性麻痺ハンドブック（第2版）(穐山富太郎・大城昌平・川口幸義 編)，医歯薬出版，pp. 121-126，2015.
3）ピーターBデニシュ・エリオットNピンソン，切替一郎・藤村　靖（監），神山五郎・戸塚元吉（訳）：話しことばの科学，東京大学出版会，1966.
4）竹田契一・里見恵子（編）：インリアル・アプローチ，日本文化科学社，1994.
5）一般社団法人日本臨床心理士会ホームページ（https://www.jsccp.jp）
6）公益財団法人日本臨床心理士資格認定協会ホームページ（http://fjcbcp.or.jp）
7）野島一彦：カウンセリングと心理療法．カウンセリング辞典（氏原　寛・小川捷之・近藤邦夫・鑪幹八郎・東山紘久・村山正治・山中康裕 編著），ミネルヴァ書房，p. 85，1999.
8）成田善弘：医療現場で働く臨床心理士に求められる教育と研修．臨床心理学，金剛出版，pp. 64-68，2006.
9）成田善弘：臨床心理学と医学．こころの科学，日本評論社，pp. 63-67，2001.
10）日本看護協会：資格認定制度　専門看護師・認定看護師・認定看護管理者（https://nintei.nurse.or.jp/nursing/wp-content/uploads/2021/03/cns-ch202012.pdf）(最終閲覧：2021年6月30日）
11）日本看護協会：専門看護師とは（http://nintei.nurse.or.jp/nursing/qualification/cns）(最終閲覧：2021年6月30日）
12）日本医療保育学会：医療保育専門士の倫理綱領（https://iryouhoiku.jp/specialist/specialist-platform）(最終閲覧：2021年6月30日）
13）日本ユニセフ協会：子どもの権利条約（https://www.unicef.or.jp/about_unicef/about_rig.html）(最終閲覧：2021年6月30日）
14）井口雅子：第9章アメリカにおけるチャイルド・ライフ・スペシャリストの活動とドラマセラピー：医療の現場で使えるプレパレーションガイドブック—楽しく効果的に実施する知識とポイント（田中恭子編），日総研，pp. 82-90，2006.
15）特定非営利法人子ども療養支援協会（http://kodomoryoyoshien.jp/cn1/profile1.html）(最終閲覧：2021年6月30日）
16）厚生労働省健康局長通知（平成14年11月29日健康発第1129001号）：医療ソーシャルワーカー業務指針.
17）厚生労働省：令和元年（2019）人口動態統計（確定数）の概況統計表第1表

人口動態総覧（https://www.mhlw.go.jp/tokei/saikin/hw/jinkou/kakutei19/dl/03_hl.pdf）（最終閲覧：2021 年 6 月 30 日）
18）厚生労働省：児童虐待相談対応件数の動向　令和元年度児童虐待相談対応件数（https://www.mhlw.go.jp/content/000696156.pdf.）（最終閲覧：2021 年 6 月 30 日）
19）文部科学省ホームページ：切れ目のない支援体制構築に向けた特別支援教育の充実（https://www.mext.go.jp/content/20200114-mxt_kouhou1-000004025_07-4.pdf）（最終閲覧：2021 年 6 月 30 日）
20）日本相談支援専門員協会：相談支援専門員の行動指針（https://nsk2009.org/?page_id=458#index_id0）（最終閲覧：2021 年 6 月 30 日）

参考文献

4・河合隼雄：河合隼雄のカウンセリング入門―実技指導をとおして，創元社，1998.
・河合隼雄：河合隼雄のカウンセリング講座，創元社，2000.

第3章 病気の子どもの教育

1 病弱児への教育的支援

1 病弱教育の必要性

「病気のある子どもに教育は必要ですか？」と尋ねられたら，なんと答えるであろうか。頭の中に浮かぶ子どもの状況により，答えは変わってくるかもしれない。教員養成系の大学において学生に同様の質問をすると，「教育は大切だが，重篤なときは勉強はしなくてよいのではないか」という意見が出る。また，教員に尋ねると多くの教員はいう。「たとえ病気があっても障害があっても，教育は必要である。将来のこともあるから，勉強は大切である」と。しかし，実際に入院をしている子どもたちを目の前にすると，大人はいうことが変わっていく。「短い期間でしょう。何ができますか？」「こんなときに，勉強なんていいの。今は，治療を一生懸命にやってください。1日でも早く治してくださいね」「元気になったらおいでね。先生も，クラスのみんなも待っているからね」。確かに，このことばが通用する子どももいるだろう。しかし，何度も入退院を繰り返している子，慢性疾患を抱えている子，医療的ケアのある子にとって，果たしてこのことばは，生きる力を育むことばになっているのだろうか。

ここでは，病気のある子どもたちとの関わりにおいて考えておかねばならない3つの課題，①医療的ケア，②不登校，③心的外傷後ストレス障害（PTSD），について述べる。

（1）医療的ケア

2つ目の質問である。「約30年前（1991年），20歳未満の子どもたちの死亡数は，約1万5,000人であった。最近の死亡数は，増えたでしょうか？ 減ったでしょうか？ 同じくらいでしょうか？」。2018年度の死亡数は，約4,500人である。この30年あまりで約3分の1に減少した。医療や社会は頑張った。

もちろん，本人やご家族が頑張られたのである。

ただし，ここで忘れてはいけないことがあるだろう。そのひとつは，約4,500人のお子さんは亡くなっているという事実である。亡くなる子どもが少なくなればなるほど，そこに関わる人も，そこに想いを馳せることのできる人も減っているということである。教員はそこに立つことができる。

そしてもうひとつは，ことばが不適切かもしれないが，生きていられるようになったということである。それはもちろんすばらしいことだと考える。しかし，みんながみんな，いわゆる健常な状態でいられるわけではない。病気や障害を抱えながら，医療とつながりながら生きていく子どもたちが増えているということである。

現在，地域の保育所や幼稚園が，医療的ケア児の受け入れの体制を整えている。小学校にその子どもたちが通うようになるのも，そう遠い話ではないだろう。

特別支援学校に通う医療的ケア児の人数も，この10年間で２倍に増えている。そして，病弱教育部門のある特別支援学校は，2007年度は106校であったが，2019年度は151校（うち単独校57校）設置されている。1.5倍である。また，病弱･身体虚弱特別支援学級は，2,500学級（うち病院内の学級は200学級）を超えている。病弱児に対する教育の必要性は浸透してきている。

2016年６月に厚生労働省，内閣府，文部科学省が合同で通知を出した。「医療的ケア児の支援に関する保健，医療，福祉，教育等の連携の一層の推進について」である。医療的ケアを含む，病弱児の教育に各分野が連絡調整のための体制整備を図るよう努めることが記されている。

また，医療者からも，入院児に対する学習保障の声が上がっている。医療者にも，教育が子どもの回復に寄与できることがあるということを経験則として感じていることが伝わってくる。

これらのことは，病気のある子どもの教育を充実していくために重要なことである。

(2) 不登校

表３−１は，「不登校のきっかけ」の資料である。通常，不登校に対する調査は，行政から学校に入り，教員が答える。しかし，この表の数字は子どもに調査をしたデータである。不登校のきっかけとして「病気をしてから」ということをあげている子どもが15%近くいるということがわかる。教員が答えるものには，不登校の理由に病気が入ることはない。なぜなら，30日以上の長期欠席の理由として，「病気」「経済的な理由」や「不登校」が別々にあげられるからである。上位３つのきっかけである「友人関係をめぐる問題」「学業不振」「教師との関係をめぐる問題」は，教員への調査でも上位の３つである。しかし，子どもにとっては，「病気」も不登校のきっかけのひとつであることがわかる。

表 3−1　不登校のきっかけ

友人関係をめぐる問題	53.7%
学業の不振	31.6%
教師との関係をめぐる問題	26.6%
部活動	23.1%
入学・転校・進級でなじめない	17.3%
病気をしてから	**14.9%**
親子関係をめぐる問題	14.4%
特に思いあたることはない	5.6%

出典）文部科学省：不登校に関する実態調査　平成 18 年度 不登校生徒に関する追跡調査報告書.

そこに学校はどのように対処をしているのだろうか。

この調査を見たときに考えたことがある。自分の学級の子どもが学校に来られなくなった，不登校状態になったというとき，教員は，子どもに連絡を取るだろう。電話連絡，手紙，家庭訪問など子どもとの接触を試みる。それも，理由が「友だち」「学習」「教師との関係」にあったとしたら，できるかぎりのことを試みるのではないだろうか。しかし，筆者には思い当たることがある。それは，子どもが学校に来られなくなった理由が「病気」とわかったとき，心のどこかでほっとする自分を感じていたということである。「病気だったら，仕方がない。今はゆっくり休んで治してほしい。1日も早く元気になって，学校に来てほしい」というメッセージを伝えてきた。確かに，この気持ちに偽りはないが，「病気」を理由に，その子を遠くに置いてしまったことがあったと感じた。

もちろん，「ゆっくり休んで」などのことばをエネルギーに変えて，治療に取り組む子どもたちもいるだろう。しかし，何度も入退院を繰り返したり，医療とつながれば生活できる子どもたちにとって，治療や学校復帰につながることばになっていたかは疑わしい。むしろ，見放された気持ちを持った子どももいたのではないかと考える。病気を理由に学校から遠ざかることを強いられる子どもたちの支援を考えていく必要がある。

(3) 心的外傷後ストレス障害（PTSD）

不適切な養育や関わりをされたり，大きなショックや喪失の体験をした子どもたちの中には，**急性ストレス障害**（acute stress disorder：ASD）を発症することがある。この場合1か月程度で元の状態に戻れる子どもたちがほとんであるが，その子どもたちの中の２～４割は「心的外傷後ストレス障害（PTSD）」という状態になるという研究がある。

「喪失」というと「死別体験」ということが語られることが多いが，子どもたちにとっての「喪失」はそれだけではない。

「欲求を満たしてもらえない」「大切な人がいなくなる（お出かけ，引越し，

急性ストレス障害
心的外傷後ストレス障害（PTSD）を生じるのと同等の外傷的出来事に曝露されて1か月未満に，特徴的な不安と解離の症状が発展すること。侵入症状，陰性気分，解離症状，回避症状，覚醒症状がみられる[1)]。

離婚，死別など）」「大切なものがなくなる（ペット，宝物，場所など）」「夢を諦めなければならない」「理想を追えなくなる」「当たり前だと思っていたことができなくなる」「自分自身の尊厳を失う（いじめ，虐待など）」も子どもたちにとっては大きな「喪失」となる。病気のある子どもたちも，このような「喪失」を多く経験している。特に，慢性の疾患であったり，重篤な疾患であったり，死を想起するような経験をしていたりすると，心的外傷は大きなものとなり，「心的外傷後ストレス障害（PTSD）」という症状がみられる子どもたちがいるのである。

教育は，「医療的ケア」「不登校」「心的外傷後ストレス障害（PTSD）」という3つのことについて，予防や対応を行うことができる。病気のある子どもたちにみられる課題について，教育の立場からも考えていく必要がある。

2　病弱児の学校における配慮事項

病気を抱えた子どもたちの中には，喪失の体験から「自尊感情」が低くなってしまっている子どもがみられる。そのため，感情が不安定であったり，自己中心的であったり，無気力であったりという行動や姿がみられることがある。

筆者が自尊感情が低くなってしまった子どもたちとの関わりで大切にしているのは，① safety（安全と安心の確保），② challenge（選択･挑戦），③ hope（日常の拡充・将来の希望），である。

① **Safety（安全と安心の確保）**：教室に初めて来た子どもがよくすることがある。それは先にいる子どもたちの心をちょっとだけ傷つけようとすることである。「その勉強もう終わったよ」「私，その折紙，得意」ということをいって，初めて会った子どもたちの心を揺さぶり，その教室内での自分のポジションを確保する行動をみせる。しかしここは，「比べられない場」「安全で安心な場」であることを伝え，できないことやうまくいかないことがあっても，自分の本当の気持ちを出しても大丈夫であることが伝わると，表情も言動もとても穏やかになる。

② **Challenge（選択・挑戦）**：ここでは，「間違えても失敗をしてもダメではない」こと，それを責めたり攻撃したりはされないということがわかると，子どもたちは安心して物事に取り組むことができるようになる。本当に何かを選んだり，挑戦したりできるようになる。その過程で，「できない」「わからない」「手伝ってほしい」「助けてほしい」ということが伝えられるようになると，初めてのことやちょっと難しいこと，今までうまくいかないので避けていたことにも取り組むようになる。失敗や試行錯誤を繰り返す中で，できることやわかること，成功することが増えてくる。

③ **Hope（日常の拡充・将来の希望）**：失敗や成功が経験できると，ドキド

キワクワクを味わい，「今日は楽しかった」と思えるようになる。そして「明日はこれをやってみたい」といえるようになる。子どもが未来を見た瞬間である。このような姿がみられると，退院後や将来の話ができるようになると感じている。

「安全と安心の確保」ができていないときに，何をしたいか尋ねても「先生が決めて」といわれる。退院後のことを尋ねても「考えられない」と首を傾げられる。このような過程を経て，子どもたちはエネルギーを貯めていく。これらのことを保障することが大切であると考える。また現在，病気のある子どもたちで入院をしているのは約2割といわれている。病気を抱えながら学校に通っていたり，在宅で教育を受けている子どもたちとの関わりの中でも，この過程を配慮する必要があるだろう。

演習課題

1. 病気のある子どもの教育の必要性を説明してみよう。
2. 自尊感情の低い子どもへの具体的な関わりをあげてみよう。

引用文献

1）高橋祥友：学校関係者のためのDSM-5，医学書院，2017.

2　病弱教育制度

病弱とは，元々医学用語ではなく一般的な用語である。心身の病気のため弱っている状態を表しており，このような状態が継続して，あるいは繰り返し起こる場合に用いられている。

病弱教育は時代の流れとともに，対象児童生徒の様相が変化してきている。病弱特別支援学校に在籍する児童生徒の臨床像として，学校教育法施行令第22条の3では「法第75条の政令で定める視覚障害者，聴覚障害者，知的障害者，肢体不自由者又は病弱者の障害の程度は，次の表に掲げるとおりとする」と規定しており，病弱者においては，その状態を，

1．慢性の呼吸器疾患，腎臓疾患及び精神疾患，悪性新生物その他の疾患の状態が継続して医療又は生活規制を必要とする程度のもの

2．身体虚弱の状態が継続して生活規制を必要とする程度のもの

としている。一方，現在慢性疾患児の多くは通常学級で学習している。特別支援教育（支援を必要とする児童生徒）の対応として，文部科学省は2013年の「障害のある児童生徒等に対する早期からの一貫した支援について（通知）（平成25年10月4日付け25文科初第756号文部科学省初等中等教育局長通知）において，

病弱特別支援学級の対象を，

1．慢性の呼吸器疾患その他疾患の状態が持続的又は間欠的に医療又は生活の管理を必要とする程度のもの

2．身体虚弱の状態が持続的に生活の管理を必要とする程度のもの

とし，通級指導の対象を「病弱又は身体虚弱の程度が，通常の学級での学習におおむね参加でき，一部特別な指導を必要とする程度のもの」としている。

また，近年においては，病弱児に対する教育の充実を目指し，1994 年に「病気療養児の教育について（通知）（平成 6 年 12 月 21 日付け文初特第 294 号文部科学省初等中等教育局長通知）」，2013 年に「病気療養児に対する教育の充実について（通知）（平成 25 年 3 月 4 日付け 24 初特支第 20 号文部科学省初等中等教育局特別支援教育課長通知）」，2016 年に「医療的ケア児の支援に関する保健，医療，福祉，教育等の連携の一層の推進について（通知）（平成 28 年 6 月 3 日付け 28 文科初第 372 号文部科学省初等中等教育局長等通知）」と通知が出され，病弱児の教育の保障と多様性への対応を目指している。

ここでは，このような流れが生まれてきた歴史的経過と医療との関係について概観し，現在の病弱児の教育の場とその現状を概説する。

なお，本文では，時代背景を踏まえ，当時使用されていた文言（用語）を用いるため，現在は使用されていない用語（例えば，精神薄弱等）が文中に含まれているので注意されたい。

1　病弱教育制度と歴史的変遷

（1）学習指導要領の成立と教育制度

病弱教育における最初の学習指導要領は 1963 年である。文部事務次官通達により，養護学校小学部病弱教育編として，養護学校小学部・中学部学習指導要領精神薄弱教育編，養護学校小学部学習指導要領肢体不自由教育編とともに制定された。盲（もう）・聾（ろう）学校の学習指導要領の制定から 6 年遅れてのことである。

その後，1967 年の小学校学習指導要領の改訂および翌 1968 年の中学校学習指導要領の改訂，さらに，特殊教育諸学校に在学する児童生徒の実態に即するために，1972 年 3 月，盲学校小学部・中学部学習指導要領，聾学校小学部・中学部学習指導要領，養護学校（精神薄弱教育）小学部・中学部学習指導要領，養護学校（肢体不自由教育）小学部・中学部学習指導要領及び養護学校（病弱教育）小学部・中学部学習指導要領として，文部省告示によりそれぞれ改訂・制定された。

1973 年には学校教育法中，養護学校における就学義務及び養護学校の設置義務に関する部分の施行期日を定める政令が出され，養護学校義務制を 1979 年から開始することが定められた。盲学校・聾学校の義務制から遅れること

表 3−2　文初特第 309 号に示される病弱・身体虚弱者に対する配慮事項

5　病弱者について (1) 教育措置 ア　施行令の表病弱者の項第 1 号に規定する程度の病弱者は養護学校において教育すること。 イ　慢性疾患の状態が 6 か月未満の医療を必要とする程度の者は，その状態に応じて必要な期間療養に専念するよう指導するか又は通常の学級において留意して指導すること。 なお，病院などにおいて療養中の者は，特殊学級を設けて教育することは差し支えないこと。 ウ　慢性疾患の状態が 6 か月未満の生活規制を必要とする程度の者は，特殊学級において教育するか又は通常の学級において留意して指導すること。 (2) 心身の故障の判断に当たっての留意事項 上認（1）ア，イ及びウに掲げる者の判断は，医師の精密な診断の結果に基づき，疾患の種類，程度及び医療又は生活規制に要する期間などを考慮して慎重に行うこと。 6　身体虚弱者について (1) 教育措置 ア　施行令の表病弱者の項第 2 号に規定する程度の身体虚弱者は養護学校において教育すること。 イ　身体虚弱の状態が 6 か月未満の生活規制を必要とする程度の者は，特殊学級において教育するか又は通常の学級において留意して指導すること。 (2) 心身の故障の判断に当たっての留意事項 上記（1）ア及びイに掲げる者の判断は，医師の精密な診断の結果に基づき，必要に応じて生育歴，羅病の傾向，健康診断の記録，出欠状況，教職員の日常観察，生活規制に要する期間などを考慮して慎重に行うこと。

出典）文部科学省：教育上特別な取扱いを要する児童・生徒の教育措置について（通達），初等中等教育局長通達（文初特第 309 号），昭和 53 年 10 月 3 日.

31 年である。

さらに 1978 年 10 月 6 日に，「教育上特別な取扱いを要する児童・生徒の教育措置について（文初特第 309 号）」が出された。この中では，病弱及び身体虚弱について表 3−2 のように示されている（原文のまま）。

この後，1979 年に養護学校義務制が始まり，ようやく病弱（障害）児に対する教育が確立された。同時期には従来の代謝異常や血友病（けつゆうびょう）患者に対する医療給付事業を改め，小児慢性特定疾患治療研究事業として，糖尿病や慢性心疾患なども加えた 9 疾患に対する医療的支援が始まった（1974 年）。その後，**対象疾患**は徐々に増え，2020 年 4 月現在，16 疾患群 762 疾病となっている。

対象疾患
p. 26 表 1 − 12 参照。

学習指導要領はこのあと，1989 年，1999 年，2003 年（一部改正），2009 年，2015 年（一部改正），2017 年，と改訂がなされてきた。特に 1999 年改訂においては重度重複化への対応として高等部における訪問教育の制度化と，「養護・訓練」の「自立活動」への変更がある。病弱教育においては，疾患の自己理解に関係する「健康の保持」が柱としてあげられ，2017 年改訂においてはさらにその中に「障害の特性の理解と生活環境の調整に関すること」が追加されている。各教科に対する配慮事項についても，多くの改訂がなされてはいるが，ここでは割愛する（教育課程に関する項で詳細は述べる）。

さらに，病弱児に対する教育の充実として，「病気療養児の教育について（通知)（平成6年12月21日付け文初特第294号文部科学省初等中等教育局長通知)」,「特別支援学校等における医療的ケアへの今後の対応について（通知)（平成23年12月20日付け23文科初第1344号文部科学省初等中等教育局長通知)」,「病気療養児に対する教育の充実について（通知)（平成25年3月4日付け24初特支第20号文部科学省初等中等教育局特別支援教育課長通知)」,「小・中学校等における病気療養児に対する同時双方向型授業配信を行った場合の指導要録上の出欠の取扱い等について（通知)（平成30年9月20日付け30文科初第837号文部科学省初等中等教育局長通知)」が相次いで出された。後述するが，30文科初第837号については，2015年4月の学校教育法施行規則の改正などによって高等学校，特別支援学校高等部の遠隔教育がすでに制度化されており，特別支援学校高等部においては訪問教育における遠隔教育も可能となった。

また，医療的ケアについては，2003年，養護学校における医療的ケアの文部科学省モデル事業も開始され，重度重複障害児の病弱教育の教育基盤が整ってきた。2004年には「医療的ケア」に関する厚生労働省の研究班が，特殊教育における医療のニーズの高い幼児児童生徒に対する痰の吸引，経管栄養及び導尿についての医学的･法律的な整理に関する報告書をとりまとめた。その後，2011年の厚生労働省の**介護職員等による喀痰吸引等の制度化**を受けて[1)]，上述の「23文科初第1344号」が出された経過がある。2016年には児童福祉法の改正により，条文に「医療的ケア」の文言が明記され，医療･教育･福祉のいっそうの連携が示されている。

介護職員等による喀痰吸引等の制度化
2011年4月「介護サービスの基盤強化のための介護保険法等の一部を改正する法律」法案提出。同年6月法案公布。

また，病気療養児（入院中の児童生徒）の教育保障としての院内学級は義務教育までであったが，2017年の学習指導要領の改訂により，高等学校における訪問教育，特別支援学級の設置に関する内容が明記された。さらに2019年11月には，「高等学校等におけるメディアを利用して行う授業に係る留意事項について（通知)（令和元年11月26日付け元文科初1114号文部科学省初等中等教育局長通知)」が発出された。さらに，2020年には「病気療養中の生徒にメディ

コラム　双方向型授業

遠隔地との会議に，テレビ会議を利用することが増えた。教育においても，病室（自宅･施設）にいながら，教室で行われている授業を受けることができつつある。病気療養児に対しては，本文にも示した「小・中学校等における病気療養児に対する同時双方向型授業配信を行った場合の指導要録上の出欠の取扱い等について（通知)」「高等学校等におけるメディアを利用して行う授業に係る留意事項について（通知)」が2018年，2019年に通知されている。一方通行型の一斉配信ではなく，双方向であることに意義がある。病気療養中であっても「対話的で深い学び」につながることを期待したい。

アを利用して行う授業の活用による教育機会の確保に資するとの考えから，病気療養中の生徒に対して行うメディア授業について修得単位数の制限の緩和を図る」旨の学校教育法施行規則改正がなされ，その周知を促す通知が同年5月に「学校教育法施行規則の一部を改正する省令の施行について（通知）（令和2年5月15日付け2文科初第259号文部科学省初等中等教育局長通知）」として発出されている。このように，病気療養中の高等学校在籍児に対する学習保障体制も進み，病弱及び身体虚弱児に対する教育制度は変化してきており，完成とまではいかないものの，多様な学びの場が整備されつつある。次項では，学校の設立背景について触れることとする。

(2) 病弱児に対する学校教育の歴史的変遷

前述のように，病弱及び身体虚弱児への教育における学習指導要領の制定は比較的新しい。しかしながら，学校教育においては病弱及び身体虚弱児に対する教育は古くから実践がなされてきたことが資料によって明らかになっている。

病弱教育は，1889（明治22）年，三重県で師範学校生徒に**脚気**（かっけ）患者が多数出たため転地療養させたのが始まりと考えられている。当時は，海浜学校（臨海学校）や林間学校といった休暇集落による戸外学校など療養と教育を兼ね備えた学校や学級が設置されてきた経過がある。さらに，1909（明治42）年には，千葉県に「東京市養育院安房分院（現在の社会福祉法人東京都船形学園）」が設立された。これは，病弱児の養護と教育を担う常設施設であった[2)]。

脚　気
ビタミンB_1の欠乏を原因とする末梢神経障害と心不全をきたす病気。江戸時代から多くみられ「江戸患い」ともいわれた。

大正に入り，1917年に社団法人白十字会が神奈川県茅ヶ崎町に設立した白十字会林間学校は，尋常小学校に準ずる教育を実施した日本最初の病弱養護学校である。

昭和に入ると，虚弱児に対する学校として1927年に私立一宮学園が開校し，1936年には東京府立久留米学園（現都立光明学園）が健康学園として開設された。1945年の終戦を経て，1947年には門司市立白野江小学校附属養護学校（現，北九州市立門司特別支援学校）が戦後初の公立養護学校として，1953年には都道府県立として初めて兵庫県立上野ヶ丘養護学校が開設された。

その後，各地に病院内の学級が設置されるようになった。国立療養所内の結核病棟，筋ジストロフィー病棟，**重症心身障害児**病棟が開棟し，そこに入院（措置入院）している児童への教育も行われるようになった。一方で，重症心身障害のような障害の重度重複化が進み，重度重複障害に対する教育の必要性も指摘されるようになった。重複障害学級の設置は，主に病弱，肢体不自由養護学校において進んだ。また，高等学校進学率の向上に伴い，高等部への進学も進んできた。しかしながら，1979年の養護学校義務制においては，訪問教育は義務教育年齢までであり，高等部における訪問教育は1999年の学習指導要領

重症心身障害児
重度の知的障害及び重度の肢体不自由が重複している児童（児童福祉法第7条）。

改訂まで待たなければならなかった。なお，養護学校高等部における訪問教育は翌2000年から，養護学校高等部における重複障害児学級の設置は2001年から始まっている。

2　病弱教育の学びの場

病弱児の学びの場には大きく分けて３種類ある。通常の学級で学ぶ，特別支援学級（通級指導教室含む）で学ぶ，特別支援学校で学ぶ，である（図３−１）。

（1）通常の学級で学ぶ

原因疾患による種々の配慮（制限）を受けながら，学習活動を行う。運動面や定時処方（服薬等）などへの対応が必要となる。しかしながら，子どもたちが自らの病状を相手に知られたくないと考えている場合もあり，周囲の児童生徒，教職員の言動にも配慮が必要である。

また，短期間の入退院の繰り返しや退院後の自宅療養期間などへの対応として，前述の学習指導要領の改訂や文部科学省初等中等教育局長通知により，高等学校在籍生徒への訪問教育や同時双方向型授業による遠隔授業の実施も可能

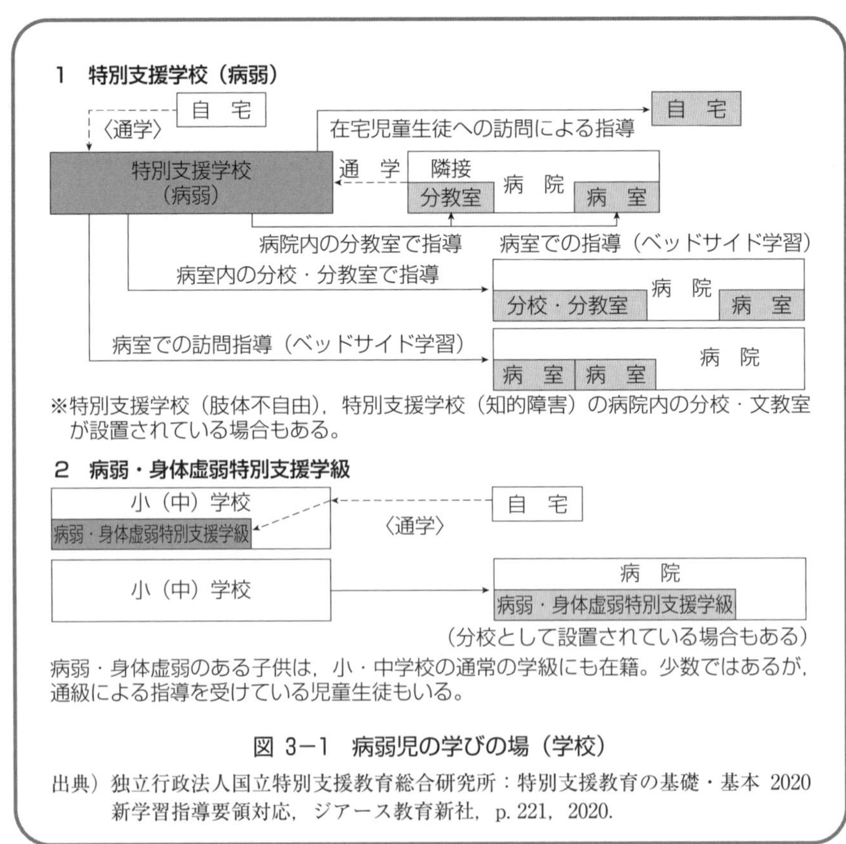

図３−１　病弱児の学びの場（学校）

出典）独立行政法人国立特別支援教育総合研究所：特別支援教育の基礎・基本 2020 新学習指導要領対応，ジアース教育新社，p. 221，2020.

となり，従来の「教室に行かなければ学習活動ができない」「学校に行かなければ出席とはならない」状況が改善されつつある。これは高等学校在籍生徒にとっては，入院中の学習保障（生徒の学習の遅れに対する不安）の軽減にもつながると考えられる。

(2) 特別支援学級で学ぶ

これには大きく，①学校の中の特別支援学級で学ぶ，②病院（施設）の中にある特別支援学級で学ぶ，の2つがある。文部科学省は，病弱児が学ぶ特別支援学級を「入院中の子どものために病院内に設置された学級や，小・中学校内に設置された学級があります。病院内の学級では，退院後には元の学校に戻ることが多いため，元の学校と連携を図りながら各教科等の学習を進めています。教科学習以外にも，特別支援学校と同様に身体面やメンタル面の健康維持や改善を図る学習を行うこともあります」と説明している。

制度的に広く知られているのは，②病院（施設）の中にある特別支援学級（学校教育法第81条第3項）である。「院内学級」といったほうが理解される場合もある。入院中の子どもたちの学習機会の保障（補填）を目的のひとつとしている。子どもたちのことばや生活が書籍として刊行，ドラマ化されTV放映されたこともある〔電池が切れるまで（2004年・テレビ朝日系列）・赤鼻のセンセイ（2009年日本テレビ系列）〕。一方，学校の中にある特別支援学級では，通常の学級とほぼ同じ内容の指導を基本として，自立活動としての健康状態の維持，回復・改善や体力の回復・向上を図るための指導も行われている。さらに，病状による制限はあるものの，授業時間だけではなく，休み時間に一緒に遊ぶことも含めて通常の学級在籍児との交流機会を多く確保できる環境にある。

(3) 特別支援学校で学ぶ

病院や施設に隣接している学校とそうではない学校とがある。また，前述の特別支援学級と混同されることも多いが，病院内に分教室（訪問教室）として設置されているところもある。なお，「義務教育年齢までの学部のみの学校もあるため，高等学校在籍生徒（高等部進学）に関しては学校の状況を確認する必要がある。学習内容としては当該学部・学年の学習に準じた（原則として同一）の教科等の指導が行われており，それに加えて，障害（病気）による学習上又は生活上の困難を主体的に改善・克服するために「自立活動」が設定されている」[3]。

なお，同じ入院であっても，学校教育法施行令第22条の3に規定される内容から，「風邪等の軽度の病気により，極めて短い期間だけ医療等が必要となる程度のものについては，特別支援学校（病弱）の対象とはならない」[4]とされている。

演習課題

1. 現行の学習指導要領に至るまでの経過，指導内容の変化について時代背景を踏まえながら整理してみよう。
2. 病気の子どもたちの指導にあたってどのような点に配慮したらよいか，考えてみよう。
3. 病気の子どもたちが無理なく学習するための指導計画とはどのようなものか，考えてみよう。

引用文献

1）宮本信也・土橋圭子（編著）：病弱・虚弱児の医療・療育・教育 改訂３版，金芳堂，p. 178，2015.
2）全国病弱虚弱教育研究連盟病弱教育史研究委員会：日本病弱教育史，日本病弱史研究会発行・デンパン会社印刷，p. 6，16，394，1990.
3）文部科学省初等中等教育局特別支援教育課：教育支援資料～障害のある子供の就学手続きと早期からの一貫した支援の充実～，p. 161，2013 年 10 月.
4）前掲 3）と同じ，p. 161.

参考文献

・宮本信也・土橋圭子（編著）：病弱・虚弱児の医療・療育・教育 改訂３版，金芳堂，2015.
・全国病弱虚弱教育研究連盟病弱教育史研究委員会：日本病弱教育史，日本病弱史研究会発行・デンパン会社印刷，1990.
・独立行政法人国立特別支援教育総合研究所：特別支援教育の基礎・基本　新訂版，ジアース教育新社，2015.
・玉村公二彦・山崎由可里・近藤真理子：病弱教育の歴史的変遷と生活教育―寄宿舎併設養護学校の役割と教育遺産―．和歌山大学教育学部教育実践総合センター紀要，22，147-155，2012.
・中村満紀男・岡　典子：昭和 37 年 380 号通達までの県と市の特殊教育分担論・対象論と就学基準の確立およびその硬直化．福山市立大学教育学部研究紀要，3，77-98，2015.

参考図書

・小児慢性特定疾病情報センター（https：//www.shouman.jp/）（最終閲覧：2021 年 6 月 30 日）
・女子栄養大学／レシピサイト（http：//www.eiyo.ac.jp/recipe/sp/nutrition/view/id：9.html）（最終閲覧：2019 年 5 月 5 日）
・農林水産省食料産業局企画課／明治期の農林水産業発展の歩み（http：//www.maff.go.jp/j/meiji150/eiyo/01.html）（最終閲覧：2021 年 6 月 30 日）
・山本純士：授業の出前、いらんかね。，文藝春秋，2006.
・満留昭久（編）：学校の先生にも知ってほしい慢性疾患の子どもの学校生活，慶應義塾大学出版会，2014.
・日本育療学会（編著）：標準「病弱児の教育」テキスト，ジアース教育新社，2019.

3 病弱教育の教育課程

1 教育課程の編成

(1) 児童生徒のニーズに対応した教育課程

2016年4月に，障害を理由とする差別の解消の推進に関する法律（以下，**障害者差別解消法**とする）が施行された。この法律は，障害を理由とする差別の解消の推進に関する基本的な事項や，国の行政機関，地方公共団体等及び民間事業者における障害を理由とする差別を解消するための措置などについて定めることによって，すべての国民が障害の有無によって分け隔てられることなく，相互に人格と個性を尊重し合いながら共生する社会の実現につなげることを目的としている。また，この法律でいう障害とは，身体障害，知的障害，精神障害（発達障害を含む），その他の心身の機能障害（難病に起因する障害を含む）に起因するものだけではなく，社会におけるさまざまな障壁と相対することによって生じる者も含まれる。このことから，入院や自宅療養によって，十分な学校教育を受けることが困難となる病気療養児もこの法律の対象者となる。たとえば小児がんの児童生徒が病気療養期間であっても，病状に合わせた学校教育を行うことが重要であり，そのことを実現するための教育課程の編成が求められる。

障害者差別解消法
日本は2007年に国連の「障害者の権利に関する条約（障害者権利条約）」に署名し，その後国内法整備を行い，2014年1月に障害者権利条約を批准。2011年の障害者基本法改正で「差別の禁止」を基本原則として規定し，同原則の具体化のため，2013年に成立した。

学校の教育活動は，学校の教育課程によって位置づけられている。教育課程とは，学校教育の目的や目標を達成するために，教育の内容を児童生徒の心身の発達に応じ，授業時数との関連において総合的に組織した学校の教育計画である。2017年の告示小学校学習指導要領第1章総則には，「各学校においては，教育基本法及び学校教育法その他の法令並びにこの章以下に示すところに従い，児童の人間として調和のとれた育成を目指し，児童の心身の発達の段階や特性及び学校や地域の実態を十分考慮して，適切な教育課程を編成するものとし，これらに掲げる目標を達成する教育を行うものとする」と記されている。中学校学習指導要領，高等学校学習指導要領，特別支援学校学習指導要領にも同様の内容が記されている。各学校が学習指導要領を基準とする学校の教育計画である教育課程を編成し，児童生徒の教育を担当する教員が，授業計画を立て，授業等において教育活動が営まれる。

特別支援教育要領・学校学習指導要領解説総則編（幼稚部・小学部・中学部）(2018）には，「学習指導要領は，特別支援学校における教育について一定の水準を確保するために法令に基づいて国が定めた教育課程の基準であるので，各学校の教育課程の編成及び実施に当たっては，これに従わなければならないものである」「特別支援学校における教育の目的や目標については，（略）教育基本法，学校教育法及び小学部・中学部学習指導要領において，一般的な定めがなされているので，各学校において，当該学校の教育目標を設定する場合には，これらを基盤としながら，地域や学校の実態に即した教育目標を設定する必要がある」とあり，学習指導要領は，教育課程の編成の源である。疾患のため継続して医療や生活上の管理が必要な児童生徒を教育の対象とする病弱特別支援学校における教育課程の基準は，特別支援学校幼稚部教育要領，特別支援学校小学部･中学部学習指導要領，特別支援学校高等部学習指導要領である。特に，各教科については，小学校，中学校，高等学校それぞれの学習指導要領の各教科に準ずるものとされている。また，**自立活動の領域**も必ず教育課程に位置づけられなければならない。

自立活動の領域
特別支援学校小学部・中学部学習指導要領だけにある領域。特別支援学校小学部・中学部学習指導要領の領域は，小学校学習指導要領，中学校学習指導要領と同様に各教科，特別の教科　道徳，外国語活動，総合的な学習の時間，特別活動があり，加えて独自の領域として自立活動がある。

病気療養児の教育は，医療の進歩などによって，入院期間の短期化や短期間で入退院を繰り返す頻回化が顕著となっている傾向に対応することが求められている。そして小・中学校と病院にある学校との転出入を繰り返すことになる病気療養児は，小学校や中学校等の教育課程が，可能なかぎり継続した教育課程を編成している病院にある学校で学ぶことによって，連続性のある学びの場を確保することができる。そこで，病気療養期間であっても，病状に合わせた学校教育を行うことが重要であり，そのことを実現するための教育課程の編成が求められる。教育課程を編成する際には，児童生徒の教育ニーズを把握したうえで，学級編成や活動ごとの小集団などの教育集団の編成，教職員の適切な校内配置，安全で実用性のある教室の配置，施設･設備の整備等が求められる。病気の子どもへの日々の授業などの教育活動も，必ず各学校が編成した教育課程に沿って行われる。病弱特別支援学校での教育課程の編成の際に，領域，教科の授業時数を定めるにあたっては，児童生徒の過度の負担とならないよう病状や生活規制等について考慮することが重要である。

（2）教育課程と個別の指導計画のつながり

教育課程を実際の授業へと展開する際に必要となるものが，個別の指導計画である。個別の指導計画は，児童生徒一人ひとりの病気の状態などに応じたきめ細やかな指導が行えるよう，学校における教育課程や指導計画などを踏まえて，より具体的に子どもの教育ニーズに対応して，指導目標や指導内容・方法について示したものである。そして，個別の指導計画を作成することによって，実践を踏まえた評価内容が明確化し，指導の改善に活かすことができる。そのため，個別の指導計画は必要に応じて修正されるべきものである。

個別の指導計画は，前籍校との教育の連続性と保つための有力なツールである。そこで，退院による転校の際には，個別の指導計画の引き継ぎと継続を前籍校の教員に期待する。

各都道府県に設置されている病弱特別支援学校に在籍する児童生徒の疾患は，隣接する病院が標榜する診療科によって大きく異なるため，学校ごとに児童生徒の実態は一様ではない。そのため，児童生徒の実態と教育的ニーズに的確に応える教育課程の編成が，それぞれの学校で行われている。

学校における教育課程の編成は，一般的にはその年度に在籍する児童生徒の心身の発達に応じて，学校の教育目標を設定し，指導内容の組織と授業時数の配当を行う。しかしながら，病弱特別支援学校に在籍する児童生徒は，年度途中で転入したり転出したりするため，あらかじめ「児童生徒の心身の発達に応じて」教育課程を編成することが困難である。在籍することが想定される児童生徒の病状や心身の発達段階を考慮して，教育課程を編成せざるをえないのである。そこで，小学校，中学校，高等学校等に準じた教育課程の編成だけでなく，次のような複数の教育課程を編成している学校が多い。

① 小学校・中学校の各教科の各学年の目標・内容などに準じて編成・実施する教育課程。

② 小学校・中学校の各教科の各学年の目標及び内容を当該学年（学部）よりも下学年（下学部）のものに替えて編成・実施する教育課程。

③ **小学校・中学校の各教科または各教科の目標及び内容に関する事項の一部を知的障害特別支援学校の各教科または各科目の目標の一部によって，替えて編成・実施する教育課程。**

一般的に「**知的代替の教育課程**」と称されている。

④ 各教科，道徳もしくは特別活動の目標及び内容に関する事項の一部または各教科もしくは総合的な学習の時間に替えて，自立活動を主として編成・実施する教育課程。

実際に転入してくる児童生徒の実態に応じて，いずれかの教育課程によって学校教育活動が展開されるのであるが，教育課程は年間の学校教育計画であるため，それぞれの児童生徒の在籍期間を考慮し，個別の指導計画により，個に応じた柔軟な教育内容，教育方法を立案することが病弱教育の専門性として求められる。また，病院や施設等への訪問教育によって教育を受ける児童生徒の教育課程は，上記いずれかの教育課程を適用することになる。

教育課程の編成は，学校長の責任の下，学校の運営組織である校務分掌に基づいて，全教職員の協力を得ながら作成することが重要である。特に，病気の児童生徒を直接担当する教員同士が教育情報を共有し，お互いに連携協力することが欠かせない。そこで，2017 年に告示された学習指導要領では，学校の教育目標を実現するために，どのような教育課程を編成し，どのように実施し，評価，改善するのかという「カリキュラム・マネジメント」の確立が求められている。このためには，教育課程の計画（plan：P），実施（do：D），評価（check：C），改善（action：A）を繰り返す PDCA サイクルを機能させた学校経営が重要であり，学校運営連絡協議会等を設置し，校内の内部評価だけではなく，校外からの外部評価も含めた学校評価に基づいて改善を行う学校が増えている。

2　病弱児のための学習指導要領における「特例・教育課程の取扱い」等の変遷

就学猶予・免除
すべての国民は，日本国憲法第 26 条等により，その保護する子に普通教育を受けさせる義務を負っているが，学校教育法第 18 条により，病弱，発育不完全その他やむを得ない事由のため就学困難と認められる場合には，就学義務が猶予または免除される。

明治以降，**就学猶予・免除**の対象となっていた病弱者の教育は，1961 年の学校教育法改正によって養護学校で行われることが初めて位置づけられた。そして，1962 年に「養護学校小学部学習指導要領 病弱教育編」，1963 年に「養護学校中学部学習指導要領 病弱教育編」が公示された。そこには，病弱の程度の重い児童のために特別に編制された学級については，実情に応じた教育課程を編成し実施することができることが示されている。

1971 年公示の「養護学校（病弱教育）小学部・中学部学習指導要領」には，療養中の児童または生徒について，特に必要がある場合には，実情に応じた授業時数を定めることができることが示された。また，心身の障害の状態により学習が困難な児童または生徒について，小学部または中学部の各教科の各学年の目標及び内容に関する事項の一部を欠き，またはその全部もしくは一部を各教科（中学部にあっては，中学部の各教科に相当する小学部の各教科を含む）の当該学年の前各学年の目標及び内容に関する事項の全部もしくは一部によって代えることができるという，下学年・下学部適用の規定が設けられた。さらに，重複障害者のうち，学習が著しく困難な児童または生徒については，各教科，道徳及び特別活動の目標及び内容に関する事項の一部を欠き，養護・訓練を主として指導を行うことが示された。

1979 年公示の「盲・聾・養護学校小学部・中学部学習指導要領」には，これまでの特例規定に加えて，療養中の児童もしくは生徒または教員を派遣して教育を行う場合について，特に必要がある場合には，実情に応じた授業時数を適切に定めることが示され，養護学校義務制に伴う訪問教育の実施に対する規定が設けられた。

1999 年公示の「盲・聾・養護学校小学部・中学部学習指導要領」には，幼稚部教育要領に示す各領域のねらい及び内容の一部を取り入れることができることが示された。

1999 年公示の「盲・聾・養護学校高等部学習指導要領」には，療養中の生徒及び障害のため通学して教育を受けることが困難な生徒について，各教科・科目の一部を通信により教育を行う場合の１単位当たりの添削指導及び面接指導の回数等（知的障害者を教育する養護学校においては，通信により教育を行うこととなった各教科の一部の授業時数に相当する添削指導及び面接指導の回数等）については，生徒の実態に応じて適切に定めるものとするという規定が設けられた。

3　病弱児の教科指導

病弱児を対象とする教科指導では，疾患や病状によって，個別の対応や配慮が不可欠である。また，同じ病気であっても，症状や治療は一人ひとり異なり，個人内においても，急性期，慢性期，**寛解**期それぞれの時期で異なる。児童生徒には，授業時数の制約，学習の空白や遅れ，病気の不安などによる学習意欲の低下，身体活動の制限，経験の不足や偏りによる社会性の未熟などの傾向がみられることが多い。また，長期の入院により家族や友だちと離れていたり，入退院を繰り返すことで友達関係を築きにくかったりすることもある。そこで，教師は，子どもが主体的で意欲的に活動できる環境を整備し，達成感，自己効力感を持つことができるように配慮しながら教育活動を行わなければならない。

寛　解
病気の症状や徴候の一部またはすべてが軽快し，見かけ上は消滅して安定した機能に戻った状態をいう。病気やけがが完全に治ることを完治や治癒という。

病弱児を対象とする学校では，一人ひとりの病状，学習状況に合わせて，指導目標，指導内容及び指導方法などを個別に設定する個別の指導計画を作成する。その作成にあたっては，児童生徒を担当する医療関係者との連携は欠かせない。また，児童生徒の病気の特質や病状に考慮し，負担過重による病状や健康状態の悪化をきたすことのないよう，無理のない指導計画の作成に努めなければならない。そして，教科の特質を踏まえて指導内容を精選し，基礎的・基本的な事項に重点を置き，各教科等相互の関連を図ったり，指導内容の連続性に配慮した工夫を行ったりして，効果的な学習が展開できるようにすることが大切である。特に，短期間での入退院を繰り返す児童生徒への指導については，前籍校との連絡を密にして個別の指導計画を作成し，教科指導を行わなければならない。

2017 年に告示された「特別支援学校小学部・中学部学習指導要領」第 2 章各教科－第 1 節小学部－第 1 款 4 病弱者である児童に対する教育を行う特別支援学校の項目において，各教科の指導計画の作成と各学年にわたる内容の取り扱いにあたって，配慮する事項が示されている。なお，中学部，高等部の学習指導要領においても同様に配慮する事項が示されている。

①個々の児童の学習状況や病気の状態，授業時数の制約等に応じて，指導内容を適切に精選し，基礎的･基本的な事項に重点を置くとともに，指導内容の連続性に配慮した工夫を行ったり，各教科等相互の関連を図ったりして，効果的な学習活動が展開できるようにすること。
②健康状態の維持や管理，改善に関する内容の指導に当たっては，自己理解を深めながら学びに向かう力を高めるために，自立活動における指導との密接な関連を保ち，学習効果を一層高めるようにすること。
③体験的な活動を伴う内容の指導に当たっては，児童の病気の状態や学習環境に応じて，間

接体験や疑似体験，仮想体験等を取り入れるなど，指導方法を工夫し，効果的な学習活動が展開できるようにすること。

④児童の身体活動の制限や認知の特性，学習環境等に応じて，教材・教具や入力支援機器等の補助用具を工夫するとともに，コンピュータ等の情報機器などを有効に活用し，指導の効果を高めるようにすること。

⑤児童の病気の状態等を考慮し，学習活動が負担過重となる又は必要以上に制限することがないようにすること。

⑥病気のため，姿勢の保持や長時間の学習活動が困難な児童については，姿勢の変換や適切な休養の確保などに留意すること。

教育支援資料（文部科学省，2013）の「第３編 障害の状態等に応じた教育的対応－Ⅴ 病弱・身体虚弱－３　病弱・身体虚弱の子供の教育における合理的配慮の観点－①－２　教育方法」には，ICT等を活用したコミュニケーションの機会の提供や学習機会の確保と体験的な活動の実施について示されている。

①－２ 教育方法

①－２－１ 情報・コミュニケーション及び教材の配慮

病気のため移動範囲や活動量が制限されている場合に，ICT等を活用し，間接的な体験や他の人とのコミュニケーションの機会を提供する。（友達との手紙やメールの交換，テレビ会議システム等を活用したリアルタイムのコミュニケーション，インターネット等を活用した疑似体験等）

①－２－２ 学習機会や体験の確保

入院時の教育の機会や短期間で入退院を繰り返す子供の教育の機会を確保する。その際，体験的な活動を通して概念形成を図るなど，入院による日常生活や集団活動等の体験不足を補うことができるように指導する（視聴覚教材等の活用，ビニール手袋を着用して物に直接触れるなど感染症対策を考慮した指導，テレビ会議システム等を活用した遠隔地の友達と協働した取組等）。

病弱教育におけるICT活用
あたかも現実世界のように体感できるVR（virtual reality）の技術を使った機器を活用したり，テレビ会議システム（WEB会議システム）により病室内でも教室の授業を受けることができるようにしたりして，学習できる機会を確保するためにICTを活用することが病弱教育では有効である。

以上のことから，教科指導を行う際には，次のことに留意する必要がある。

①　**授業形態や集団の構成の工夫**：学習の進度（習熟度）や病弱の状態，学級構成人数の少なさ，学年の違いなどを考慮して，授業形態や集団の構成を工夫して，学習活動が効果的に行われるよう配慮する必要がある。

②　**指導方法の工夫**：指導を効果的に進めていくためには，教員と児童生徒との位置関係や教材提示の仕方など指導方法の工夫改善がきわめて重要となる。

③　**教材教具の工夫**：児童生徒の自主的・主体的な学習を促進し，基礎的・基本的な内容を児童生徒が確実に身につけるためには，教材・教具を適切に活用することが不可欠となる。そのためには，児童生徒の興味・関心に合わせた教材教具，ベッドサイドでも使用できる教材教具を準備するなどの創意工夫が求められる。例えば，コンピュータなどの情報機器や情報通

信ネットワークを有効に活用して，療養中でも，可能なかぎり学習できるように工夫する。

④　**学習の動機づけ**：学習の必要性や目的を自覚させる，学習の方法を習得させる，学習の楽しさを体験させる，学習を通して成就感を得させる。

⑤　**直接体験の拡大**：児童生徒の多くは，長期の入院によって生活空間がかぎられ，直接体験が不足したり体験が偏ったりしやすい。そこで，直接体験する機会をなるべく多くする。指導方法を工夫しても，直接的な体験ができない場合は，視聴覚教材などを使用して学習効果を高めるようにする。仮想現実を体験できるVR教材は，実験，観察，見学などの疑似体験を可能とする。

⑥　**保健，安全面の工夫**：児童生徒の病気の種類や障害の状態などが多様であることを考慮して，一人ひとりの疾病の状態や体力などに即した学習活動や学習環境となるよう留意し，児童生徒の病状や健康状態の悪化をきたすことがないようにする必要がある。また，感染防止や事故防止に努めることも重要となる。

4　病弱児の自立活動

学校教育法第72条に特別支援学校の目的のひとつとして，「障害による学習上又は生活上の困難を克服し自立を図るために必要な知識技能を授ける」ことが示されている。この目的を達成するために，特別支援学校の教育課程に特別に設定されている領域として自立活動がある。教育課程を編成する際には，自立活動の指導は，「**自立活動の時間における指導**」と「学校教育全体を通じて行う自立活動の指導」とにおいて実施される。そのため，各教科などの指導においても，それぞれの児童生徒の自立活動の目標と内容を把握しておく必要がある。

自立活動の内容は，①健康の保持，②心理的な安定，③人間関係の形成，④環境の把握，⑤身体の動き，⑥コミュニケーション，の6区分であり，それぞれの区分に計27の下位項目で構成されている。

病弱児の自立活動は，健康状態の維持･改善などに必要な知識や技能の習得，健康状態の維持・改善などに必要な態度や習慣の育成，これらを支える心理的安定や意欲の向上，つまり自己管理する力を育てることが大きな目的となる。

具体的な指導内容は，児童生徒の疾患，病状，発達段階，病気の理解度などの実態把握を行い，学習指導要領などに示されている内容から必要な項目を選定し，それらを相互に関連付けて，指導目標と指導内容が設定される。

学童期・思春期の児童生徒にとって，自己管理能力向上の目的は，病状の維持・安定を図ったり，疾患の増悪を防いだりすることだけでなく，健康状態を

自立活動の時間における指導
週時程表に「自立活動」と表記するなど，授業時間を特設して定時に行う自立活動の指導のことをいう。

自立活動
目標と内容についてはp. 35表1－15参照。

保ちながらも心理的に安定し，学校生活，社会生活に適応することにある。病院では苦痛を伴う治療生活を強いられることが多くても，教育の場では，自立活動の時間による指導場面だけではなく，学校教育全体において友だちや先生との関わりを通して，新たな発見や達成感，満足感を体験することで本来の自分を取り戻し，そのエネルギーが病気と折り合いをつける意欲や自己管理能力の向上へとつながることも多い。

自立活動と各教科の指導計画の作成に際しては，各領域相互が補い合いながら学習効果が高まるようすることが望ましい。特に，自立活動の「健康の保持」や「心理的な安定」の内容の指導にあたっては，小学部における理科，体育科，家庭科，中学部における理科，保健体育科，技術・家庭科の関連する学習内容との関係を考慮することが重要となる。例えば，小学部児童の自立活動の指導計画作成にあたって，「健康の保持」の内容の中の「身体各部の状態の理解と養護に関すること」，「健康状態の維持・改善に関すること」の項目を選定して指導内容を設定する場合，小学校第４学年の「人の体のつくりと運動」，第６学年の「人の体のつくりと働き」の内容との関連を図ることで，より効果的な指導を行うことが可能となる。

児童生徒の病気の種類は心臓疾患，腎臓疾患，筋ジストロフィー，小児がん，１型糖尿病，気管支喘息，肥満など多様で，その病状もさまざまである。そこで自立活動の目標と指導内容を検討する際には，それぞれの病気の特質や個々の病状等を考慮し，健康状態に無理のないよう留意することが大切である。また，個別の指導計画の作成時には自立活動の目標，指導内容についても記述する必要がある。その作成にあたっては，病気の種類や病状，発達段階，病気に対する自己管理能力及び経験等の実態に応じて，指導目標，指導内容及び指導方法などを個別に設定している。そのため，主治医や看護師等の医療関係者との連携を密にして自立活動の指導の参考にすることも必要である。

演習課題

1. 病弱・身体虚弱教育を行う学校が，学校の教育計画である教育課程を編成する際に，どのようなことに留意する必要があるかを考えてみよう。
2. 病弱児の教科指導の特徴を整理してみよう。
3. 病弱児にとっての自立活動の意義について，考えてみよう。

４　個別の教育支援計画，個別の指導計画

2009年に告示された特別支援学校の学習指導要領において，一人ひとりの障害の状態などに応じた指導の充実を図るため，すべての幼児児童生徒につい

て，各教科などにわたる「個別の指導計画」を作成するとともに，教育・医療・福祉・労働などの関係機関が連携し，一人ひとりに応じた適切な指導と必要な支援を行うため，すべての幼児児童生徒に「個別の教育支援計画」を作成することが示された。

1　個別の教育支援計画

「個別の教育支援計画」は，障害のある子ども一人ひとりについて，乳幼児期から学校卒業後まで，一貫した長期的な計画を策定しようとするものである。

子どもに関わるさまざまな関係者（教育，医療，福祉などの関係機関の関係者，保護者など）が子どもの障害の状態などに関わる情報を共有化し，教育的支援の目標や内容，関係者の役割分担などについて計画を策定する。

2017年に告示された特別支援学校の学習指導要領では，総則において「家庭及び地域や医療，福祉，保健，労働等の業務を行う関係機関との連携を図り，長期的な視点で児童又は生徒への教育的支援を行うために，個別の教育支援計画を作成すること」と明記された。

(1) 個別の教育支援計画を作成するうえでの留意点

2005年12月の中央教育審議会「特別支援教育を推進するための制度の在り方について（答申）」では「個別の教育支援計画」とは，障害のある幼児児童生徒の一人ひとりのニーズを正確に把握し，教育の視点から適切に対応していくという考えのもと，長期的な視点で乳幼児期から学校卒業後までを通じて一貫して的確な支援を行うことを目的として策定されるもので，教育のみならず，福祉，医療，労働などのさまざまな側面からの取り組みを含め関係機関，関係部局の密接な連携協力を確保することが不可欠であり，教育的支援を行うにあたり同計画を活用することが意図されている。

病弱教育においては，病気の前後を比較すると，治療などにより学習環境や学習内容が大きく変化することから，医療や福祉と連携した個別の教育支援計画はとりわけ重要である。

対象児童生徒の進学や転学に際して，教育支援計画の作成の主体が変更となる場合には，引き続き教育が一貫して行われるように，文書の引き継ぎをしっかり行えるような連携を持つ必要がある。

また，医療や福祉との連携が円滑に行われるように，関係機関との連携が重要であり，**特別支援教育コーディネーター**と協力しながら，関係機関との連携を図るようにする。各機関でも個別の支援計画が作成されている場合には，それらとの連携や接続を図り，より一人ひとりの実態に応じた個別の教育支援計

特別支援教育コーディネーター
特別なニーズのある児童生徒の支援をするための教育機関や医療機関への連携，その者の関係者（家族など）への相談窓口を行う専門職を担う教員のこと。

画にしていく必要がある。

個別の教育支援計画を作成するにあたっては保護者が重要な役割を担う。保護者への積極的な参画を促し，保護者及び本人の意見を十分に尊重して作成または改訂することが重要である。

個人情報の保護も需要な観点である。管理にあたっては，具体的な方法を明記するなどして，厳重に管理することが重要である。

個人情報
個人情報とは，個人情報保護法によれば，生存する個人に関する情報であって，当該情報に含まれる氏名，生年月日その他の記述などにより特定の個人を識別することができるもの（他の情報と容易に照合することができ，それにより特定の個人を識別することができることとなるものを含む）をいう。

(2) 個別の教育支援計画の記入例

ふりがな		性　別	生年月日	取扱注意
本人氏名				
ふりがな		住　所		
保護者氏名		TEL		
対象期間	令和　年　月　日から令和　年　月　日まで　年　ヶ月間			
作成年度	学校名	校長名	学部・学年・組	記入者名
1				
2				
3				

特別な教育的ニーズ	【記入する視点】 生活規制や自己管理を必要としている状況や保護者の願いを踏まえて具体的に記入する。 【記入例】 ・入院の長期化に伴うストレスの軽減（令和２年10月９日） ・地元校復帰に向けた体力の向上（令和３年４月８日）
（追加）	
本人・保護者の願い	【記入する視点】 本人保護者の願いを具体的に示す。また，変更があった場合には時期を示す。 【記入例】 本人 ・早く病気を治して退院したい。（令和２年７月） ・運動をして体力をつけたい。（令和３年４月） 保護者 ・入院のストレスを軽減してほしい。（令和２年７月） ・勉強が遅れないようにしてほしい。（令和３年３月）
合理的配慮	【記入する視点】 転出後も必要な配慮についても記載する。
（追加）	

教育機関の支援		目標・機関名	支　援　内　容	評　価
	所属校			
	（追加）			
	就学支援委員会の助言内容			

<table>
<tr><td rowspan="4">教育機関の支援</td><td colspan="2">（追加）</td><td></td><td></td><td></td></tr>
<tr><td colspan="2">交流及び
共同学習</td><td></td><td></td><td></td></tr>
<tr><td colspan="2">（追加）</td><td></td><td></td><td></td></tr>
<tr><td colspan="2">（追加）</td><td></td><td></td><td></td></tr>
<tr><td rowspan="7">関係機関の支援</td><td colspan="2"></td><td>機関名</td><td colspan="2">支　援　内　容</td></tr>
<tr><td colspan="2">医療・保健</td><td></td><td colspan="2"></td></tr>
<tr><td colspan="2">（追加）</td><td></td><td colspan="2"></td></tr>
<tr><td colspan="2">福祉・労働</td><td></td><td colspan="2"></td></tr>
<tr><td colspan="2">（追加）</td><td></td><td colspan="2"></td></tr>
<tr><td colspan="2">家庭・地域</td><td></td><td colspan="2"></td></tr>
<tr><td colspan="2">（追加）</td><td></td><td colspan="2"></td></tr>
<tr><td rowspan="4">本人のプロフィール</td><td colspan="2">病気・障害の
状況</td><td colspan="3"></td></tr>
<tr><td rowspan="3">これまでの支援内容</td><td>生育歴
療育歴
教育歴</td><td colspan="3">【記入する視点】
・病名・障害名（病院名も併せて記入する。）
・手帳の種類（取得年月日）
・発作・服薬の有無・状況・配慮点
・病気や障害の程度・状況等
・病気や障害から派生する生活上・行動上の配慮事項等
等，必要に応じて</td></tr>
<tr><td>相談歴
諸検査</td><td colspan="3">【記入する視点】
・出産時の様子
・子育てで気になった点（運動，言語，対人関係等）
・乳幼児健診
・治療・訓練の経過
等，必要に応じて</td></tr>
<tr><td>その他</td><td colspan="3">【記入する視点】
・保健センター親子相談
・発達相談
・教育委員会・就学相談
・知能検査，社会生活能力検査の実施結果
・保育所・幼稚園への通園状況
・学校への通学状況
等，必要に応じて</td></tr>
</table>

私は，以上の内容を確認し，関係諸機関へ用紙を渡すことを承認します。

〇〇年　〇月　〇日　本 人 氏 名＿＿＿＿＿＿＿＿

保護者氏名＿＿＿＿＿＿＿＿

2　個別の指導計画

「個別の指導計画」とは，児童生徒一人ひとりの障害の状態などに応じたきめ細かな指導が行えるよう，学校における教育課程や指導計画，当該児童生徒の個別の教育支援計画等を踏まえて作成するものである。これは，児童生徒一人ひとりの教育的ニーズに対応して，指導目標や指導内容・方法等を盛り込んだ指導計画で，例えば，単元や学期，学年ごとに作成され，それに基づいた指導が行われる。

2017 年 4 月に告示された特別支援学校の学習指導要領では，総則において「各教科等の指導に当たっては，個々の児童又は生徒の実態を的確に把握し，個別の指導計画を作成すること。また，個別の指導計画の実施状況の評価と改善を教育課程の評価と改善につなげていくように工夫すること」と明記された。

病弱教育の場合は小・中学校等の教育課程に準ずる教育をする場合が多いことから，小・中学校等の学習指導要領及び前籍校の学習内容を参考にして指導を行う。特に入院や治療により学習空白がある場合には，空白となっている学習内容を的確に把握し，その内容を理解できるように指導内容を作成する必要がある。また，できるだけ学習空白が生じないように，医療と連携し，ベッドサイドでの学習も有効に活用しながら，効果的な指導計画を作成する必要がある。

装具の着用などにより身体活動に制限がある場合には，装具を着用して可能な学習環境を整えたり，指導方法や指導内容を工夫したりする必要がある。

入院や治療による不安を解消するために，自立活動等の時間により，心理面の安定や適切な人間関係の形成を図る学習を行うことも重要である。

（1）個別の指導計画を作成するうえでの留意点

①　個別の教育支援計画の「所属校での目標」を段階的に達成するために，具体的で明確な到達可能な目標を設定する。

②　個別の教育支援計画の「教育的ニーズ」「保護者の願い」を踏まえて指導の方針を立てる。

③　児童生徒の示す行動の背景を考え，どのような力をつける必要があるかを明記する。

④　児童生徒の将来像を見すえて，現在必要な力は何かを考え，指導方針を立てる。

自立活動の目標と内容
p. 35 表 1 − 15 参照。

⑤　**自立活動の目標と内容**については学習指導要領の 6 区分・27 項目を参考にし，児童生徒の全体像を踏まえたうえで作成する。

⑥　児童生徒の変化が著しい場合には，適宜，実態，指導方針，目標などに変更・追加・修正を加える（変更，追加前の実態，指導方針，目標は消さずに追加欄に記入する）。

⑦　作成（追加修正などを含む）した場合は必ず本人，保護者の確認・同意を得る。

⑧　表現については「ここまではできる」という現状を明確にする。～ができないことなどのマイナス面のみを記入するのではなく，「○○すればできる」「ここまではできる」という観点で記入する。

（2）個別の指導計画の作成例

<table>
<tr><td>本人氏名</td><td>○○　○○</td><td>学校名</td><td>○○○○学校</td><td rowspan="2">取扱注意</td></tr>
<tr><td>学部・学年・組</td><td>○学部○年○組</td><td>記入者名</td><td>○○　○○
○○　○○</td></tr>
<tr><td>指導方針</td><td colspan="4">【記入例】
○体調の変化に配慮しながら，治療や学習に前向きな気持ちで取り組めるように指導する。
○入院生活のストレスの発散方法を工夫できるようにする。
○安心して気持ちを表現できる学級の雰囲気や人間関係を作る。</td></tr>
<tr><td>（追加）</td><td colspan="4"></td></tr>
<tr><td colspan="5">指　導　に　結　び　つ　く　実　態</td></tr>
<tr><td colspan="5">【指導に結びつく実態の記入の配慮点】
指導に結びつくように，各機関での検査項目等を参考にしながら以下のような視点で実態を把握する。
・自己の病気・状態についての理解について
・健康状態の維持・改善等に必要な生活様式の理解
・健康状態の維持・改善等に必要な生活習慣の確立
・病気の状態や入院等の環境に基づく心理的不適応
・集団への適応
・意欲の低下
・学習進度，学習空白について把握
・学年相応か下学年対応など，学習内容について把握する。

【記入例】
○学力の遅れはなく，ほぼ通常の計画で学習できる。算数の文章題がやや苦手である。
○長期の入院となり，大きな集団には慣れていない。好きな活動ではやりたい気持ちが強くなりすぎで，順番を待つことができなくなるときがあるので，集団を意識させて活動させることが必要である。
○車いすのため移動に配慮が必要である。文字を書くときに顔を近づけすぎるので，姿勢を正しくするようにさせている。
○抜毛を気にしているので，帽子を着用している。友だちの面会では配慮が必要である。</td></tr>
</table>

	学習課題・目標	指導内容・方法	評価
自立活動	【学習課題・目標記入の配慮点】 ・課題に基づいた具体的な目標を能動的な表現で記入する。 ・児童生徒の示す行動等の背景（なぜそのような行動を起こすのか）を考え，学習課題，目標を立てる。 ・教科等の指導については，年間指導計画が基本になるが，ベッド学習の場合や学習の遅れや空白などがある場合については実態に応じた立案が必要。また，病	【指導内容・方法の記入の配慮点】 ・領域・教科等のそれぞれの指導内容を書き込んだ年間指導計画などを作成していることを前提に，それらに基づき，個別の指導目標，指導内容，配慮事項等を明らかにした内容を記入する。※目標を達成するためにどのような指導が必要かを具体的に記入する。 ・教科・領域ごとに重点的な指導場面について，具体的な方法	【評価記入の配慮点】 ・指導場面でのよい変容や成長した点，今後の課題や目標等を具体的・客観的に記入する。 ・指導内容・方法の欄に書いた手立てを用いたことで，どれだけできるようになったのかを記入する。 ・次の学期への具体的な目標や手立て等も記入する。

自立活動	状の変化によって目標等を修正しなければならない場合も考えられる。	（手立て）を記入する。 ・幼児児童生徒一人一人に対する指導上の配慮事項を付記する。	
	【記入例】 ○健康の保持に関する知識を養い，生活を維持，改善しようとする。 ○遊んだり，作ったりする活動を通して，ストレスを軽減したり，自分の思いを相手に伝えたりする。	【記入例】 【学校生活全般】 ○相談できる人を決め，相談しやすい環境を作る。	【記入例】 【学校生活全般】 ○日誌で一日の振り返りを行った。以前に比べ，書き始めるのが早くなり，やったことだけでなく自分の感想も書けるようになった。
		【自立活動の時間】 ○紙粘土 ○じぶん神経衰弱 ○リズムを楽しもう ○睡眠について	【自立活動の時間】 ○思いを表現し，積極的に伝えようとしていた。「紙粘土」では，色合いにこだわり，「ピンクの白さが足りない」と，赤・白の粘土の配合に時間をかけて取り組んでいた。「じぶん神経衰弱」では，「自分の好きなもの」として大小のハートを描き，「これは母と子を表す」と発言していた。 ○健康の保持に関する学習では，授業中，気付きをつぶやきながら話を聞いており，よく考えながら参加していることがうかがえた。
		【個別（抽出）の自立活動】 ○ストレスについて考える。	【個別（抽出）の自立活動】 ○退院して元の学校に戻るときの不安について，特に友だちとうまく関われるだろうかなどについて話し合った。手紙を出すことで，友だちとの関係を積極的に作っていくこととし，手紙を3回書いてやり取りを続けた。
国語	【記入例】 ○物語の場面の様子や違いを意識して音読を工夫する。 ○「問い」と「答え」を捉えて，段落に気を付けて読む。	【記入例】 ○きつつきの商売 ○言葉で遊ぼう／こまを楽しむ	【記入例】 ○「きつつきの商売」では，擬音語に注意をして音読を工夫しようとしていた。物語の世界から触発され，「うさぎの道案内屋」と「ぺんぎんの氷屋」を創作した。 ○「言葉で遊ぼう／こまを楽しむ」では，文章の冒頭に提起

国語			される「問い」を見出し，対応する「答え」を捉えながら読むことができた。「こまを楽しむ」の構成を手本とし，自身で考案した「ぴかぴかごま」を説明する文章を書いた。 ○姿勢に気をつけ書くことができた。持ち方については，教科書にとらわれることなく，本人の持ちやすさを第一として取り組んだ。
	<書写> ○毛筆の基本を知る。	<書写> ○筆の持ち方 ○＊＊県硬筆展	<書写> ○集中して取り組み，用紙いっぱいにのびのびと書くことができた。
体育	【記入例】 ○それぞれの運動の特性を知り，体力や体調や制限に応じた運動を考えて活動する。 ○友だちと協力して活動に取り組む。	【記入例】 ○ボール投げ ○体育祭練習（玉入れ） ○ボール投げゲーム	【記入例】 ○自分に合った運動を考えながら活動に取り組んだ。「ボール投げは，投げる手と反対の足を出すと投げやすい」や，「玉入れは，下投げの方が投げやすい」と，発言していた。 ○車いすの児童に玉を拾ってあげたり，作戦会議のときに積極的に意見を言うなど，友だちと協力して活動に取り組む様子が見られた。
	※以下，各教科等については省略		

＜総合所見＞

※教科などの学習の他，行事のことや評価において大きく改善した点などについて記載する。次期への励まし等も含めることもある。

【記入例】

日々，前向きな気持ちで学校生活を送っていました。積極的に教員や友だちと関わろうとする態度があり，自分から話しかけ，周りを明るい雰囲気にしていました。授業中の発言も活発で，○○さんの意見をきっかけとして授業が展開する場面が何度もありました。

入院生活中，治療に伴う体調変化があれば，自ら教員に申し出て安全に過ごしていました。復学後は健康状態を気にかけていただけますよう，ご配慮ください。また，長期入院に伴う体力低下が見られます。運動活動や教室移動など，学校生活のご支援をお願いします。

3 復学に向けた移行支援計画

復　学
入院などで学籍を特別支援学校に移した後，治療が終了したことによって，もとの学校に戻ることをいう。単に転学ということもある。

病弱特別支援学校等に在籍する児童生徒は治療が終了すると，もとの学校に戻ることが多い。このことを**復学**というが，もとの学校に戻るといっても単に学籍を移動するだけではない。治療による学習空白はもちろん，体力の低下や薬による容姿の変化，以前の友だち関係に戻ることができるかなど，児童生徒にとって不安なことが非常に多い。そのため，復学に向けては，学習，施設，人間関係など多くの視点で配慮をしながら，具体的な計画を作成することが重要である。

移行支援計画については，個別の教育支援計画の中で示す場合もあるが，病弱教育の特徴でもあるので，しっかりとした視点を持つことが必要である。そして，病気により転入した時点から復学を意識して計画を立てることが必要である。

(1) 合理的配慮の形成に向けて

復学後の合理的配慮の形成のためには，①転入の際に前籍校から詳しく情報を収集する，②在学中は，病院・保護者・前籍校・関係機関などとの連携を密にして，充実した学校生活を送らせるとともに，転入直後から復学に向けた取り組みをスタートさせる，③復学に向けて，前籍校と十分に協議し，子どもたちが安心して生活できるような合理的配慮について検討する，などの，それぞれの時期の取り組みが重要となる。

(2) 合理的配慮の例

病弱教育では合理的配慮について前籍校や次の教育機関等にしっかりと伝え具体的な対応を共有することが特に重要である。前述のように個別の教育支援計画に示すことが多いが，別の書式で合理的配慮について詳しく示すこともある。慢性疾患における合理的配慮の例を表３−３に示す。

(3) 病弱教育ならではの合理的配慮

病気により転入してきた児童生徒は，自分自身の病気の不安はもとより，学習の遅れに対する不安，友だちから忘れられるのではないかという不安，将来の進路に対する不安など多くの不安を抱えている。病弱特別支援学校では自立活動を中心に，「心理的安定」や「人間関係の形成」などについて指導を行っており，自己理解やストレスの対処法の指導を行っている。病気の子どもにとっては，一般的な合理的配慮に加え，心理的への配慮が重要な視点である。

前籍校と合理的配慮について協議する際には，十分に話し合い，過重な負担にならないことを前提にしている。②で例としてあげたケース以外にも次のよ

表 3−3　慢性疾患における合理的配慮の例

合理的配慮を記入するうえでの視点	合理的配慮の例
学習上の困難を改善・克服するための配慮	○月に 1，2 回の定期通院があるので，学習進度等の配慮をする。
	○治療の関係で授業ができない期間もあったため，一部学習できていない単元等がある。詳しくは上記の学習内容をみて配慮をする。
	※中 3 の受験期の転籍の場合は，高校への事前相談が必要な際の主治医からの配慮事項を参考に進める。
学習内容の変更・調整	○体力低下のために，当初は 1，2 時間の授業からはじめ，本人，家族と相談し，体力回復に併せて時間枠を増やす。
	○医師の活動制限事項に則り，体育はできる範囲の内容で参加すること，屋外行事については，相談のうえ，参加の方法を考慮する。
情報・コミュニケーション及び教材の工夫	○治療の副作用により，後遺症がある。障害に合わせた配置，教材，支援機器等の準備をする。 ※後遺症に合わせて，具体的に書く。
学習機会や体験の確保	○環境や集団への高い不安と緊張感を持っているので，準備登校等で段階を踏むが，学校生活全般に配慮をする。
心理面の配慮	○クラス，学年集団への病気の説明は，本人・ご家族の意向を尊重し，内容を確認したうえで実施する。
	○治療の副作用による容姿の変化（脱毛，ムーンフェース，皮膚の黒ずみ）に対する配慮を事前に，先生方，生徒に周知する。
健康面の配慮	○服薬は保健室管理とし，状況に応じて対応する。
	○紫外線の制限があるため，日焼け止め，時間等に配慮する。
	○治療の副作用によって，骨のもろさが認められる。回復するまでの期間，過重な負担，転倒等に配慮する。
	○体力が回復するまでは，保護者が送迎をする。保健室での休憩を適宜いれる等の配慮をする。
専門性のある指導体制	○復学にあたっては，友だち関係，学習への不安，再発への不安を訴えている。徐々に適応していくと思われるが，心理的な支援が必要である。
	○入院中に心理不適応の症状がみられたために，専門医による治療もされた。今後も引き続き専門機関との連携をする。
教職員の理解啓発を図る配慮	○病気については，教職員全員で周知し，対応をお願いしたいと保護者の要望がある。職員全体への周知理解を図る。
災害時の支援体制の整備	○災害時，体力低下で急いで避難できない場合もあるために，車いすを近くに準備する。

うな配慮が必要である。

① 感染症が心配な場合も過度に対応するのではなく，感染症の広がる時期のみ別の場所で学習することや全校的な手洗い，うがいなどを依頼する。

② 治療などのため学習が遅れている場合には，補講や個別的に質問を受ける機会をつくるなどの工夫をしてもらう。

③ 肢体不自由のある児童生徒などに対し，体育の授業の際に，車いすでも可能な活動を紹介をする。

④　ことばによるやり取りが苦手な子には，視覚教材を活用するように依頼し，実際に学習場面で使用した教材を提供する。

⑤　集団での関わりが苦手な子には，相談室や保健室の計画的な利用について依頼する。また，適応指導教室の使用などについて教育委員会とともに協議する。

⑥　高校の入学試験において，感染症予防のための別室受験や集団適応が難しい場合の個別的な対応などを依頼する。

これら以外にも，治療による容姿の変化（抜毛，むくみなど）に対して，クラスメイトにどのように伝えるのかを本人を交えて前籍校の担任と一緒に協議し，実際に説明の練習などを行う。

演習課題

1. 個別の指導計画の自立活動の目標や内容等を作成する際には，学習指導要領のどの部分を参考とするのがよいだろうか。
2. 病弱特別支援学校に在籍していた児童生徒が，治療が終了して小・中学校等に復学する際に，どのような合理的配慮が必要となるだろうか。

5　学校内の環境・条件

1　教室環境づくり

入院生活を余儀なくされ，病院から通学する子どもにとって教室環境は大きな意味を持つ。整備された教室は子どもの生活や心身の安定に不可欠である。

教室環境の整備は学級経営の大きな要素であり，病気の子どもが学校生活の大半を過ごす教室を，落ち着きと温かさを感じられるように整備したいものである。

2　具体的な取り組み

（1）教室内の環境整備

病気の子どもにとって，学校の教室は「家庭」であり，教員と児童生徒は学校の中での「家族」であるといえる。そのため自分たちの生活の場となる教室は，教員と児童生徒で管理したい。

1）児童生徒用の机・椅子

常に机や椅子の状態を確認する。使用する机・椅子のサイズは児童生徒の病状・症状・障害などに合わせることはもちろん，車いすや**バギー**の高さを考慮に入れることも必要である。一人ひとりに管理させ，落書きをしたり，傷をつけたりしないなど，物を大切にし，身辺整理を促すことも指導のひとつである。学習に必要なものの整理整頓は学習活動の基盤であり，休み時間中に次の準備をする習慣をつけることも環境づくりに欠かせない。

バギー
身体障害者などが，姿勢を保持するために使用するベビーカー。

2）黒　板

正面黒板は教室の「顔」である。児童生徒の手で次の授業に備えて，常にきれいにしておくことを習慣づける。黒板を担当する係や掃除当番などを決めて，活動の見届けや価値づけを行い，自主性を育てることも重要である。

背面黒板は児童生徒が主体となって，授業連絡などに使用する場合が多い。記入の仕方を工夫させ，学習内容や連絡事項などが全員に通じるように具体的に記入させる。

3）ロッカー，道具棚

日常使うものを，自由に出し入れできるよう，ロッカーの配置，道具箱の高さなどに配慮する必要がある。また，車いすなどを利用する児童生徒が気軽に出し入れできるよう，一人ひとりに合わせた工夫も忘れてはならない。

「自分にとって必要な物がいつもそこにある」ことの心地よさを児童生徒が実感できるようにしたいものである。

（2）掲示物など

生徒一人ひとりの取り組みの過程がみえ，意欲を喚起するような掲示を心がける。日ごろから生徒の立場に立ち，意味のある掲示物は何かを吟味することが大切である。

1）目　標

学級目標，個人目標など，児童生徒が目標を意識できるよう，常に視界に入るような工夫が必要である。お互いの目指す方向や達成したい目標を目にすることによって学級の共通理解が図られ，目標の実現への意欲が高まる。

2）学校生活を送るうえで必要な掲示物

日課表，時間割表，係活動分担表，給食当番表，学級新聞，通信物など児童

バリアフリー
障害者や高齢者が生活していく際の障害を取り除き，誰もが暮らしやすい社会環境を整備するという考え方。

コラム　合理的配慮の例―校内環境のバリアフリー化

運動機能障害による車いす使用，心臓病など運動制限がある場合には，エレベーターの設置や身障者用のトイレの設置，スロープの設置などの**バリアフリー**化が必要であるが，単にエレベーターを設置するだけでなく，教室の配置，接触による事故を避けるために歩行時のルールづくりなどソフト面でも配慮が可能である。

生徒が学校生活を送るうえで必須な情報を必要な視線の範囲に掲示する。児童生徒にとって刺激が強くなりすぎないよう，実態に応じて側面や背面の掲示を考えることも大切である。

3）コーナー掲示

学習・作品・図書コーナーなどを設け，学級全員の学習成果・報告・感想などを伝え合い，情報交換の場として活用する。作品コーナーでは子どもたちのよさを認めるようなコメントを添えることもよい。

4）その他

児童生徒がすぐ使えるように辞書などの書籍を常備したり，自由に使えるマーカー・模造紙などを用意するなど，主体的な学習の場を設ける。毎日の授業の連絡などを貼ることがあれば，ホワイトボードや教室の背面に貼るように心がける。

教室環境は，病気の子どもたちの学校生活に大きな影響を及ぼす。各疾患の特徴的な病状・症状等に応じた教室の環境整備については，主治医との連携により正確な情報を収集したうえで，合理的な配慮の観点からその内容について本人・保護者と合意形成を図っていくことが必要である。

3　教育現場での支援と養護教諭の役割

(1) 教育現場での支援と配慮事項

子どもの病気やそれに伴う入院によって，家族の生活は大きく変わる。子どもの日常生活は中断され，病気に対する不安や前籍校に対する思いなどが大きなストレスを加えることになる。身体の診断だけでなく，常に症状の背後にある心の問題に目を向けなければならない。教育的支援として，どのように配慮すべきか以下にあげる。

① **受　容**：相手の訴えをすべて受け入れることではなく，よく見て，よく聴き，温かく包み込むこと。そこには敬意・尊重も必要である。

② **共　感**：同情とは違い，相手の訴えを実感しながらも感情的に巻き込まれない，理解ある態度のことである。

③ **支持・保証**：抱えている問題にともに取り組み，必ずやよくなるという希望を与えてあげることが必要である。

④ **認める，ほめる**：ほめことばは最良の安定剤である。

心の病を抱える子どもたちは，教員や友人といった周囲の環境から受ける言動に対して，とても敏感な反応を示す。時には，想像上の言動までもが現実であるかのように感じ，被害的に感じることもある。そして心の内で生じた不安や動揺が，実際のことばや行動，症状も影響を与える場合がある。

学校側での支援を考える際，特に重要になるのが，子どもにとっての「安全」

であり，「安心」な環境を提供することである。例えば校内に安全と感じられる場を用意したり，心の拠り所となるような安心できる人を配置するなどの工夫が必要になる。

(2) 養護教諭の役割・校内連携

養護教諭は，時代により変化する多様な子どもの健康課題に対応しながら，子どもの健康の保持増進に関わる大切な支援者である。学校教育法では養護教諭は「児童生徒の養護をつかさどる」と定められている。具体的には保健室において，救急処置，健康診断，疾病予防などの保健管理，保健教育，健康相談，保健室経営などに関する職務を行う。病気や障害のある子どもにとっても重要な理解者の役割を担っている。

個別相談に親身に相談にのることはもちろん，相談内容の秘密を守ることで，子どもも保護者も自分たちの心の底まで語り尽くすことができるわけで，ここに心のケアも養護教諭の大切な職務のひとつである。

保健室登校の子どもの受け入れに際して，養護教諭が留意しなければならない点は以下のとおりである。

① 本人が保健室登校を希望していること。

② 心のケアについて，教職員の理解と支援を得ておくこと。児童生徒の中には，保健室を「駆け込み寺」として利用する子どもも多い。保健室を利用する前に，保健室が持つ，心のケア機能の重要性について学校全体で共通理解することが必要である。

③ 子どもについて担任と十分に話し合い，養護教諭に対する担任の期待を知ると同時に，養護教諭の支援の限界についても担任の理解を得ること。養護教諭が可能な受け入れについて，担任と細かく話し合い，どこまで対応できるか，どんな対応を展開していくかなど，事前の話し合いが必要である。

④ 保健室登校の受け入れについて，保護者とどのように関わるかについても，担任をはじめ教職員の同意を得ておくこと。教職員がばらばらに対応すると，保護者などに混乱が生まれる可能性がある。教職員は情報を共有し，一貫性のある対応をすることが大切である。

(3) スクールカウンセラーとの連携

学校生活を送る中で，不登校・心の病など種々の問題行動が起こる。その対応にあたっては，心理学知識や心理援助が求められる。専門的知識を有し，心理相談業務を行うのがスクールカウンセラー（SC）である。

児童生徒の発達を考えるうえで，学校と家庭はどちらも重要な役割を担っているが不登校や引きこもりなどで本人と関わることができない状態のときは，学校と家庭が連絡を取り合って，本人の状態を把握し，支援の方法を確認する必要がある。このような場合，スクールカウンセラーは，家族への働きかけや学級担任と家庭との仲介役となって，連携・調整していかなければならない。

学校現場において，子どもたちが安心して生活できるよう，子どもの心の問題を受け止め，子どもの心の「器」づくりに努力することがスクールカウンセラーに求められている。

4　学級づくり

病気の子どもが通学する病院（内）の学校・学級では，児童生徒数が少人数であることが多く，集団の中でさまざまな意見を聞いて考えを深めたり，個々の社会性を伸ばすことが難しい場合がある。また病気による種々の制限により，体験が不足がちになったり，病気への不安や家族・友人から離れた不安を抱える子どもの思いに寄り添った配慮も必要になる。

病気の子どもの学級づくりは，小集団になることが多い，その場合は集団参加の場面を設定するとともに，その子のニーズや病状などに応じて集団活動への参加方法を工夫する。本人の病状などにより，病院内の学校に通えない場合は**テレビ会議システム**やテレビ電話などの「情報通信ネットワーク」を活用して，集団活動に参加する方法も効果的である。

テレビ会議システム
遠隔地でも，カメラやマイクを使用することで，実際に顔を合わせているかのように会議ができるシステム。

（1）学級づくりの視点

子どもたちにとっての学級は「安心・安全で楽しい場所」であることが大切である。以下に学級づくりのポイントをあげてみる。

1）学級開きを大切にする

病気などを抱えた子どもたちにとって，学校生活は心の拠り所である。

子どもたちが夢を描けるよう，時間をかけて準備しなければならない。子どもたち一人ひとりの思いを聞き，どんな人に成長してほしいか思い描き，クラスをつくりあげていく。子どもが転入するたびに，学級開きをするような心構えが大切である。

2）人間関係をつくる

教員と児童生徒の良好な人間関係がなければ，子ども同士の人間関係も成り立たない。普段から子どもたちとの会話を心がけ，温かいメッセージを送り，どんなときでも子どもと向き合う時間をつくることが，信頼関係を築く。

3）学級目標を通して活動を振り返る

学級目標を日々の学校生活で具体的に示すことによって，一人ひとり意識させ振り返ってこそ効果がある。学級目標を実現するためには，朝の会や帰りの会などで定期的に振り返ることが大切であり，クラスの絆は強くなっていくものである。

4）仲間の気づき・発見を大切にし，共有する

子ども同士の間にある関係性が教室の空気をつくる。お互いを認め合う気持ちを育てることで，温かい空気に包まれていく。教員は一人ひとりの気づきや発見を敏感に察知し，一人ひとりを認め，個々の児童生徒の自信と可能性を伸ばすことが大切である。

ばらばらな個性の集まりの中での共通項をみつけ，それに向かって子どもたちの興味が収れんしていくような学級づくりを目指したい。

演習課題

1. 病気の子どもの教室環境整備は，学校生活に大きな影響を及ぼす。合理的配慮の具体例をあげ，自分のことばで説明してみよう。
2. 近年，心のケアを必要とする子どもが増えているが，養護教諭の教育現場での支援・役割について整理してみよう。

参考文献

・文部科学省：第１章　教育環境づくりの経緯と現状．教室等の室内環境の在り方について　中間報告，2005.
・文部科学省：新たな学校施設づくりのアイデア集―充実した教育活動と豊かな学校生活のために，2010.
・全国特別支援学校病弱教育校長会・国立特別支援教育総合研究所：病気の子どもの理解のために～こころの病編，2010.
・全国特別支援学校病弱教育校長会（編著）・丹羽　登（監）：病気の子どものガイドブック，ジアース教育新社，2012.
・国立特別支援教育総合研究所（編著）：病気の子どもの教育支援ガイド，pp. 33～34，56～57，ジアース教育新社，2017.
・松浦俊弥（編著）・西牧謙吾（監）：チームで育む病気の子ども―新しい病弱教育の理論と実践，p. 12，北樹出版，2017.

第4章 病弱教育の現代的諸問題

1 長期入院児への教育保障

長期の入院児への教育保障における課題は，先人の努力により，一つひとつ克服されてきているが，子ども，保護者，教育，医療，行政などのそれぞれの立場からあげるとまだまだたくさんあるといわざるをえない。ここでは，子どもの立場からの課題を中心に述べたい。

1 子どもにとっての入院の影響

長期の入院や加療の経験により，子どもたちがさまざまな不安を抱くことが明らかになっている（表4−1）。

このような不安を子どもたちが抱いていることを理解し，安心感を与える関わりが大切になる。また，子どもたちは自分が置かれている状況や家族についてより深く考え，病気のために親の期待に沿えないことや入院や治療によって経済的に負担をかけていることを申し訳なく思うこともある。病気の経過や死に対して考えることは大きな不安や恐怖につながることもある。加えて，学業の遅れや進路の変更を余儀なくされることもあり，否定的な自己認知を持ちやすい。学校の友だちから離されることは悲しみや寂しさを伴い，子どもたちをいっそう不安にする。このようなことから，自尊感情が低下したり，PTSDの症状を呈する子どもたちの姿がある。このことが子どもの成長・発達に大きな影響を与えることは疑う余地はない。一人ひとりの状況に合わせた，オーダーメイドの教育を考えていく必要がある。

2 病気のある子どもと教育制度

入院・治療の経験をせざるをえない子どもたちに対して，教育の保障が行われている。そのためにさまざまな制度が整えられてきた。しかし，現状は入院

表 4−1 入院児の不安の構造と類型

将来への不安	「自分が病気だとわかっても，他の友だちが前と同じようにつき合ってくれるだろうか，心配に思う」「将来，みんなと同じように働けるだろうか不安に思う」 入院が長くなるほど社会との隔絶感も高まる。経験の不足により将来像が描きにくい。退院後の日常生活という近未来の社会復帰に対する不安を抱く
孤独感	「前に通っていた学校の友だちに，電話をしたり手紙を書こうと思う」「もっと家族と一緒にいたいと思う」 自分の生活環境から一人切り離されて入院している状況で感じる孤独な気持ちの表れ
治療恐怖	「どうしてもやりたくない検査や治療がある」「治療は怖くて，とにかく嫌だ」 病という脅威の対象は明確であるが，治療は子どもたち本人には逃れることのできない対処不可能な対象と考えられる
入院生活不適応感	「病棟の規則は厳しすぎると思う」「病気のために，自分のやりたいことが全部できなくなってしまった」 小学生より高校生のほうが高い不適応感を抱いている。思春期の子どもが幼い子どもと同じ規則に縛られることが背景と考えられている
取り残される焦り	「前に通っていた学校の勉強が，どのくらいまで進んでいるのか気になる」「前に通っていた学校の友だちの間で，今何が流行っているのか知りたいと思う」 学校の友だちから一人だけ離れて入院し，勉強や話題に遅れてしまうのではないかという焦りの気持ちの表れ

資料）谷口明子：入院児の不安の構造と類型―病弱養護学校児童・生徒を対象として，特殊教育学研究，42(4)，283-291，2004．を参考に作成

をしている子どもすべてに教育が届いているとはいえない。

厚生労働省の統計によると，1999 年度，15 歳未満の入院患者数は約 4 万 5,000 人であった。2011 年度は約 2 万 9,000 人というように，入院した子どもの数は，かなり減ってきている。これは，少子化というだけでなく，医療の進歩が大きく影響をしていると思われる。

しかしそのような中，ある調査の統計が文部科学省から公表された。2013 年度に実施された「長期入院児童生徒に対する教育支援に関する実態調査」である。結果の中に，「転学等をした児童生徒は，延べ約 4,700 人」という数字がある。先述の 15 歳未満の入院患者数には，6 歳以下も含まれているので正確な数字とはいえないが，かなりの人数の子どもたちが，入院時に転学などを行っていないことがわかる。転学をしない場合は，在籍校が教育を行うことになっている。しかし，「長期入院した児童生徒に対し，在籍校が行う支援」の調査項目では，「学習指導を実施していない」との回答が，約半数の学校からあった。30 日以上の長期の入院でさえ，そのような数字である。短期入院の子どもたちに対する教育保障は，どのようになっているのだろうか。

転学などの問題は，入院期間の短期化だけが要因ではないだろう。転学の手続きも，以前に比べかなり簡素化されてきているが，子どもが病気で入院をし

たとき，保護者に転校の手続きにまで意識を向けたり，労力を使ったりしてもらうことは，現実的ではない。在籍に関することは税制とも関わることなので簡単にはいかないが，現実に合った制度に変えていく必要があると考える。

また，病弱教育に特化した特別支援学校は，以前は各都道府県に最低１校は設置されていたが，在籍児童生徒数の減少や障害の重複から，いわゆる「病弱の単独校」は減少しつつある。もちろん，病弱教育を行っている，ほかの障害種との併置校はこの10年で1.5倍に増加した。通常の学校の中に設置された病弱・身体虚弱特別支援学級は，2,000学級を超えるなど，増加をしている。ただし，病院の中に設置される学校や学級は，この10年ほどは200学級程度で推移し，自治体によっては，今後設置をしないと明言しているところもある。

前節でも触れたように，入院時の子どもたちへの影響は，入院期間や病気の軽重に関わらず，子ども一人ひとりによって異なるため，すべての子どもに教育が保障されることが望まれる。

3　病気のある子どもと医療

現在，10～15歳の子どもの入院日数の全国平均は約10日である。小児がんに罹患した子どもも７～８割は寛解という状態になり，学校に復帰できるようになってきた。死亡者数も激減している。社会にとっては朗報である。

しかし一方で，病気を抱えながら，医療とつながっていなければ生活できない子どもたちが増えているということも事実である。

晩期合併症
子どもの成長や時間の経過に伴って，がん（腫瘍）そのものからの影響や，薬物療法，放射線治療など治療の影響によって生じる合併症。小児がん特有の現象（国立がん研究センター）。

AYA世代
p. 29，88，161参照。

例えば，**晩期合併症**がみられる小児がんのサバイバーの子どもたちもいる。「勉強が覚えられない」「以前のことが思い出せない」「運動ができなくなった」「背が伸びなくなった」「結婚していいのだろうか」「子どもが産めるだろうか」「再発したらどうしたらいいだろう」などということばを聞く。15～30歳前後の思春期・若年成人**AYA（アヤ）世代**の子どもたちもいる。そのような子どもたちとの教育を通した関わりをどのように行っていけばよいのか悩んでいる教員は多い。

また，治療の方針により，投薬や処置のない期間は自宅で過ごし，次の治療の期間に入ったときに再入院をする子どももいる。退院をしているため，病院内の学校・学級の教員は自宅に行くことができない。本来は，在籍している学校が学習保障をする立場にあるが，治療中ということで，関わりが薄い場合も多い。退院後，在宅で静養をしている子どもたちも同様である。

医療的ケアの必要な子どもたちも含め，医療の進歩に教育の制度が追いついていないのではないかと考える。医療の現状を知る必要もあるだろう。特に，長期の入院や重篤な状態にある子どもたちに対しては，教育の中に「小児緩和ケア」の視点も取り入れていくことが求められている。

4　病気のある子どもの進路

2018年より行われている「医療的ケア児と家族の主張コンクール」において，高校生のスピーチ「医療的ケアとぼくの想い」で語られたのは，①「医療的ケアがあっても，友だちと一緒にいたい」，②「医療的ケアがあっても，選択肢がほしい」，③「仲間と家族への感謝」，の3つであった。

ある中学生が，受験をする高等学校を決めるために学校訪問をしていた。この子どもは，病気のために体育の実技がほぼできない。訪問先の高校で，応対した先生からいわれた。「あなたの成績なら，うちの高校には合格できると思います。しかし，2年生には進級できません。体育の実技の単位が取れないからです。それでもよいのでしたら，1年間だけでも来てみますか」と。病気のある子どもたちにも，進路選択ができる動きは行われるようになってきている。その子ども自身が，否定的な自己認知から選択肢を狭めてしまうこともあるかもしれないが，子どもの発達段階における十分な選択肢が用意されているとはいえない。また，その子ども自身が選択を狭めてしまうことも，その子ども一人のせいだとは到底いえないのではないだろうか。このようなことは，高校や大学の進学だけでなく，就職や結婚なども同様である。子どもの発達を考慮した，選択肢を用意する働きかけを続けていきたい。

5　子どもと人権

入院中の子どもたちに教育を保障したいと伝えると，多くの大人からは「治ってからでよいでしょう」ということばが返ってくる。医療者に伝えても，「もう少しよくなってきてからでよいのでは？」「最優先は治療である」といわれる。もちろん，入院をしている子どもたちにとっての優先順位の1位は治療である。1日も早い退院を望んでいる。だからこそ，そこに教育による働きかけが必要であろう。なぜなら，子どもたちにとって，「学ぶことは生きること」だからである。「教育」を通して，子どもの治療のエネルギーを貯めたり，病気と生きていく力を育んだりすることが可能である。

子どもの権利条約第28条において

1. 締約国は，教育についての児童の権利を認めるものとし，この権利を漸進的にかつ機会の平等を基盤として達成するため，特に
   a. 初等教育を義務的なものとし，すべてのものに対し無償のものとする。
   b. 種々の形態の中等教育（一般教育及び職業教育を含む。）の発展を奨励し，すべての児童に対し，これらの中等教育が利用可能であり，かつ，これらを利用する機会が与えられるものとし，例えば，無償教育の導入，必要な場合における財政的援助の提供のような措置をとる。

c．すべての適当な方法により，能力に応じ，すべてのものに対して高等教育を利用する機会が与えられるものとする。
d．すべての児童に対し，教育および職業に関する情報および指導が利用可能であり，かつ，これらを利用する機会が与えられるものとする。
e．定期的な登校及び中途退学率の減少を奨励するための措置をとる。

病院のこども憲章
EACH Charter
病院のこどもヨーロッパ協会（EACH）が1988年に合意。10項目の原則で構成され，うち2項目は滞在施設に関する事項である。

とされている。また，「**病院のこども憲章**」の第７条においても，「子どもたちは，年齢や症状にあったあそび，レクリエーション，及び，教育に完全参加するとともに，ニーズにあうように設計され，しつらえられ，スタッフが配置され，設備が施された環境におかれるべきである」と明記され，2007年に制定された「都立病院の子ども患者権利章典」の第７条にも，「あなたは，入院していても，勉強したり，遊んだりすることができます」とある。

このように，たとえ病気があっても「教育」は子どもの人権を守るために必要なものであることがわかる。「学習は健康な状態になってからでよい」という社会通念を変えていく必要があるだろう。

病弱教育の対象は，社会の状況により変化をみせている。最近は，不適切な養育や関わりをされた子どもや精神疾患のある子ども，激しい喪失体験のショックを受けて，PTSD症状を呈している子どもなど，さまざまな傷つきを抱えた子どもたちが入院をしている。子どもの人権を守るために，行わなければならないことのひとつとして，入院児の教育保障は不可欠である。

6　病弱教育と教員

ここまで，入院児への教育保障においての課題をみてきた。入院児本人の課題だけでなく，制度や意識など，社会の中にある課題も大きいことがわかる。子ども自身が病気でなくとも，保護者やきょうだいといった家族の一員に病気があり，困難を抱える子どももいる。友だちが入院をしているクラスメイトの中にも「ネガティブな感情は出さないほうがよい」「そんな話は触れてはいけない」と考え，辛い思いをしている子どももいる。教育活動を行ういたるところに病気による困難を抱えた子どもたちは存在するといえる。

そのような子どもたちに教育を行う教員の専門性が問われる。特に長期入院児への教育では，重篤な状態にある子どもとの関わりや学校文化が通じない医療という場など教員を取り巻く状況も想定外の状況がある。教育領域だけで子どもの学びの保障はもはや成立しない。特に病弱教育においては顕著である。病弱教育に携わる教員をいかに育て支えていくかも，病弱教育の大きな課題のひとつといえるだろう。教員養成や現職教員研修も含め，病気による困難を抱えた子どもたちへの教育保障の充実を図っていく必要がある。

演習課題

1. 子どもにとっての入院の影響を説明してみよう。
2. 入院時への教育保障の課題に対する考えを述べてみよう。

参考文献

・谷口明子：入院児の不安の構造と類型―病弱養護学校児童・生徒を対象として，特殊教育学研究，2004.

・谷川弘治：病気の子どもの心理社会的支援入門，ナカニシヤ出版，2009.

・近藤　卓：基本的自尊感情を育てるいのちの教育，金子書房，2014.

・副島賢和：あかはなそえじ先生の一人じゃないよ，Gakken，2015.

・多田羅龍平：子どもたちの笑顔を支える小児緩和ケア，金芳堂，2016.

・松浦俊弥（編著），西牧謙吾（監）：チームで育む病気の子ども―新しい病弱教育の理論と実践，北樹出版，2017.

・日本育療学会（著），山本昌邦・島　治伸・滝川国芳（編）：標準「病弱児の教育」テキスト，ジアース教育新社，2019.

 病弱教育と地域連携

1　小児医療の体制における各病院の役割

厚生労働省は小児医療の体制を図4－1のように制度設計している。

一般小児医療（一次）は入院を必要としないかぜなどの一般的な症状への対応とともに，喘息などの慢性疾病の日常的な管理をフォローする役割がある。また，退院後の主治医として，日常的な健康管理を担っていることもある。小児地域医療センター（二次）は，緊急手術が必要な場合に初期小児救急（一次）からの搬送を受け入れたり，一般小児医療では対応が困難な専門領域の医療を提供したりしている。小児地域医療センター（二次）に入院する場合，入院期間は数日の短期から1年を超える長期になる場合があり，院内学級や訪問教育での教育が行われていることがある。

小児中核病院（三次）はさらに高度な専門医療を実施する病院である。長期入院の子どもたちも多く，院内学級や訪問教育での対応が行われていることがある。

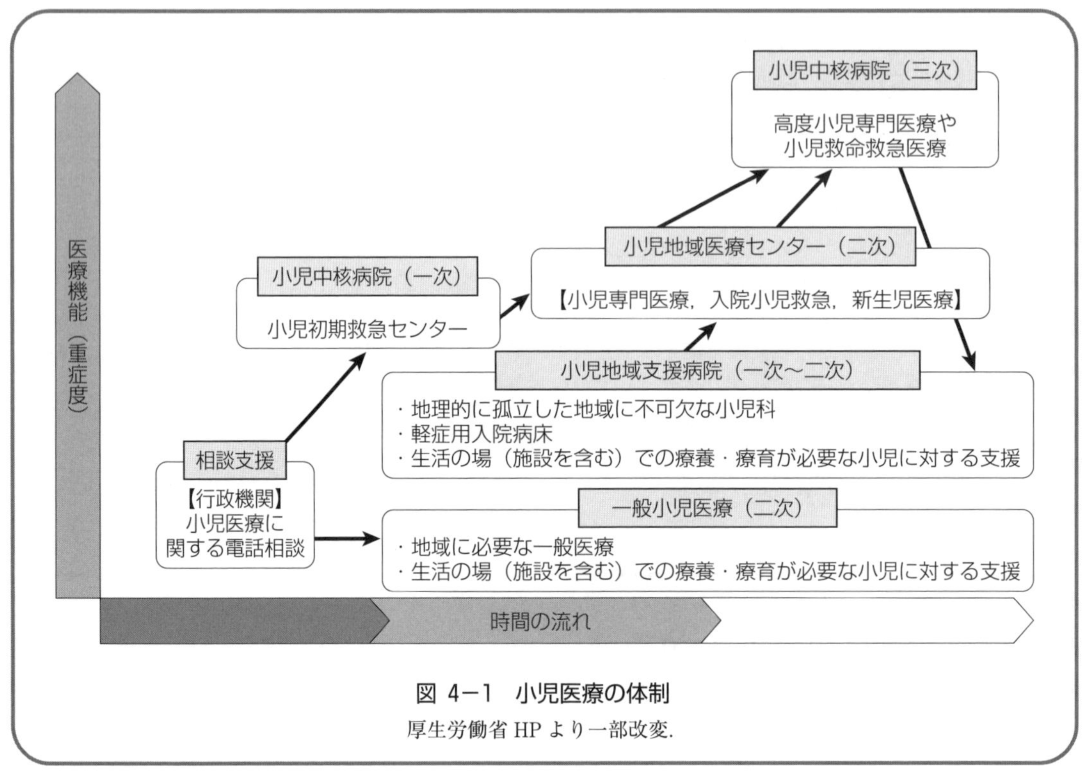

図 4−1　小児医療の体制

厚生労働省 HP より一部改変.

2　医療・福祉などとの地域における連携

小児地域医療センターや小児中核病院を退院した後は，院内学級や訪問教育の対象外となり，地元の学校に戻ることになる。地元の学校での医療的な配慮事項や定期通院への配慮などと合わせて，学習に関する情報を共有することが円滑な復学につながるので，退院が近くなってきたら，病院と地元校の連携ができるよう，院内学級担任や訪問教育担当者がつなぎ役を担うことになる。

病院・主治医との連携においては，学校行事への参加，体育などでの運動制限などについて，「学校生活管理指導表」の内容について説明を求めることができる。慢性疾病のある子どもたちについては「学校生活管理指導表」の内容を踏まえて指導を行う必要があり，養護教諭だけでなく，管理職，担任，学年主任，教科担当者など学校全体で理解しておく組織づくりが求められている。

また，第１章第３節でみたように，医療面での支援としては小児慢性特定疾病児童などへの医療助成，育成医療（自立支援医療），重度心身障害児（者）医療費助成制度などがある。また，福祉の支援として，児童育成手当（障害手当），特別児童扶養手当，小児慢性特定疾病児童等自立支援事業などがある。医療費助成などは病院にパンフレットがあることが多く，**医療ソーシャルワーカー**（MSW）が相談に乗ることができる。特に退院後の生活づくりに向けては，

医療ソーシャルワーカー（MSW）
医療機関などにおける福祉の専門職で，患者や家族を社会福祉の立場からサポートする。主な役割は医療・福祉制度の活用方法の提案や地域の社会資源の紹介，退院時の各機関との調整などである。

MSW や退院支援室，在宅支援室などが地域福祉との連携窓口となっていることが多い。

福祉の支援の申請窓口は自治体によって部署や窓口が異なるが，市町村の母子保健課，子育て支援課，障害福祉課等となっている。また，保健所や児童相談所は医療･福祉とのつなぎ役を担っており，相談･支援の紹介やコーディネートを行っている。

次節で詳しく示すが，小児慢性特定疾病児童等自立支援事業においては，都道府県及び中核都市に自立支援員を置くことができるとされており，医療・福祉・就学などの相談をすることができる。

病気の子どもたちの担任，病弱・身体虚弱特別支援学級担任，特別支援教育コーディネーターなどが，こうした制度があることを知り，本人・保護者への情報提供や窓口紹介ができるように備えておくことが，本人・保護者の安心につながる。

演習課題

1. 自身が生活する地域にある小児医療，福祉等の機関や事業所を調べ，どのような支援が行われているか，まとめてみよう。

参考文献

・厚生労働省：小児医療の体制（https://www.mhlw.go.jp/file/06-Seisakujouhou-10800000-Iseikyoku/0000203634.pdf）（最終閲覧：2021 年 6 月 30 日）

3　病弱児の自立支援と就労

1　病弱児の自立支援－小児慢性特定疾病児童等自立支援事業

2015 年 1 月に施行された改正児童福祉法に基づき，小児慢性特定疾病対策である新たな施策として行われることになった。

この事業は，児童福祉法第 19 条の 22，第 53 条に基づき，幼少期から慢性的な疾病にかかっているため，学校生活での教育や社会性に遅れがみられ，自立を阻害されている児童などについて，地域による支援の充実により自立促進を図ることを目的としている。実地主体は都道府県・指定都市・中核市で，必須事業と任意事業，慢性疾病児童地域支援協議会運営事業がある（表 4－2，図 4－2）。

表 4−2　小児慢性特定疾病児童等自立支援事業の事業内容

事業の種類	事業内容
必須事業	相談支援事業 小児慢性特定疾病児童等自立支援員
任意事業	療養生活支援事業，相互交流支援事業 就職支援事業，介護者支援事業 その他の自立支援事業
慢性疾病児童地域支援協議会運営事業	各実施主体に設置され，地域資源の把握，課題の明確化，支援内容の検討等を行う

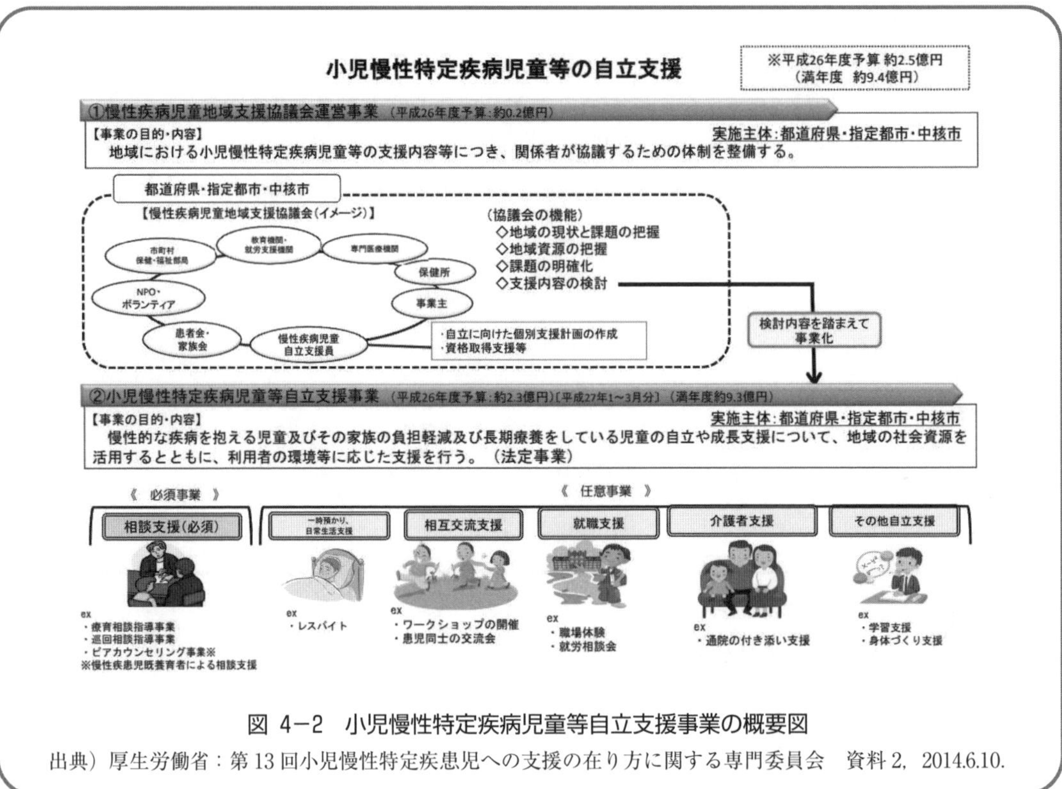

図 4−2　小児慢性特定疾病児童等自立支援事業の概要図

出典）厚生労働省：第 13 回小児慢性特定疾患児への支援の在り方に関する専門委員会　資料 2，2014.6.10.

（1）必須事業

1）相談支援事業

医師等が医療機関からの療育指導連絡票に基づき，小児慢性特定疾病児童等（以下，小慢児童等）等の家族に対して家庭看護，食事・栄養及び歯科保健に関する指導を行うとともに，福祉制度の紹介，精神的支援，学校との連絡調整，その他日常生活に関し必要な内容について相談を行う。

①　**療育相談指導**：地域の障害者等（身体障害者，知的障害者，精神障害者，

障害児）の福祉に関する各般の問題につき，障害者等，障害児の保護者または障害者等の介護を行う者からの相談に応じ，必要な情報の提供及び助言等を行う。

② **巡回相談指導**：現状では福祉の措置の適用が困難なため，やむをえず家庭における療育を余儀なくされていて在宅指導の必要がある小慢児童等に対し，嘱託の専門医師等により療育指導班を編制し，関係各機関と連絡調整の上出張または巡回して相談指導を行い，必要に応じ訪問指導を実施する。

③ **ピアカウンセリング**：小慢児童等の養育経験者が，日常生活や学校生活を送るうえでの相談や助言を行い，小慢児童等の家族の不安の解消を図る。

ピアカウンセリング
全国には親の会が多数あり，養育経験者が実際に相談や助言を行っている。また，「認定NPO法人難病のこども支援全国ネットワーク」では，希望者には「お友だち紹介」も行ない，希少難病の子どもに向けて，ピア探しの支援を行っている。
https://www.nanbyonet.or.jp/

④ **自立に向けた育成相談**：小慢児童等は，疾病を抱えながら社会と関わるため，症状などの自覚及び家族や周囲との関係構築の方法など，自立に向けた心理面その他の相談を行う。全国各都道府県，中核都市には，自立支援員が設置されている。

⑤ **学校・企業等の地域関係者からの相談への対応，情報提供**：小慢児童等を受け入れる学校，企業等への相談援助，疾病について理解促進のための情報提供・周知啓発等を行う。自立支援員が学校や企業に同行したり，調整を行ったり，啓発活動等を各地域にて行っている。

2）小児慢性特定疾病児童等自立支援員の設置

小慢児童等の状況・希望等を踏まえ，自立・就労に向け，地域における各種支援策の活用についての実施機関との調整，小慢児童等が自立に向けた計画を策定することの支援及びフォローアップ等を実施する。

コラム　小学５年　ナミさん

脳腫瘍の発症のため，長期入院をしていたナミさんは，院内学級から前籍校に戻ったのだが，自分の容姿が入院前と変わってしまったため，学校に通えなくなった。そこで自立支援員が調整に入り，病弱児学級の設置のため，学校関係者・医療関係者・福祉関係者と連携し，ケース会議を行った。病気や容姿についての配慮事項を話し合い，共通理解を図った。子どもということもあり，保護者とのやり取りが多くなりがちではあるが，ナミさんへの声掛けや，無理のない範囲で話を聴くということは非常に大切である。

① **関係機関との連絡調整など**：小慢児童等への個別支援として，学校，企業などとの連絡調整，各種機関・団体の実施している支援策について情報の提供などを行う。

相談の中で，実際に困った事例に対し，学校に出向き，転籍及び入学についてや進学について連絡，調整を行い，医療・教育・福祉をつないでいる。

② **慢性疾病児童地域支援協議会への参加**：地域における小児慢性特定疾病児童等の支援内容などにつき，関係者が協議するための体制を整備し，各実施主体（都道府県，指定都市，中核市）に「慢性疾病児童地域支援協議会」が設置され，地域の現状と課題の把握，地域資源の把握，課題の明確化，支援内容の検討などを行い，「小児慢性特定疾病児童等自立支援事業」を進めている（図４−２）。

(2) 任意事業

1）療養生活支援事業

① **目　的**：小慢児童等及びその家族が地域で安心して暮らすことができるよう，小慢児童等の日中における居場所を確保し，療養生活の改善を図る。

② **内　容**：医療機関その他の適切な場所において，小慢児童等を一時的に預かり，必要な療養上の管理，日常生活上の世話，その他必要な支援を行う。

コラム　媛っこすくすく愛キャンプ

毎年，認定 NPO 法人ラ・ファミリエでは「媛(ひめ)っこすくすく愛キャンプ」として交流キャンプを行っている。その中で，自分の病気についての学びを行っている。

医師，看護師，学生，企業，教育関係者ほかがボランティアとして参加している。

全国でも小児慢性児童等自立支援事業を受託している団体等がキャンプなどの取り組みを行っている。

2）相互交流支援事業

① 目　的：小慢児童等が相互に交流することで，コミュニケーション能力の向上，情報収集，社会性の涵養（かんよう）等を図り，自立を促進する。

② 内　容：相互交流を行う機会の提供及びその他の便宜を供与する。

例えば，ワークショップの開催，小慢児童等同士の交流，小慢児童等と小児慢性特定疾病に罹患（りかん）していた者，他の小慢児童等の家族との交流など。

3）就職支援事業

① 目　的：働く意欲がありながら，長期にわたり慢性的な疾病に罹患して

AYA 世代
p. 29，88 参照。

コラム　AYA（アヤ）世代

特にがん医療で使われる。AYA は adolescent and young adult の頭文字をとったもので，15 ～ 39 歳の思春期および若年成人を指す。

2017 年の全国の AYA 世代のがん罹患（りかん）者数は約 2 万 9,000 人で，がん患者全体のおよそ 3% ときわめて少ない（国立がん研究センター）。多くみられるがんとして肉腫などがあげられるが，子ども・成人それぞれに好発するいずれのがんも発症の可能性がある。発症が成長・発達期であることから，身体的影響（がん治療や，それによる生殖機能への影響など）や社会的影響（通勤・通学や家族関係，結婚や経済的な負担など）などのさまざまな課題を抱えているため，「患者のニーズに合った包括的かつ継続的な支援」を可能にする体制が重要である。

コラム　きょうだい支援コラム「病気のある子どものきょうだいって？」

もし病気のあるお子さんのきょうだいが教室にいたらどうしますか？

例えば，小児がんを発症した子のきょうだいがクラスにいたら？

保護者は，病気になった子どもしか見えなくなります。

きょうだいのことももちろん気になりますが，○○ちゃんは病気で大変だから，今は我慢してと，ことばや表情に出るでしょう。

“ぼくって・・・”，“わたしって・・・”。

きょうだいはどこかに取り残されたような気持ちになるのではないでしょうか。

是非，その子の気持ちを聞いてあげて欲しいのです。きっときっとたくさん我慢しているはずです。言ってはいけないと我慢することで，自己肯定感が低くなることもあります。

病気の子どもだけでなく，そのきょうだいも大切な子どもです。

病気の子どもの「きょうだい」のための支援活動

NPO 法人しぶたね（http://sibtane.com/）

※ほかにも全国にさまざまなきょうだい支援を行っている団体があります。

いるために就労阻害要因を抱えている小慢児童等に対して，地域の関係者が連携して就労の支援や，一般就労の機会の拡大を図り，もって小慢児童等の自立と社会参加のいっそうの推進を図る。

② 内　容：就労に関する必要な支援または雇用情報の提供を行う。

例えば，職場体験・職場見学，就労に向けて必要なスキルの習得支援，雇用・就労支援施策に関する情報の収集や提供に関することなど就職支援については，次節にて説明する。

4）介護者支援事業

① 目　的：小慢児童等の介護者の身体的，精神的負担の軽減を図ることにより，小慢児童等の療養生活の改善及び家庭環境の向上を図り，もって小慢児童等の福祉を向上させることを目的とする。

② 内　容：介護者の負担軽減に資する必要な支援を行う。

例えば，小慢児童等の通院等の付き添い支援，家族の付き添い宿泊支援，小慢児童等のきょうだいの預かり支援，家族向け介護実習講座など。

5）その他の自立支援事業

① 目　的：慢性的な疾病を抱えるため，学校生活などでの教育や社会性の涵養に遅れが生じ，自立を阻害されている児童などについて上記に掲げる事業以外の必要な支援を行う。

② 内　容：自立に必要な支援を行う。例えば，長期入院等に伴う学習の遅れなどについての学習支援，身体づくり支援，自立に向けた健康管理などの講習会，コミュニケーション能力向上支援などがある。

2　病弱児の就労

治療の進歩に伴いその予後は飛躍的に改善し，慢性疾患のある子どもの約90%が成人期に達することが可能になっている。それに伴い，社会生活に参加する機会が増加したが，社会的に自立していくためには多くのハードルがある。中でも，就労と就業継続，年収，障害年金受給などの所得保障に関する問題は，患者の経済的・精神的苦痛と大きく関連しており，重要な課題のひとつである。

就職と自立は同義ではなく，慢性疾患患児の社会的自立において就職できることだけが目標ではないが，就職は社会参加へのひとつの形態であり，ある一定の教育や学習，いろいろな経験，コミュニケーション能力・社会性の獲得，自信や自己肯定感の構築，疾患を正しく理解し受容して乗り越える力が必要である。病気の子どもたちは身体的機能低下により劣等感を持つことが多く，対人関係にも影響を及ぼすことがある。家族内の問題として両親の過保護や家族の病気に対する認識不足，病気を受容できないことなどにより適応不全になることも多い。また，教育が十分でない場合，就業率は低く，社会生活の質，就業に影響を及ぼす。慢性疾患児が教育から一時的・長期的に離脱することは，生涯にわたる格差を生じる可能性がある。小児期から自分の病気を知り，理解することなどの早期介入，教育の機会保障などにより，予防・対処ができる可能性がある。身体的にも知的・精神的にも，体調に合わせた就労支援体制の構築が必要である。

(1) 雇用の現状と制度

小児慢性特定疾病事業の医療費助成受給者や，身体障害者手帳の取得者の就業率は低いうえに，入退院を繰り返すため思うように勤務できない場合もある。正規雇用は半数以下であり，安定した仕事が得られていないか十分な収入を得られていない患者が存在している。疾患の重症度が高いほど，就業率が低くなる傾向があるが，重症度だけが就労の可否に影響しているわけではない。また，成人先天性心疾患患者の職業生活のためには，疾患管理との両立が重要で，無理なく安全・健康に就労でき，しかも能力を発揮し興味や価値観に合った仕事をうまく見いだし，そのような仕事に就けるように調整する必要がある。これらの理由から，慢性疾患者の職業生活においては，就労支援が重要な位置を占める。

疾患の特性にもよるが，慢性疾病患者の職業選択の幅は広い。また，働けないわけではないが，体力的に疲れやすいなど活動量に制限がある場合もある。雇用促進などに関する法律で，障害者に対する差別禁止及び合理的配慮の提供義務を規定しているが，内部障害の場合には外見からはわかりにくいなどのため，職場の理解が乏しいことが少なくない。

実際に就労している患者に対する調査では，就業者の仕事の悩み，または働いていたが辞めた人の退職理由は，「病状・体力的に辛い」「十分な休みが取得できない」「上司または同僚の理解が得られない」などが上位を占める。「病気を職場に伝えているか」という問いに対しては，障害者雇用においてさえも，上司に伝えているのは約半数で，同僚に伝えている割合はさらに低く，自分で伝えることができなかったり，伝えることのメリットとデメリットなどの葛藤があったりする。企業を対象とした小児慢性特定疾病を有する患者の雇用に関する調査（厚生労働省科学研究：小児慢性特定疾病児童等自立支援事業の発展に資する研究，2019年）では，企業側が知りたいこととして，どのような配慮が必要か，労働意欲があるか，能力的に貢献できるか，突然の欠勤や長期休業の可能性があるか，一般的マナーを身につけているか，などが上位を占めており，支援員などによる調整が必要としている。

こうしたことから，「企業側」には雇用形態，休暇を取得しやすい環境，人事管理面での配慮，相談支援体制の強化などの受け入れ体制や環境の整備が求められており，「患者側」は経験不足などからコミュニケーション能力や社会性に乏しい場合が多く，自分の病気を理解し，会社や同僚に自分で説明できるようになること，できないことやサポートしてほしいことを伝えられるようになることが必要で，雇用されやすい能力を身につける必要がある。「医療者または支援者」は，就労における問題点が疾患による機能障害なのか，知的障害，発達障害なのかなどの要因を明らかにし，患者の勤務能力に関する情報を，患者の許可のもと，雇用者側と共有することが望ましい。

法定雇用率
「障害者雇用促進法」に基づき，事業主は自社の従業員に対して一定の比率で障害者の雇用をすることが義務づけられている。この比率を法定雇用率と呼ぶ。

雇用促進のため，「障害者の雇用の促進に関する法律（通称：障害者雇用促進法）」により，一定割合の障害者雇用が義務づけられている。雇用義務化は，1976 年に身体障害者のみを対象として**法定雇用率** 1.5% としてスタートした。その後，1997 年に知的障害者が加わって 1.8% に上がり，2013 年からは 2.0% に引き上げられた。雇用義務の対象として新たに精神障害者が加わったことにより，法定雇用率が 2018 年 4 月に 2.2% となり，2021 年 3 月（厚生労働省：労働政策審議会，2020 年 8 月）には 2.3% まで引き上げられた。また，対象となる民間企業の規模は従業員 50 人以上から 45.5 人以上に引き下げられ，働きたい障害者にとっては，雇用の機会が拡大された。1,000 人以上規模の企業の実雇用率は，2013 年は 1.98%，2014 年には 2.05% に伸びて初めて法定雇用率を達成し，2019 年には 2.31% に達している。企業規模別法定雇用率達成企業割合は，1,000 人以上規模の企業では，2017 年は約 62%，2019 年は約 55% となっているが，中小企業などでは，過半数以上の企業が法定雇用率未達成である。「雇用納付金制度」により，障害者を雇用する企業には補助金を与え，未達成の企業からは納付金を徴収するという仕組みがあり，企業に障害者雇用の成果に対する報酬を与えている。2018 年に障害者雇用率において，不適切な障害者数の算定（いわゆる水増し問題）が指摘されたが，正当な見直しのもと，真に必要とされている障害者雇用が進むことが期待される。

慢性疾患患者の障害者雇用において，障害者総合支援法による各種サービスを利用する根拠となる身体障害者手帳（身体障害に対する制度）と，療育手帳（知的障害に対する制度）が前提になる。慢性心疾患，慢性腎疾患では，身体障害者手帳の取得率が比較的高いが，血液疾患，悪性新生物，膠原（こうげん）病などにおいては取得できない場合が多く，障害者雇用枠での就職ができないことは問題点のひとつである。雇用促進のため 2015 年に「難病の患者に対する医療等に関する法律（難病法）」が施行され，難病の患者を雇用する事業主を対象として助成している。

障害者雇用の内訳をみると，2004 年の 3 万 5,871 件から 2019 年の 10 万 3,163 件に，全体としての雇用は増加しているが，障害種別では，主には精神障害者の雇用の増加であり，身体障害者の雇用は 2004 年の 2 万 2,992 件から 2016 年の 2 万 6,940 件への増加にとどまっており，2019 年には 2 万 5,484 件に減少し

表 4−3　福祉的就労のサービス

	就労移行支援事業	就労継続支援A型事業	就労継続支援B型事業
対象者	企業等への就労を希望する者	通常の事業所に雇用されることが困難であり，雇用契約に基づく就労が可能である者	通常の事業所に雇用されることが困難であり，雇用契約に基づく就労が困難である者
事業概要	①生産活動，職場体験などの活動の機会の提供その他の就労に必要な知識及び能力の向上のために必要な訓練 ②求職活動に関する支援 ③その適性に応じた職場の開拓 ④就職後における職場への定着のために必要な相談などの支援	①雇用契約あり ②最低賃金を保障 ③就労必要な知識及び能力の向上のために必要な訓練などの支援	①雇用契約なし ②就労・生産活動の機会の提供 ③就労に必要な知識及び能力の向上のために必要な訓練その他の必要な支援

ている。現状は内部障害者を含む身体障害者にとっては依然として厳しい状況にある。新規求職申込件数は22万3,229件で，前年度に比べて5.7%増加しているが，就職率(就職件数/新規求職申込件数)は46.2%で，前年度に比べて2.2%減少している（厚生労働省：職業安定局障害者雇用対策課，2020年6月)。

障害者総合支援法における就労系障害福祉サービスとして，「就労継続支援事業」「就労移行支援事業」などがある。また，特例子会社とは，企業が障害者の雇用を促進する目的でつくる子会社のことで，専任の指導員の配置などの適正な雇用管理により障害者のために特別に配慮された雇用形態で，全国に517社（2019年6月1日現在，厚生労働省）あり，少しずつ増加している（表4−3)。

(2) 就労継続

障害者雇用において，「雇用されること」は重要であるが，「働き続けること」はさらに大切である。就労継続に際して望むこととしては，医療面への配慮(休暇の取得，通院・服薬管理など)，勤務時間の考慮（短時間勤務など)，人事管理面での配慮（配置転換など）が多く，就労や福祉の相談にのってくれるスタッフが必要と述べている。就職している障害者の定着率については，厚生労働省職業安定局の調査（2017年9月）においても，就労支援機関との連携による支援があるほうが，定着率は高いとしている。就労定着支援は，障害者の日常生活及び社会生活を総合的に支援するために，新たな障害福祉サービスとして2018年4月から障害者総合支援法による「就労定着支援事業」が実施されている。就労・雇用の継続性と安定性の確保を図るために，多様な職種での受け入れがあり，多様な雇用形態・就労形態が検討されていく必要がある。

慢性疾患患児が地域で自分らしさを発揮して生活していくためには，将来の社会参加を予測しながら，小児期さらには幼少期から社会的自立を目指した準備をしておくことが大切である。小児期から成人期への移行は，生まれたときにすでに始まっており，自立支援－移行期支援－そして成人期へと，多領域多職種専門職が実質的に連携し，ライフステージを見とおした取り組みが重要である。

演習課題

1. 就労・教育と自立とQOLについて，適切でないものを一つ選ぼう。

A）疾患の重症度が高いほど就業率が低く，重症度だけが就労の可否を反映している。

B）教育は社会生活の質や就業に影響し，教育程度が十分でない場合は就業率が低い。

C）法廷雇用率は段階的に引き上げられ，民間企業の法定雇用率は令和３年３月１日から2.3%となり障害者雇用を促進している。

D）慢性疾病のある子どもの自立や成長のために，小児慢性特定疾病児童等自立支援事業を利用することができる。

E）先天性心疾患患者は，経験不足などからコミュニケーション能力や社会性に乏しい場合が多く，雇用されやすい能力（Employability）を身に付ける必要がある。

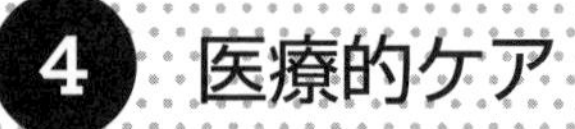

4　医療的ケア

1　医療的ケアとは

近年，障害や病気が重く，日常的に医療的ケアを必要とする子どもたちの教育が注目されるようになってきた。医師法，看護師法などにより，医療行為は医師もしくは医師の指示を得た看護師などが行うこととなっているが，医療の進歩により，医療行為が必要でありながら在宅療養生活を送る場合が増えてきた。自宅には医師や看護師が常駐することはできないので，家族などが自宅で日常的に介護として行っており，病院で行われる治療目的の「医行為（医療行為）」とは異なるという意味で，医療的ケアと呼ばれている。また，近年は，こうした医療的ケアを要する子どもたちを「医療的ケア児」と呼ぶようになってきた。

主な医療的ケアは口腔内・鼻腔内の痰（たん）の吸引や経管（けいかん）栄養，導尿（どうにょう），**酸素吸入**，気管切開部の管理などである。

酸素吸入
呼吸困難時，空気よりも高濃度の酸素を人為的に吸入すること。

2 学校における医療的ケア

2012年4月より社会福祉士及び介護福祉士法の一部が改正され，登録研修機関で一定の研修を受け，認定特定行為業務従事者として認定された教員等は特別支援学校等において，痰の吸引等の特定の医療的ケアを実施することが法的に認められた。特別支援学校において教員等が痰の吸引等を行う意義として，文部科学省は「児童生徒の生命の安全，健康の保持・増進，教育活動の継続性の確保，教育活動の充実」をあげている。「教育活動の充実」として，「快適な状態で教育活動に参加することができ，教育効果が高まる」「教員等の児童生徒理解，児童生徒の教員等に対する信頼が深まる」「きめ細やかな自立活動の指導が可能になる」としてきた。

社会福祉士及び介護福祉士法の一部改正（2012年）

介護福祉士による喀痰（かくたん）吸引等の実施が次のように位置づけられた。なお，介護福祉士以外の看護の業務に従事する者（保育士や教員，ヘルパー等を含む）に関しては，附則第3条に同様の規定がある。

「第48条の2　介護福祉士は，保健師助産師看護師法（昭和23年法律第203号）第31条第1項及び第32条の規定にかかわらず，診療の補助として喀痰吸引等を行うことを業とすることができる」

文部科学省は毎年，小・中学校及び特別支援学校に在籍する医療的ケア児の在籍状況を調査しており，表4－4に示すとおり，小・中学校にも医療的ケア児が在籍している。この幼児児童生徒数は本人が行う場合を除いていることから，特に小・中学校については，相当数の医療的ケア児が在籍している可能性がある。また，特別支援学校に在籍する医療的ケア児は増加の一途である。文部科学省は医療的ケアへの対応として，医療的ケアの実施者及び教員等が実施する際の連携のために，学校への看護師配置を進めている。

この制度改正以後，特別支援学校に在籍し，通学する医療的ケア児が増加するとともに，小・中学校等に在籍する医療的ケア児も増えてきている。また，人工呼吸器の管理など，特定行為以外の医療的ケアを必要とする子どもたちも通学するようになってきた。こうした背景から，2018年6月に出された「学校における医療的ケアの実施に関する検討会議の中間まとめ（通知）」では，「学校は，児童生徒が集い，人と人との触れ合いにより人格の形成がなされる場であり，児童生徒等の安全確保が前提。学校における医療的ケアの実施は，医療的ケア児に対する教育面・安全面で，大きな意義を持つ」とされている。この通知では，学校は小・中学校を含む「すべての学校」を指し，医療的ケアは人工呼吸器の管理などを含む「すべての医療的ケア」とされている。そのうえで，教育機会の確保・充実として，「授業の継続性の確保」「訪問教育から通学への

表 4−4　特別支援学校及び幼稚園，小・中・高等学校に在籍する医療的ケア児の数（医療的ケア項目別）（2019 年度）

医療的ケア項目		特別支援学校		幼稚園，小・中・高等学校に在籍		
		通　学	訪問教育	通常の学級	特別支援学級	訪問教育
喀痰吸引	口腔内	3,510	1,532	27	121	0
	鼻腔内	3,267	1,327	20	110	0
	気管カニューレ内部	1,754	1,354	112	192	0
	その他	400	160	6	21	0
吸入・ネブライザー		1,288	750	39	53	0
在宅酸素療法		961	754	40	103	0
パルスオキシメーター		2,382	1,311	37	157	0
気管切開部の管理		1,766	1,301	39	111	0
人工呼吸器の管理		475	1,027	26	63	0
排痰補助装置の使用		150	225	7	26	0
経管栄養	胃ろう	3,338	1,317	52	177	1
	腸ろう	68	60	3	8	0
	経　鼻	1,003	518	20	57	0
	その他	22	11	0	2	0
中心静脈栄養		41	53	10	15	0
導　尿		463	214	176	221	0
人工肛門の管理		53	38	30	22	0
血糖値測定・インスリン注射		93	21	211	35	0
その他		701	149	39	46	0

（文部科学省「令和元年度学校における医療的ケアに関する実態調査」より）

ネブライザー
鼻やのどの炎症を抑える薬剤を細かい霧状にして，放出する機械。

移行」「登校日数の増加」をあげている。

3　病気療養児と医療的ケア

（1）栄養（経管栄養）

疾患などにより嚥下（えんげ）障害があり，口から食物や水分をとることが難しい子どもたちはチューブにより栄養剤を注入して栄養を摂取する。経管栄養には，①鼻から胃までチューブを挿入し留置する「経鼻（けいび）経管栄養」，②食事の度に口からチューブを今で挿入する「口腔ネラトン法」，③腹部に孔（あな）をつくる「胃ろう」，④胃ろうと同様に腹部に孔をつくるが，栄養を小腸に入れる「腸ろう」がある（図 4−3）。

消化器疾患により消化管を通して栄養を摂取することが難しい場合は，中心静脈栄養（TPN）などにより栄養を摂取することになる。

教育的支援：学校では家庭科での調理学習や給食がある。経口摂取が難しい子どもたちが料理をミキサーにかけ，注入することで，同じものを食べる経験ができる。また，給食の目的のひとつは「学校生活を豊かにし，明るい社交性

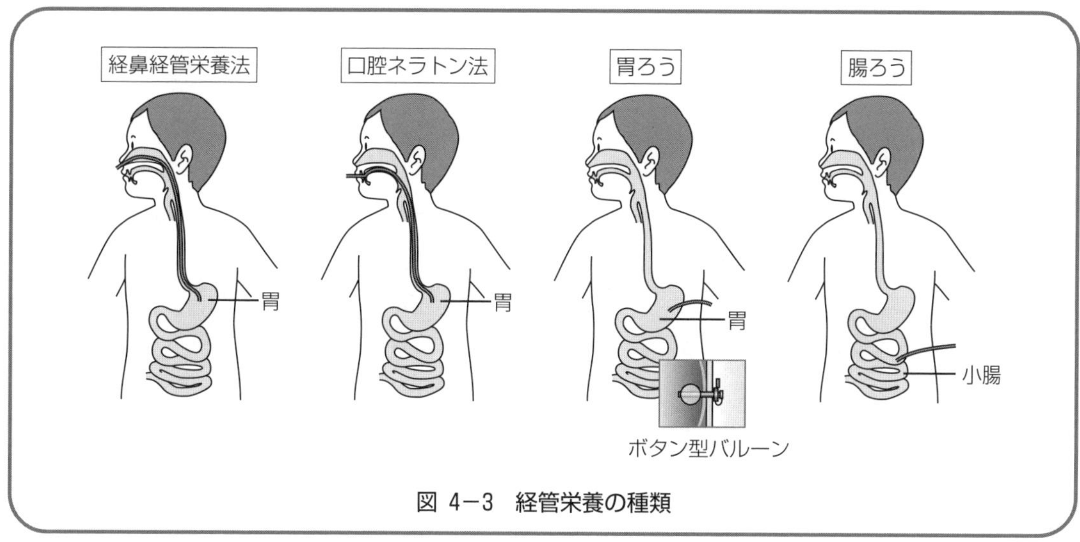

図 4−3　経管栄養の種類

及び協同の精神を養うこと」（学校給食法第２条）とされており，教育活動の一環である。経管栄養を必要とする子どもたちが教室で給食時間をともに過ごすことの意義を考慮する必要がある。また，特別支援学校で提供されているペースト食を注入することで便通を整えることにつながった例や，ペースト食の注入により経管栄養剤では摂りにくい微量な栄養素を取り込むことができ，体調が整い，体力がついたとされる例もある。

(2) 呼吸（喀痰吸引，人工呼吸器，酸素療法など）

上気道の閉塞や，胸郭や呼吸筋の動きにくさ，呼吸中枢のまひなどにより，十分に呼吸することができない状態を呼吸障害といい，気道内の分泌物を自力で排出することが難しい場合，吸引器で痰などの分泌物を取る。これを喀痰吸引という。学校で教員などが行える特定行為として認められている喀痰吸引は，口腔内，鼻腔内，気管カニューレ内である（図４−４）。**喉頭軟化症**などによる呼吸障害に対して，気道を確保するために喉に孔を開けることを気管切開という。気管切開の穴がふさがらないようにプラスチックの気管カニューレを挿入する。このカニューレ内に分泌物が溜まると呼吸困難になることから，吸引が必要になる。

喉頭軟化症
喉頭が柔らかく，息を吸うときにつぶれて狭くなる状態。咽頭や気管，気管支などでも同様に軟化がみられることがある。

舌根沈下や下顎後退などにより呼吸が通りにくくなる上気道閉塞に対しては，経鼻咽頭エアウェイを用いて，気道を確保する。

ALS などの神経疾患や筋ジストロフィーなどの筋疾患などによる呼吸の弱さがある場合は，人工呼吸器を用いる。人工呼吸法には，鼻や口などにマスクをつけて非侵襲的人工呼吸法（NPPV）と気管切開部に人工呼吸器をつなぐ侵襲的人工呼吸法（TPPV）がある。人工呼吸器を使用している人の気管カニュー

ALS
筋萎縮性側索硬化症
筋肉を動かす神経系の難病で，症状が進行すると全身の筋肉を動かすことができなくなり，呼吸障害や嚥下障害を併発する。

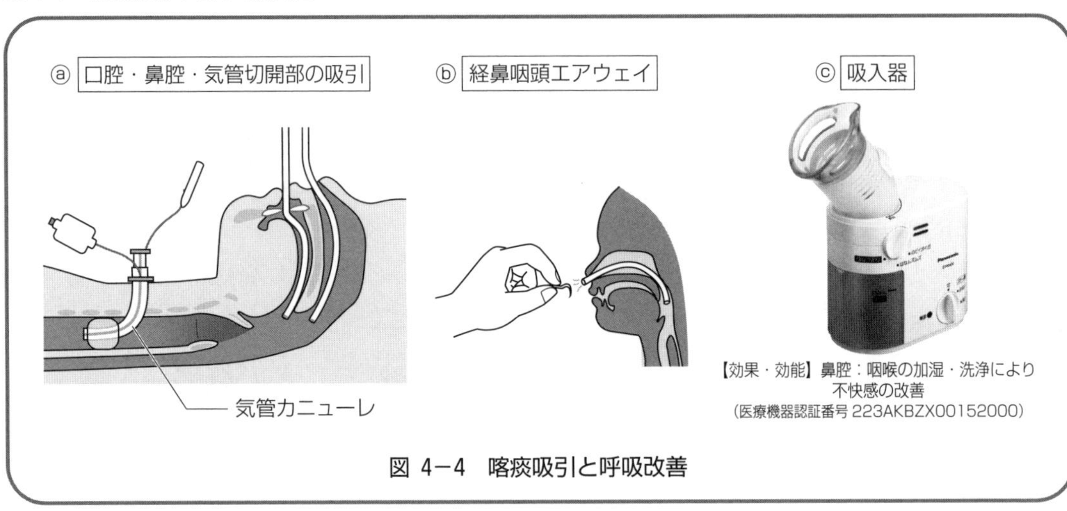

図 4−4　喀痰吸引と呼吸改善

レ内の吸引も特定行為であることから，吸引のためにコネクターを着脱することは教員などが行う医療的ケアとして認められている。

痰の吸引や人工呼吸器使用でも血中酸素濃度が上がりにくい場合は酸素吸入を行う。酸素は酸素ボンベや酸素圧縮器を使用するが，周囲での火気は厳禁である。

教育的支援：痰を排出しやすくするため，また，気管切開部には口や鼻のような粘膜がないことから，教室内の湿度や温度，ほこりなどの浮遊に配慮を要する。姿勢も呼吸しやすさや排痰に大きく影響することから，本人，保護者と相談し，様子をみるなどして，楽な姿勢を取ることと，適宜の休養を取るスペースと時間の確保が必要である。

吸引はチューブが口や鼻に入ることから不快な行為ではあるが，呼吸を楽にするために必要なケアである。本人の意思や様子を確認しながら吸引することで，すっきりと楽になることを実感できるようにしていきたい。こうした関わりは障害の重い子どもたちにとってはコミュニケーションの機会を増やし，人と関わる力になるとする実践もある。

心疾患で十分にガス交換ができない場合も酸素療法を行う場合がある。こうした子どもたちは通常の学級に在籍していることもあり，教室内での酸素ボンベや酸素濃縮器の配置，冬場の暖房との距離，教室移動の際の運搬などについて，保護者や主治医，医療機関とも連携を取っておく。

(3) 排　泄

二分脊椎
胎生期に脊椎の形成不全が生じる先天性疾患。神経障害による下半身まひや排尿障害などが生じる。

二分脊椎や脊髄損傷などにより，排尿のコントロールが難しい場合，定時にカテーテルを挿入して排尿する間欠的導尿や，膀胱にカテーテルを留置してバックに尿を溜める留置カテーテル導尿が行われる。二分脊椎など，上肢の操作が可能な場合は自己導尿を行っている子どもたちも多い。導尿を行う際は事前事後の清潔操作と，膀胱内の尿を空にし，残尿がない状態にすることが感染症の予防につながる。

教育的支援：排泄はデリケートなことなので，学校内で使うトイレ，導尿に必要な用具の取り扱いなど，本人の気持ちを尊重するとともに，トイレに行くことを我慢したり，そのために水分量を減らしたりすることがないよう配慮する。

自己導尿ができるようになることは，将来の自立につながることから，小学生のうちに，保護者や医師と相談し進めていく。その際，カテーテルの準備など，自己導尿の補助は原則として医行為ではないとされている。

(4) その他の医療的ケア

1型糖尿病によるインスリン注射や，ヒルシュスプルング病の人工肛門への対応，腎疾患に対する**人工透析**（とうせき）（自宅で行う**腹膜透析**）などがある。

教育的支援：インスリンの自己注射や**人工肛門**のストーマ袋（パウチ）の処置などを学校内で安心して行える環境を整える必要がある。また，夜間に腹膜透析を行っている子どもの宿泊行事への参加方法なども検討する必要がある。こうした医療的ケアのある子どもたちは小・中学校等に在籍していることも多く，日常的な健康管理として医療的ケアを要しており，学校全体での理解を進めていくことが大切である。

人工透析
腹膜透析
p. 63 コラム参照。

人工肛門
p. 52 図 2 − 17 参照。

演習課題

1. 学校において，保護者以外の人が医療的ケアを行う教育的意義について考えてみよう。
2. 学校において教職員等が医療的ケアを行ううえで，学校内外での理解や連携が不可欠である。自分が医療的ケアを行う場合，行わない場合の双方の立場に立って，どのような理解啓発・推進，連携が必要か，考えてみよう。

参考文献

・飯野順子・岡田加奈子・玉川　進：特別支援教育ハンドブック，東山書房，2014.
・文部科学省：特別支援学校等における医療的ケアの今後の対応について（通知），2011.
・文部科学省　平成 29 年度特別支援学校等の医療的ケアに関する調査結果，2018.
・文部科学省　学校における医療的ケアの実施に関する検討会議の中間まとめ（通知），2018.
・NPO 法人医療的ケアネット：医療的ケア児者の地域生活支援の行方，クリエイツかもがわ，2013.

5 病弱・虚弱教育に対する専門性のある教員の養成

1 病弱・虚弱教育に求められる専門性

これまで，疾患ごとの病態や経過，病気療養児の心理的な課題や対応，学校種別にどのような教育がなされているかについてみてきた。こうした知識を踏まえて，病気療養児と関わるとともに，特に通常の学校や特別支援学校の準ずる教育課程において学んでいる子どもたちに対しては，教科教育の充実が求められている。

新井は2016年9月に行われた日本特殊教育学会第54回大会自主シンポジウムで近年の病気療養児の教育について，「現在，インクルーシブ教育の実践研究として広く認知されるようになってきたユニバーサルデザインの授業づくりでは，認知や言語に困難を抱える発達障害児がモデルとなっていて，必ずしも病弱児の学習ニーズとは合致しない。病弱児は病気を理由とした経験不足や学習空白などがあり，教科指導上，配慮が必要であることはこれまでにも多く指摘されてきたことであるが，これは単に放課後に補習をすればすむものではなく，経験不足や学習空白があっても実感をもって『わかる』授業を展開しなければならない」と述べている（樫木・苅田・中野，2017，自主シンポジウム報告より）。

また，子どもを「病気」という切り口でみるのではなく，包括的にとらえ，共感的・受容的な関わりをすることが求められている。そのためには，校内外での連携が必要になってくる。連携先は校内では，養護教諭，教科担任，管理職，学校医など，校外では主治医や看護師，理学療法士や作業療法士，臨床心理士，地方自治体の障害福祉課，ケースワーカー，相談支援専門員，小児慢性特定疾病等自立支援員など多岐にわたる。個別の教育支援計画及び個別の指導計画は，こうした校内外での連携のためのツールである。特別支援学校や特別支援学級，通級による指導を受けている子どもたちに対して作成することとされており，また通常の学級に在籍する配慮を要する子どもにも作成が推奨されている。作成した計画をもとに子どもの課題への対応を検討していくことが期待されている。

2 養護教諭の役割－担任との連携

病気の子どもたちと関わる養護教諭の主な役割は次のような内容である。

①教職員への周知，②校内体制づくり，③保護者や医療機関との連携，④健

康観察，⑤保健指導と健康相談，⑥配慮事項の検討，など。

養護教諭は医学や看護に関する基礎的な知識・技術を有しているが，すべての養護教諭が看護師資格を有しているわけではない。そのため，看護師資格を持たない養護教諭が医療的ケアを実施しようとする場合は，ほかの教員同様，研修を受けることになる。養護教諭が複数配置されることはほとんどない現状において，養護教諭が個々の医療的ケアへの対応をすることは困難である。保健や医療の知識を活かし，子どもたちや保護者と，教員，主治医や校医，指導医，看護師など，多職種をつなぐ役割を担うことが期待されている。

3　教員養成カリキュラムの実際

通常の学校には退院後も治療を続けながら通学する慢性疾病の児童生徒や，入院加療が必要ではないものの，アレルギーやてんかんなどの健康に問題のある児童生徒が在籍しており，通常の学校で配慮を受けながら学ぶことが可能であるが，初等・中等学校教員の養成を主とする学校教育教員課程ではこれらの疾患などについて学ぶ機会がない。また，特別支援学校の教員養成課程では病弱者の教育に関する科目として「心理・生理・病理」と「教育課程・指導法」に関する科目が設定されているが，実際に病気療養児と関わる実習はほとんど行われていない。こうした状況を踏まえ，愛媛大学教育学部では健康問題に適切に対応できる教員養成カリキュラム「インクルーシブ教育実践論」の開発に取り組んだ（図4−5）。

(1)「インクルーシブ教育実践論」の講義及び演習の概要

新たに創設された「インクルーシブ教育実践論」は，2019年度から正式開講された。2018年度まで開講されていた2科目，「発達障害児の健康教育」（疾病や障害のある児童生徒への健康問題への対応）と，「発達障害児の教育実践論」（疾病や障害を理解したうえでの教育実践の実現）を融合する形で構成される。4年生を受講対象とし，教職課程を一通り学び，教育実習を終えた後に，発展科目として位置づけている。

「インクルーシブ教育実践論」は講義と演習で構成されており，特に健康問題への対応部分を行ううえでは，医療機関との連携も重要な取り組みのひとつである。愛媛大学に隣接する民間のM病院と連携して，小児科の医療スタッフを病弱教育関連科目のゲストティーチャーとして招き，病気の子どもの体調や健康管理に関する専門知識について学ぶ授業を実施する。また，病弱教育実習として，M病院を含む複数の医療機関などに学生を派遣し，長期入院児に対する学習・余暇支援を行っている。また，病気療養児・者の現状を知り，実感をもって支援・指導に迎えるよう，障害当事者のドキュメンタリー映画や障

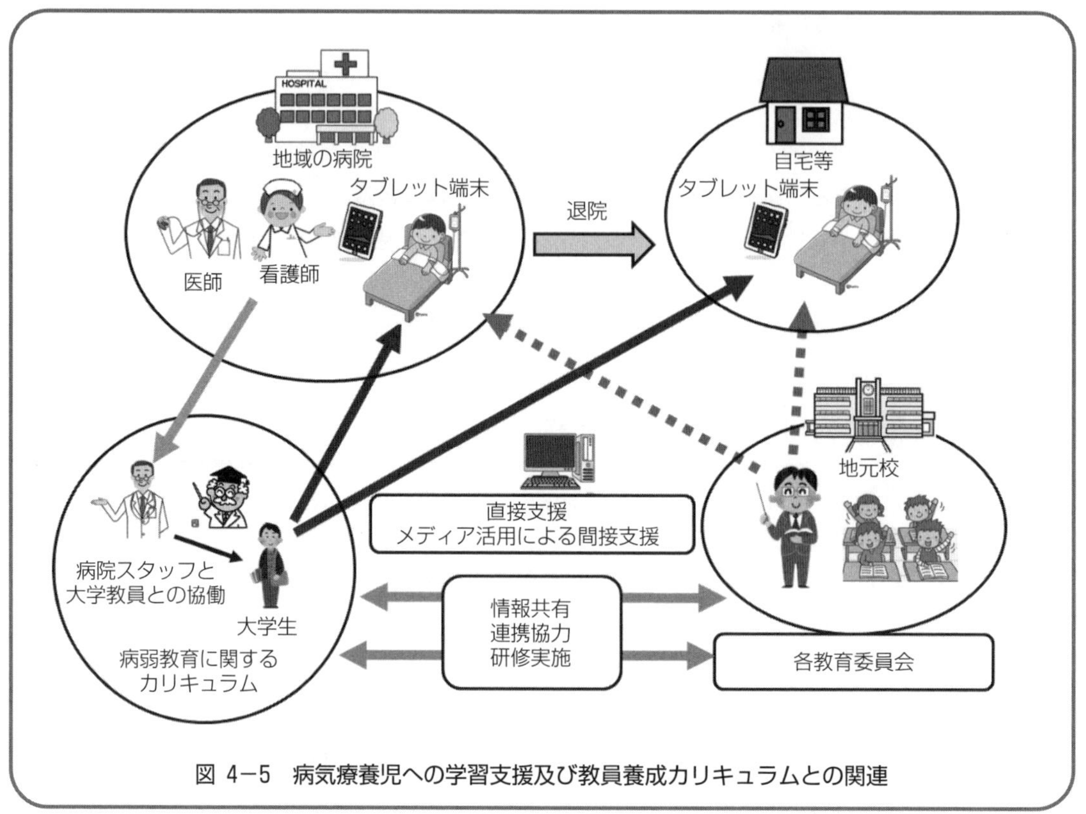

図 4−5　病気療養児への学習支援及び教員養成カリキュラムとの関連

害者自身による講演を取り入れ，医療スタッフや自立支援事業を行っている支援者をゲストティーチャーに招くなど，実践に近い講義内容を企画実施してきた。

(2) 授業内容

2020 年度の授業内容は表 4−5 に示すとおりである。例年であれば，現職教員や指導主事，医療スタッフや自立支援事業を行っている支援者など，病気療養児に関わっている人をゲストティーチャーに招くようにしているが，2020 年度は新型コロナウイルス感染予防のため，学内の教員で授業を行った。医学部看護科で養護教諭免許取得を目指す学生も参加し，養護教諭の役割と学級担任との連携についても学ぶことができるようにしている。学校教員養成課程の学生は養護教諭の役割を学ぶ機会となっている。

(3) 病弱実習の状況

愛媛大学では，病弱教育実習は 2012 年度から実施されており，対象医療機関，実習生数が年々，増加している。2020 年度の実績では複数の医療機関，自宅，NPO 等，支援場所が多様化し，教育学部及び医学部の学生，大学院生が参加している。病気療養児や病院からの要望が増え，特に週に複数回の支援を希望するなど，学習支援のニーズは高い。大学から学生を派遣して病弱実習

表 4−5　2020 年度「インクルーシブ教育実践論」の授業内容

・学校における危機管理，公衆衛生	・ガイダンス，インクルーシブ教育における現代的諸問題
・学校保健と地域生活支援	・通常の学校における合理的配慮，基礎的環境整備
・呼吸・消化・免疫に関する医学的基礎知識	・個別の指導計画・教育支援計画の作成
・アレルギー対策（演習含む）	・特別支援教育における外国語活動（模擬授業含む）
・医療的ケアに関わる基礎知識	・特別支援教育におけるキャリア教育
・医療的ケア演習・喀痰吸引	・特別支援学校のセンター的機能（模擬授業含む）
・医療的ケア演習・経管栄養	・合理的配慮としての ICT 活用

を行う場合は，学習・余暇支援の質を確保するため，学部生は病弱教育関連授業を受けることを条件としている。また，病院に対して罹患歴・予防接種歴を明示し，感染症対策を行っている。

4　今後の課題

(1) 学校教員養成課程におけるカリキュラム

2017 年の学習指導要領の改訂と並行して，教員免許法が改正され，教員免許取得には「特別な支援を必要とする幼児，児童及び生徒に対する理解」に関する科目の履修が義務づけられた。この科目は「発達障害を含む」特別な支援を要する子どもたちが対象とされているが，病気の子どもたちについては触れられていない。また，健康教育に関する科目は明示されていないことは，病気の子どもたちに対する教員の意識を高められない要因と考えられる。

(2) 学級担任と養護教諭の連携

学校保健の担い手として養護教諭が配置されている。猪狩（2015）は，学校保健は養護教諭・保健室が対応すべき課題という理解ではなく，養護教諭の実践とともに，教職員の共通理解と実践の向上が不可欠であると指摘している。養護教諭はほとんどの学校で 1 名配置であり，多様な健康問題への対応を求められ，多忙を極めている。学校組織として健康問題に取り組むためには，学級担任と養護教諭との連携が不可欠である。その双方が教員養成段階において情報を共有し，共同で問題解決にあたったりする必要性を理解できるカリキュラムが必要であろう。

(3) 病弱教育における教科教育の充実

新井（2016）は病気療養児の経験不足や学習空白に対して，「わかる授業」の展開が必要であると述べている。すなわち，病気療養児が在籍しうるすべての学校の教員に授業の見直しが求められているといえる。2017 年の学習指導要領改訂の基本方針として，中央教育審議会は学習過程を質的に改善することを目指した。具体的には「主体的・対話的で深い学び」の実現に向け，すべての教職員がアクティブラーニングの考え方について理解を深める必要があると明記されている。現職の教職員に対しては校内研修などでアクティブラーニングについて学ぶこととなっている。各教科の指導法において授業改善ができる知識･技能を養うことが，病気療養児が「わかる授業」づくりにつながっていく。

(4) 地域生活を視野に入れたキャリア教育

AYA 世代
p. 29，88，161 参照。

病気による長期欠席の子どもたちは，学習の習熟が著しく遅れる可能性がある。特に，発達初期（就学前〜小学校低学年）や移行期（小１・中１・高１年次），各受験期に教育の機会を逸すると，一生涯にわたる格差につながる可能性が高く，AYA（アヤ）世代（15 〜 30 歳前後の思春期・若年成人）の課題となっている。

病気療養児は高等学校におけるキャリア教育の必要性が高いとされており，成人期の問題を減らすためには，高校生年代における青年期の特性に応じた学校教育が求められている。病気療養児のキャリア発達の課題には，①自分の病気や障害について自分で説明できる，②必要な相談先がわかる，③その時々に必要なケアや支援を自分から依頼できる，の３点が含まれる。病気療養児の８割が通常の学級に在籍しており，居住する地域での教育を保障していくことが求められている。病気療養児の自立支援並びに地域との連携について，教員が理解して実践できることはインクルーシブ教育時代の教員の専門性といえよう。

演習課題

1. 小児白血病で骨髄移植を受けた小学２年生の A 君が，感染予防行動を継続しながら原籍校へ戻るための学校側の受け入れ準備体制と教員（管理職，担任，養護教諭など）の役割分担について考えてみよう。
2. 重症心身障害児の B ちゃんは，授業中の口腔・鼻腔内吸引と経管栄養などの医療的ケアが必要である。B ちゃんに学校内で医療的ケアを安全に行うための教員間（管理職，担任，養護教諭，学校看護師など）と保護者との連携方法についてまとめてみよう。

参考文献

・樫木暢子・中野広輔・苅田知則：児童生徒の多様な健康問題に対応できる教職員を養成するカリキュラム開発―長期欠席児童生徒の学習保障を目指して．特殊教育学研究，54（5），458-459，2017.
・樫木暢子・中野広輔・苅田知則・薬師神裕子・他：インクルーシブ教育システム下において児童生徒の健康問題へ適切に対応できる教員養成カリキュラムの開発―医教連携による学際的講義・実習の充実を目指して―．大学教育実践ジャーナル，15，23-30，2017.
・文部科学省：長期入院児童生徒に対する教育支援に関する実態調査，2015.
・全国病弱教育研究会：病気の子どもの教育入門．クリエイツかもがわ，2013.
・全国特別支援学校病弱教育校長会：病気の子どものガイドブック，ジアース教育新社，2012.

索引

■き

■く・け

■こ

〔シリーズ監修者〕

花熊　曉	関西国際大学大学院人間行動学研究科　教授
苅田知則	愛媛大学教育学部　教授
笠井新一郎	宇高耳鼻咽喉科医院　言語聴覚士
川住隆一	元東北福祉大学教育学部　教授
宇高二良	宇高耳鼻咽喉科医院　院長

〔編著者〕　〔執筆分担〕

中野広輔	愛媛大学教育学部　教授	第1章1，第2章1－[1]・[3]・[5]・[7]・[8]・[11]，3－[1]・[2]
樫木暢子	愛媛大学大学院教育学研究科　教授	第4章2・4・5
滝川国芳	京都女子大学発達教育学部　教授	第3章3

〔著　者〕（五十音順）

大江啓賢	東洋大学文学部　准教授	第3章2
小倉加恵子	国立成育医療研究センターこころの診療部／ 鳥取県子育て人財局家庭支援課　参事	第2章3－[3]
小畑文也	山梨大学大学院総合研究部障害児教育講座　教授	第2章2
副島賢和	昭和大学大学院保健医療学研究科　准教授	第3章1，第4章1
種吉啓子	東京都立大学大学院人間健康科学研究科　准教授， 小児看護専門看護師	第2章3－[5]
栃真賀　透	札幌学院大学人文学部　教授	第3章5
西　朋子	認定NPO法人ラ・ファミリエ　理事	第4章3
信原孝司	愛媛大学大学院教育学研究科　教授	第2章3－[4]
檜垣高史	愛媛大学大学院医学系研究科　教授 移行期・成人先天性心疾患センター　センター長	第4章3
福永一郎	高知県立療育福祉センター高知ギルバーグ 発達神経精神医学センター　副参事 高知県安芸福祉保健所　所長	第1章2・3
細谷忠司	十文字学園女子大学教育人文学部／ 特別支援教育研究所　教授	第3章4
宮　一志	富山大学人間発達科学部　教授	第2章1－[2]・[4]・[6]・[9]・[10]
薬師神裕子	愛媛大学医学部　教授	第4章5

特別支援教育免許シリーズ
病弱教育領域
健康面の困難への対応

2021年（令和3年）7月30日　初版発行

中野広輔
編著者　樫木暢子
滝川国芳
発行者　筑紫和男
発行所　株式会社 建帛社
KENPAKUSHA

〒112-0011 東京都文京区千石4丁目2番15号
TEL（03）3944-2611
FAX（03）3946-4377
https://www.kenpakusha.co.jp/

ISBN 978-4-7679-2127-3　C3037
壮光舎印刷／愛千製本所
Printed in Japan